D1570846

STÉPHANE MALLARMÉ

Poésies

Préface d'Yves Bonnefoy

*Édition établie et annotée
par Bertrand Marchal*

Nouvelle édition revue

GALLIMARD

LA CLEF DE LA DERNIÈRE CASSETTE

« Ah, mon ami, que ce ciel terrestre est divin ! »
Correspondance, I, p. 210.

I

Comprendre Mallarmé a toujours paru difficile. Mais c'est que dès qu'il s'agit de lui, qui fut un des fondateurs de notre modernité, il ne faut pas hésiter à se référer pourtant à ce qui peut en paraître si éloigné : les grandes structures de la pensée archaïque.

Celle-ci, en effet, cette longue et omniprésente tradition qu'a commencé de démanteler en Europe à la fin de la Renaissance le nouvel esprit scientifique, ancrait le besoin de connaître dans l'existence comme elle va, autrement dit dans le temps, avec pour horizon et énigme les moyens limités de la condition humaine, et le hasard des événements, et la fatalité de la mort. C'est par analogie avec ces situations de l'exister quotidien que les aspects que nous dirions les plus matériels du monde étaient abordés : choses que l'on percevait de ce fait comme des êtres, enchaînements qui semblaient dictés par un dessein, un vouloir. Et c'est donc de par l'intérieur de l'évé-

nement ou de l'objet qu'on avait l'impression d'accéder à leur raison d'être, à leur sens ; et sans avoir perdu pour autant contact avec leur apparence la plus immédiatement sensorielle, alors encore non simplifiée par les instruments de mesure. Par exemple, la passiflore était comprise, dans l'univers médiéval. On avait reconnu dans ses organes floraux une représentation abrégée – une image en miroir – des instruments de la Passion, chiffres eux-mêmes du salut, de la Providence. Et ce savoir préservait donc toute la présence sensible de cette fleur, il en voyait la couleur, il en respirait le parfum.

Heureuse situation, malgré les massacres, les injustices, les pestes ! Le monde était accessible à l'esprit de par le dedans de ses manifestations, il suffisait que l'on imaginât un Dieu comme cause de cette signifiance de tout pour que celle-ci fût ressentie comme ce qui confère de l'être, de l'absolu, à toutes ces choses que nous considérons aujourd'hui, et non sans raison, bien sûr, comme de simples formes de la matière, – et voilà qui douait du même absolu l'être humain, malgré l'évidence des corps qui vont à leur ruine. Surtout, peut-être : on connaissait sans avoir à buter à ce surcroît du sensoriel sur l'intellection qui caractérise l'approche proprement moderne de l'objet, celle qui ne sait plus que quelques aspects dont elle a fait élection. Les couleurs, les odeurs, les sons restaient vifs dans l'idée de la passiflore ou du ciel étoilé, aussi riches ceux-ci apparaissaient-ils de significations symboliques ; et pour peu qu'on approfondît cette lecture de signes, on pouvait donc déboucher sur une expérience d'unité sans quitter le plan des réalités sensibles : l'expérience même que Mallarmé dans ses premiers textes appellera une extase.

Mallarmé qui a ressenti durement, dès ses débuts de poète, que la connaissance ne s'élabore plus, de notre temps, que de l'extérieur, qu'elle réifie tout ce qu'elle touche, que les parfums, les couleurs, les sons ne soient donc pour nous que des émergences privées de tout sens profond, désordonnées. Tel est le regret qu'il exprime dans Symphonie littéraire, de 1864 : un étonnant poème – outrancier, naïf, mais frémissant de sensualité fervente – où il redonne vie à cette pensée médiévale qui faisait de l'apparence le livre ouvert de l'essence et voyait ainsi dans la fleur, chose plus qu'aucune autre définissable par des caractères de l'apparence, le modèle même de ces réalités qui induisent l'esprit à la connaissance mystique. Partout dans la Symphonie littéraire une « âme » veut s'éveiller dans un « paradis » qui ne serait en fait qu'une coprésence dans la lumière divine de choses – d'êtres – accédant à leur « pureté » sans rien avoir perdu d'aucun de leurs aspects les plus sensoriels, les plus sensuels.

Et ce qu'il faut remarquer aussi, c'est que l'essentiel du vocabulaire de Mallarmé de bien plus tard – ses notions, ses références sensibles, les fleurs, par exemple, l'azur – est déjà présent dans ces pages toutes premières, ce qui montre que la vieille pensée ne fut peut-être pas seulement chez lui la rêverie nostalgique d'années encore troublées de tentations religieuses, mais la donnée sur laquelle, obnubilante longtemps, il lui fallut travailler, même après qu'il eut dû la mettre en question. Il va de soi, en effet, que, malgré son invocation à une bien vague « Notre dame » dans ses Fleurs, de 1864, Mallarmé ne disposait plus des schèmes d'intellection, de nature mythologique, qui organisaient pour les mystiques de la vieille Europe chrétienne la connaissance par le dedans de la rose ou du lys, ou de l'azur ; il lui fallait donc en passer par les catégories et les modes de la pensée de son siècle, pour laquelle la chose n'est plus qu'objet, matière à simple mesure ; et là gît la contradiction qu'il a eu à vivre d'abord, à découvrir au fond de lui-même, puis à tenter de résoudre.

Pratiquement, cette contradiction, c'est vouloir re-
vivre la connaissance « par l'intérieur », mais en n'ayant
plus pour ce faire que les mots de cette langue moderne
qui tend à réfuter toutes les croyances – tous les mythes –
qui favorisaient l'illusion. Et la première pensée de Mal-
larmé sous ce signe, ce fut d'avoir recours à l'écriture
poétique, celle qui conjoint les sons et le sens : car celle-ci
venait de connaître, chez Edgar Poe puis chez Baudelai-
re, une révolution qui ouvrait effectivement des perspec-
tives très neuves. Un poème-discours, comme chez La-
martine ou Vigny, comme chez Hugo, c'est de la pensée,
la conscience y est donc comme rabattue vers le dehors,
quel qu'y ait été le souci de l'essence intime à la chose.
Mais Poe a perçu que les syllabes qui font le vers sont une
forme sonore, qui interfère avec le jeu des notions, il en a
déduit que le plan propre du poétique, ce n'est donc pas
ce que des notions décident, mais l'effet que produit sur
nous la composition qui marie le sens et le son, la pensée
et la forme, dans une seule recherche. Et Mallarmé peut
conclure : n'est-ce pas toute la pensée conceptuelle qui
est brouillée, effacée par ce travail ? Alors justement
qu'elle est aujourd'hui ce qui prend la chose par le de-
hors, et alors aussi que l'écoute du son des mots, de leurs
longues et brèves, de leur couleur, c'est ce qui nous
rouvre à nouveau dans toute sa plénitude cette immédia-
teté sensorielle qui a été chassée de l'esprit ?

Composer le vers, et cela jusqu'au point – que Mallar-
mé croit avoir déjà rejoint, quelquefois – où il satisfait
celui qui l'écrit, tout épris que celui-ci reste pourtant de
la vieille idée d'une connaissance intérieure, n'est-ce
donc pas déjouer la langue moderne, qui n'admet plus la
notion d'essence, ni la pensée d'un ordre intelligible du
monde ? N'est-ce pas retrouver la voie du « paradis », de

la « patrie », n'est-ce pas l'acte salvateur qu'il faut – mais aussi qu'on peut – accomplir, l'« hymne » qui recommence les anciens rites ? Le poète ? « Il marche en roi à travers l'enchantement édénéen de l'âge d'or, célébrant à jamais la noblesse des rayons et la rougeur des roses, les cygnes et les colombes, et l'éclatante blancheur du lis enfant, – la terre heureuse ! »

Si bien que Mallarmé se met à la tâche, « creuser le vers ». Mais observons tout de suite qu'il omet de comprendre ou se refuse à admettre un des caractères fondamentaux de la tradition qu'il veut continuer. La pensée médiévale ne croyait pénétrer l'essence des choses que parce qu'elle projetait sur celles-ci des schèmes qu'elle vivait de l'intérieur déjà, dans les situations de la vie. Et ce fait impliquait qu'elle plaçait l'expérience de la réalité au plan où l'existence a ses enjeux propres, c'est-à-dire – limites spatiales et temporelles, tyrannie du hasard – la finitude. C'est par la considération de réalités finies, la rose mais avec son chancre en puissance, que la pensée se portait de l'apparence à l'essence. Il y avait une grande chaîne de l'Être, intemporelle, mais chaque maillon en était une créature périssable, ce qui plaçait la procréation, qui réparait seule la chaîne – et la sexualité, de ce fait, cet autre aspect de la mort – au cœur de la réflexion. L'extase délivrait de la finitude ; mais la finitude était la voie vers l'extase.

Mallarmé, lui, ne cesse dans ses premiers écrits de crier son horreur de la finitude : elle n'est nullement la vie, à ses yeux, mais l'accident injuste et inexplicable qui la dénie. Et la seule réalité qui vaille, c'est donc celle qui, forme pure de la rose, azur des hauteurs du ciel, échappe à l'emprise du temps, et du hasard – que de pages de la Correspondance le proclament ! Bien, mais comment espérer, avec un tel refus pour regard, et malgré le poème qui rouvre la voie de la plénitude sensible, retrouver la clef des analogies qui permettaient de faire de ce qui est l'objet d'une connaissance ?

Mallarmé ne tente pas moins de mener à bien cette composition du vers qui – oubliés les poèmes qui ne sont qu'effusions, divertissement – se veut une trouée vers la réalité supérieure. Et le projet où il engage bientôt tout l'effort de ses nuits de veille, à Tournon d'abord, c'est ce qu'il appelle Hérodiade, un grand espace verbal où ne brille encore, dans la nuit des mots d'à présent, que ce mot seul, une étoile. « *La plus belle page de mon œuvre sera celle qui ne contiendra que ce nom divin,* Hérodiade », écrit-il en février 1865 à Eugène Lefébure. Il voit ce mot « *sombre, et rouge comme une grenade ouverte* » : belle métaphore cosmique, belle expression aussi du désir qu'une intériorité se révèle, s'épanche même, dans la couleur, la saveur. Et certes, ce qu'il veut susciter dans ce poème, ce qu'il veut y ouvrir à la pénétration poétique, c'est bien la réalité comme telle, si même il l'emblématise une fois de plus dans l'histoire par une figure de femme.

III

Pourquoi faut-il cependant qu'Hérodiade, le grand poème, n'ait fini par signifier à ses yeux, de façon directe ou voilée, que l'absence de tout rapport praticable entre l'Être et la conscience qui l'interroge ? Hérodiade parle, à la première personne, ce qui trahit l'espoir du poète que la réalité, qu'elle représente, pourra se dire dans la langue de l'être humain. Mais pour autant qu'elle emploie donc cette langue, et voit se dresser devant elle le monde comme cette dernière le lui présente, c'est pour exprimer son refus, même son horreur, des choses qui s'y profilent, de la sexualité qui y prédomine, et laisser entendre qu'elle ne veut que se retirer, à jamais vierge, dans une chambre aux volets fermés, aveugle même aux étoiles du ciel nocturne puisque parmi elles brille Vénus. La parole mallarméenne cherchait pourtant dans ces vers superbes à passer au plan des essences, par des évocations aussi intemporelles et pures que possible : mais, certes, que peuvent bien ces marbres, ces ors, ces métaux – ou cette idée d'une chevelure qui serait or elle-même, métal stérile, tout le contraire du foyer d'odeurs enivrantes et de rumeurs qu'avait rêvé Baudelaire ? Cette raréfaction n'est pas accession à plus intérieur que la réalité quotidienne, mais une mise en scène qu'on sent dressée par d'obscurs fantasmes, et au sein de laquelle les disparités de l'intérêt du poète, son attention à ceci plutôt qu'à cela opèrent au détriment d'une intuition d'ensemble de l'être naturel : ce qui détend la forme serrée de ce qui est, au risque d'un tracé désormais inorganique, à la Rossetti ou à la Moreau. C'est par les deux bouts, en somme, conscience de soi de la nature – qui ne comprend plus ni n'accepte sa propre forme – et parole humaine qui s'approche de l'Idéal mais du dehors et sans efficace, que la fusion de l'être et des mots ne peut se faire.

Quand il écrit Hérodiade, Mallarmé a donc déjà pris conscience de l'échec de sa poésie à « creuser » dans la langue moderne de l'extériorité une issue vers une authentique présence de ce qu'il appelle l'Idée ; à rendre transparents l'un à l'autre, dans chaque mot, le dedans et le dehors de la chose. Exigeant et lucide comme on voit bien qu'il le fut dans ce travail fiévreux des nuits de Tournon avant l'aube sans joie que disent quelques poèmes, il a vu les beaux vers qui se formaient sous sa plume, dans les ratures sans nombre, n'assembler encore et toujours que des représentations qui demeurent désespérément le produit de sa subjectivité, loin d'être l'entrevision, tant soit peu devenue parole, de ce qui fait que les choses sont. N'est-il donc, et ne sera-t-il à jamais, qu'un foyer d'imaginations illusoires, sans prise sur le monde qu'il voit ainsi se refuser au langage ? Si son activité peut garder un sens, dans ces conditions, ce ne pourra être, en tout cas, que par cette lucidité qui sait dénoncer, un par un, les moments successifs de son espérance, qui sait re-connaître de plus en plus clairement qu'il n'y a, dans le vers « creusé », qu'une fosse vide.

Tout cela étant attesté d'ailleurs, de la façon la plus ex-plicite, dans quelques-unes des lettres que Mallarmé en-voyait à ses amis parisiens dans ces années où il vécut en province. En avril 1866 il vient de passer encore trois mois « acharné sur Hérodiade » – c'est alors le fragment Ouverture ancienne – et il n'est pas sans penser que ce qu'il a écrit est très beau – il parle même d'une beauté « inouïe » –, mais il sait aussi, maintenant, que ce n'est qu'un « glorieux mensonge », et à Henri Cazalis il dit : « Malheureusement, en creusant le vers à ce point, j'ai rencontré deux abîmes qui me désespèrent. L'un est le Néant (...) et je suis encore trop désolé pour pouvoir croi-re même à ma poésie. »

Ne nous inquiétons pas du second abîme, qui n'est que celui de sa santé, qu'il croit – mais à tort, semble-t-il – mauvaise, et prenons mesure de la profondeur du pre-mier, qui pourrait sembler au premier regard mince dé-couverte, et peu nouvelle. Que nous ne soyons « que de vaines formes de la matière », comme l'auteur d'Héro-diade le dit encore, abandonnant alors son poème, cela a été su par bien d'autres, même en ces années-là de l'his-toire, et ceux-ci n'en souffrirent pas tellement. Mais il est vrai que cette pensée n'était dans leur cas que cela, préci-sément : une pensée, un savoir, une position de pure phi-losophie qu'on peut oublier à d'autres moments de l'exis-tence et de la parole.

Mallarmé, lui, va concevoir bientôt le Sonnet allégo-rique de lui-même, il va rêver, toute une saison, Igitur, qui sont l'évocation de son impression quasi suffocante d'absence à soi et au monde dans la chambre même où il a écrit et tenté d'être. Et l'abîme au bord duquel il est arri-vé est bien plus vertigineux que tout autre, car c'est une expérience du vide de la parole au moment même où celle-ci cherche à prendre forme. Autrement dit, Mallarmé n'a pas été celui qui a simplement décidé que les référents échappent à l'emprise des signifiés, ce qui permet de faire de ceux-ci cet emploi peu enthousiasmant mais utile qu'est l'établissement d'une vérité proprement humaine. Et remarquons, d'autre part, qu'il ne sera jamais de ceux qui par conscience immédiate et pleine du rien des aspects du monde savent réduire la parole aux quelques mots nécessaires à l'exister quotidien, comme le font ces bouddhistes auxquels pourtant il réfère dès qu'il indique qu'il a « trouvé » le néant. Non, de toujours il a cru en la valeur du langage, en sa capacité mystérieuse de pénétrer l'être du monde. Percevoir que les mots de la langue contemporaine ne le font plus, cela ne l'empêchait pas, hier encore, d'estimer que la verbalisation de l'essence de l'univers demeurait possible, dans l'œuvre à venir de quelques poètes. Et c'est donc dans l'espace même de cet espoir, et des mots, et sans qu'il puisse ou veuille s'en retirer, que l'effondrement s'est produit, découvrant des gouffres que nul autre que lui n'avait regardés, sauf peut-être, à des instants, Edgar Poe.

Disons cela autrement encore : Mallarmé constate que la phrase que l'on prononce n'est pas seulement simple représentation, sans prise réelle sur le monde qu'elle interroge et décrit, mais un lieu où l'être humain se risque ainsi dans du vide et devrait donc en prendre conscience, l'illusoire de sa pensée remontant alors jusqu'au fond, littéralement, de sa gorge. Il ne comprend pas seulement, par la pensée, il vient de vivre le fait que l'être est impénétrable, que la parole n'en peut rien dire qui ne soit simple fiction, si bien que nous qui parlons, qui ne pouvons nous empêcher de le faire, ne sommes, certes oui, que de « vaines formes ». En bref, autant que chez Nietzsche, voici que Dieu est mort, puisque même ce mot, Dieu, n'aura désormais de contenu pour Mallarmé : ne sera qu'un vide parmi les autres. Le jeune homme inquiet et fervent qui avait été *le dernier médiéval parmi les poètes de son époque est devenu brusquement le plus radical des modernes.*

IV

Mais c'est un fait aussi qu'à peine trois mois ou quatre après avoir reconnu et annoncé le néant, Mallarmé écrit aux mêmes quelques amis qu'il vient d'accomplir une autre découverte, laquelle efface d'un coup les conséquences de la première. Après celle-ci : « Je veux, avait-il déclaré, me donner ce spectacle de la matière, ayant conscience d'elle et, cependant, s'élançant forcenément dans le Rêve qu'elle sait n'être pas, chantant l'Ame et toutes les divines impressions pareilles qui se sont amassées en nous depuis les premiers âges et proclamant, devant le Rien qui est la vérité, ces glorieux mensonges. » Il se persuade, un moment, que la beauté du poème naît du refus orgueilleux de notre condition d'exilés de l'Être, Hérodiade même, vraie « splendeur », serait une part de ces « guirlandes funèbres », mais s'il y a là un projet, c'est un projet malheureux. « Je chanterai en désespéré », dit-il à Cazalis dans cette lettre d'avril 1866, parlant dans les mêmes jours à Catulle Mendès de son « découragement », de sa « lassitude ».

Et d'autre part, dès le mois de mai : « Mon esprit se meut dans l'Éternel et en a eu plusieurs frissons », dit-il tout soudain à Cazalis, et le 13 juillet, au même : « Je te dirai que je suis depuis un mois dans les plus purs glaciers de l'Esthétique – qu'après avoir trouvé le Néant, j'ai trouvé le Beau (...) », après quoi, le 16, parlant à Aubanel cette fois, il précise, sinon le sens de ces allusions, du moins l'ampleur de son enthousiasme. « Pour moi, dit-il, j'ai plus travaillé cet été que toute ma vie, et je puis dire que j'ai travaillé pour toute ma vie. J'ai jeté les fondements d'une œuvre magnifique. Tout homme a un Secret en lui, beaucoup meurent sans l'avoir trouvé (...). Je suis mort, et ressuscité avec la clef de pierrerie de ma dernière cassette spirituelle. » Il a trouvé une voie au-delà de l'abîme, si ce n'est même peut-être à travers lui. Et il n'est pas douteux qu'il importe pour nous de retrouver ce « secret ».

Je m'y efforcerai, en prenant appui sur deux remarques préliminaires. La première, c'est qu'au moment où un poète découvre qu'il n'y a rien de réel, rien qui ait être, rien qui soit authentiquement l'expression d'un ordre intérieur aux choses du monde dans les représentations que les mots construisent, il n'en a pas pour autant fini avec ces derniers, et cela du point de vue même qui l'avait porté à les vouloir comme voie. C'est vrai que désormais leur contenu conceptuel, ces représentations, ne l'intéresse plus, puisqu'il n'est pas un de ces hommes de science, ou d'action, capables de trouver quelque prix à du relatif. C'est vrai que les mots ne peuvent donc lui paraître qu'à jamais le jouet de la finitude, la manifestation du hasard, dés qui ont roulé sur la table. Leur seule vérité semble dans l'abandon que cette découverte l'incite à faire de toute prétention à les employer pour pénétrer ce qui est. Mais à se fermer ainsi à toute rêverie de formulation essentielle, à dénouer tout bouquet que l'on voudrait faire des choses, ils ne sont pas pour autant dépourvus d'une certaine vie, qu'il faut savoir reconnaître.

Qu'est-ce que cette vie qui palpiterait encore, comme une étincelle dans la ténèbre ? Eh bien, nous nous souviendrons, d'abord, que les représentations que nous nous faisons des événements ou des choses, étant irréelles, les remplacent par les images que produisent notre hasard, nos fantasmes ou la loi qu'on dégage par abstraction : ce qui appauvrit leur apparence sensible, substitue du fini, du simple fini, à cet infini. La dénomination voile son objet, en somme, depuis que le mythe ne gère plus l'apparence. Et si, maintenant, voici que la lucidité de l'esprit dissipe ces représentations qui cachaient la chose, celle-ci du coup ne se montre-t-elle pas dans l'intégrité de sa présence sensible quand on profère le mot qui la désigne ? Le mot rose n'a plus rien de sérieux à aider à dire de l'être essentiel des roses, il ne va être souche d'aucune phrase qui permettrait même d'en décrire avec d'autres mots encore l'infinie présence sensible, car décrire, c'est en passer par les significations : mais si on le prononce tout seul, il suscite, là devant nous, la rose, et lui permet ainsi d'apparaître, pour la première fois, dans une profération qui est tout de même un fait de langage.

D'où une hypothèse, qui me paraît licite : c'est cette possibilité-limite de l'élocution que Mallarmé a reconnue quand il eut vraiment et totalement rencontré le néant. Et il faut avoir cette expérience en esprit si l'on veut comprendre sa découverte ultérieure – celle cette fois de la Beauté. N'a-t-il pas écrit – bien plus tard, il est vrai, mais qui sait au juste de quels écrits des années 60 les Divagations furent la reprise ? – la phrase fameuse de Crise de vers : « Je dis : une fleur ! et, hors de l'oubli où ma voix relègue aucun contour, en tant que quelque chose d'autre que les calices sus, musicalement se lève, idée même et suave, l'absente de tous bouquets » ? On peut interpréter cet « aucun contour » comme référence à la fleur qui a existé, que l'on a vue, une fois, individu au sein de l'espèce, avec ses particularités, son hasard, et comprendre toute la phrase comme l'évocation, par contraste, d'une Idée purement intelligible, comme dans le platonisme. Mais la dialectique de cette phrase est plus complexe et profonde. Tout « contour » – toute fleur effectivement rencontrée, sur un chemin, dans un vase –, ce fut, en effet, une expérience de la personne, dont nous avons compris qu'engluée dans ses représentations, elle n'est pas, ne voit pas ; ce contour n'aura donc été qu'un calice su, à jamais moins que la fleur réelle. Tandis que l'esprit qui a refusé, « oublié », tous les vains savoirs qui extériorisent la langue, se retrouve, lui, devant une réalité à découvert cette fois, devant la chose au plein de son apparence : devant non un être méta-physique – comme c'est le cas chaque fois que l'on réfléchit, que l'on croit savoir – mais ce qui est, *simplement*. L'idée, c'est d'ailleurs l'eidos : *ce qui se montre*.

En somme, en creusant le vers, en y découvrant le néant de nos représentations et l'illusoire de la personne que nous bâtissions avec elles, on rencontre bien, en un sens, les ténèbres absolues, celles de l'esprit, mais dans cette nuit les mots eux-mêmes – ceux en tout cas qui disent les choses de la nature – ont commencé à briller. C'est là le surgissement d'une présence désormais non médiatisée, et donc débordante, comme une coupe, de l'infini de ses aspects sensoriels. Et c'est ce que Mallarmé, juste avant dans Crise de vers, vient de nommer « notion pure », me semble-t-il. En creusant le vers, par destructions successives d'impressions qui n'étaient que des illusions, il s'était avancé dans la nuit de l'esprit humain, ce rêve, il en avait dissipé tour à tour chaque mirage. Mais sans doute apercevait-il au-delà, au loin, cette lumière de jour. Cette lumière, disons-le même, du jour le plus naturel.

Et ma deuxième remarque préliminaire, c'est qu'un autre événement a eu lieu, dans le travail même de Mallarmé, qui fut exactement contemporain du grand moment d'enthousiasme que celui-ci a vécu dans l'été de 1866 : si bien qu'on doit définir cet événement et l'interroger du point de vue de la découverte annoncée. Sous le signe aussi de la « notion pure », peut-être ces faits nous aideront-ils à comprendre ce que fut le « secret » que Mallarmé découvrit alors ; et la nature de la « beauté » qui peut poindre dans un poème, quand on a consenti au « néant ».

V

Pour bien faire, il faudrait revenir, toutefois, sur les saisons qui précédèrent la grande crise, retraversant grâce aux lettres d'alors le dur travail des hivers, mesurant à quel point Mallarmé prit peur de cette Hérodiade qui inhibait ses sens, qui le « stérilisait », qui voulait, en somme, sa mort ; et retrouvant quelques textes qui révèlent déjà, dans son découragement, le besoin d'un dérivatif apporté par des rêveries, elles, très simplement naturelles. On s'arrêterait ainsi au poème « Las de l'amer repos... », qui montre Mallarmé si désireux d'échapper aux mots, à la tyrannie de leur espérance, qu'il se rêve peintre, et même peintre chinois, cherchant l'extase par un recours au silence. On remarquerait que dans ce poème l'auteur d'Hérodiade a beau essayer de fuir l'« art vorace » parmi les choses les plus usuelles de la nature, au sein d'un « jeune paysage » qui laisserait aussi affleurer – « blanche nue », « grands cils » – tout un jeune corps, il ne semble guère porté à autre chose encore que l'extase, précisément, et par la voie de contemplations toujours dégagées des tentations ordinaires. « Délaisser l'art vorace », cela peut bien aller dans d'autres pages d'à peu près le même moment – Angoisse, « Une négresse... » – à des imaginations érotiques, mais le souci le plus essentiel réclame vite son droit.

Mais on peut s'en tenir à l'événement principal, que je crois voir dans la succession d'une année à l'autre – le printemps de 1865, puis celui de 1866 – de deux états d'un nouveau poème.

Du Faune, du grand texte encore en chantier qui ne paraîtra que dix ans plus tard sous le titre alors de L'Après-midi d'un faune, on peut penser, il est vrai, que l'on n'a pas le premier état, au moins pour sa partie essentielle, le monologue qui suit l'éveil du faune aux premiers vers du poème. Il est certain que Mallarmé tra-

vaillait à tout cela en mai-juin 1865 : « J'ai laissé Héro-
diade *pour les cruels hivers : cette œuvre solitaire
m'avait stérilisé et, dans l'intervalle, je rime un intermède
héroïque, dont le héros est un faune* », *écrit-il en juin à
Cazalis. Et d'évidence il avait déjà et surtout écrit ces pre-
mières pages, qui auraient été l'essentiel de l'action scé-
nique, dont il rêvait alors qu'on la jouerait bientôt à la
Comédie-Française. Mais de l'œuvre de 1865 on n'a d'as-
suré que quelques fragments du dialogue des nymphes,
qui devait suivre, et d'une autre méditation du faune.*

    *Toutefois, il me paraît évident que le texte qui semble
nous manquer est en fait celui-là même que Mallarmé
recopia en 1873 ou 1874 pour son ami Philippe Burty,
car celui-ci n'avait pu vouloir de lui que les pages qui
– c'était maintenant matière à étonnement amusé –
avaient été refusées à la Comédie-Française. Mallarmé a
d'ailleurs ajouté à cette copie les indications scéniques
auxquelles il n'a pensé qu'en 1865, avant de renoncer à
tout espoir de théâtre. Et semblablement on peut estimer
que rien n'est resté du* Faune *de 1866, mais je ne doute
pas davantage que le Monologue de cette seconde année
soit entre nos mains lui aussi, c'est cette fois le texte que
Mallarmé envoya au* Parnasse contemporain *en 1875.
Aucune allusion de ses lettres ou d'autres sources ne per-
met en effet de croire que depuis 1866 il eût touché au
poème. La version de cette seconde année était ainsi la
dernière dont en 1875 il disposât. Et qu'il se soit conten-
té alors de la recopier pour la revue, c'est ce que suggè-
rent d'une part ce qu'il dit à son éditeur :* « Je n'ai eu le
temps que de recopier ce morceau », *et d'autre part cette
indication : il n'a donc pas eu le loisir d'y porter
* « quelques corrections nécessaires ». *Mallarmé retrou-
vait un texte depuis longtemps délaissé, et y découvrait
des faiblesses.*

    Il avait improvisé, en somme, sa collaboration au
Parnasse contemporain, *ce que confirme le titre* Impro-

visation d'un faune, *ambiguïté ironique qui est bien de sa manière nouvelle ; et ce qu'on lui fit payer cher puisqu'à sa grande surprise – il attendait déjà les épreuves – le comité du* Parnasse *se refusa au poème. Et c'est vrai aussi que les faiblesses de l'*Improvisation, *quelques mots maladroits, quelques vers encore rugueux parmi nombre d'autres splendides, étaient bien réelles, laissant percevoir quelque hâte de l'écriture première – celle de 1866 – à cause peut-être alors d'une découverte trop enthousiasmante et soudaine. Notons d'ailleurs que ces faiblesses mêmes confirment l'ancienneté du texte, puisque l'auteur du splendide* Toast funèbre *– écrit deux ans avant la décision du* Parnasse *– en était depuis ce poème-ci bien incapable ; et les fit facilement disparaître quand, dépité du refus, il suivit le conseil de quelques amis indignés et publia dès l'année suivante, avec les illustrations de Manet, la parfaite* Après-midi.*

Nous avons donc les deux premiers états du monologue du faune. Et ainsi nous est-il possible de constater que de l'un à l'autre s'est produit dans la pensée, dans le travail qui les a conçus, un événement bien digne de causer l'exaltation de la lettre de juillet 1866 : en vérité, une véritable révolution.

Considérons, en effet, le plus ancien des deux textes. Tout dans ces vers est pour imaginer la sorte de plaisir sensuel dont leur auteur s'est senti privé, non seulement en fait mais en droit, pendant ses mois d'un travail si intensément métaphysique sur le grand poème de ses hivers, Hérodiade. *Et aussi bien Mallarmé ne cesse-t-il d'affirmer par la bouche de son héros le caractère de possession effective qu'a dans le souvenir de celui-ci, qui s'éveille, sa relation aux deux nymphes. Métaphorisée joliment par le « rire » puis les « sanglots » qui auraient pu se succéder dans l'ivresse du faune si les naïades n'avaient échappé à leur prédateur, la jouissance a tout de même eu lieu, si même imparfaite, et Mallarmé écrit*

avec force « non » quand le doute saisit celui qui s'était
exclamé d'emblée : « J'avais des nymphes ! » et finira par
se rendormir sur un avantageux

    Adieu, femmes : duo de vierges quand je vins

après avoir constaté sur son corps même la preuve d'un
fait d'amour bien réel : à ses doigts la « morsure

    Féminine, qui dit les dents et qui mesure
    Le bonheur de la bouche où fleurissent les dents ».

Et voilà donc une conclusion, qu'il faut garder en es-
prit. C'est vrai, il y a dans le premier Faune *l'idée d'un*
doute, sur le fait que le faune ait eu, *au lieu simplement*
de rêver, *un doute qui préserve dans la rêverie simple de*
possession, de plaisir, l'impression que Mallarmé a bien
dû avoir, même alors : à savoir qu'en cette rêverie même,
étant celui qu'il était, épris d'absolu, il pensait déjà à tout
autre chose que l'immédiat et banal plaisir de prendre.
Autant que le désir ordinaire la fatalité de l'art est en lui,
avec ses hantises et, à l'occasion, son remords, comme
d'ailleurs le faune lui-même va le laisser apparaître, qui,
dans un autre fragment de cette première année du
poème, déclare qu'il n'ignore pas que l'art ne lâche pas
qui il tient, et sait vite faire par remords recommencer
sur sa lèvre, « fatal

    Les stériles lambeaux du poème natal ».

Le faune, en cette fin du poème, veut fuir les femmes,
se faire cristal pur par la grâce de sa flûte, renaître dans
l'eau glacée d'une piscine « lustrale » à sa part non plus
animale mais divine. Et Mallarmé, qui l'invente, l'a fait
avec bien assez de pure beauté mélodique, dans des vers
parmi les plus beaux de la langue – et quelle impression

de lumière, traversant, dissipant les corps ! – pour que nous n'ayons pas à douter qu'il est encore là le poète, et non le prisonnier du désir. – Reste pourtant qu'il a suivi ce dernier, serait-ce par la seule pensée, jusqu'au point où convoiter, vouloir prendre cherche à se faire un événement du temps vécu, à ce plan donc de la chair mortelle, de la précipitation, du hasard, qui faisait horreur à Hérodiade. Et qu'il se complaît à l'idée d'une défloration effective, d'un orgasme – « J'avais des nymphes » – pour satisfaire par la pensée, prenant le remords de vitesse, un besoin de sa propre chair, laquelle veut l'attirer dans sa condition ordinaire. Le premier Faune, en somme, est essentiellement le conflit du désir de jouissance, cette chute au plan de la finitude, et de la poursuite dont est le lieu Hérodiade. Il satisfait le désir, bien qu'il l'enveloppe de sensibilité poétique ; il n'a été écrit que pour apaiser, momentanément, la « rage » qui sinon briserait les « joncs unis » de la flûte de Pan ; et après l'« intermède » il n'est que logique que le travail des « cruels hivers » ait repris, à la fin de 1865.

Tout autre est le second Faune, et je m'étonne que la différence de ces deux textes n'ait pas retenu davantage les exégètes de Mallarmé. Là où le faune de la première version avait dit non, résolument, à son doute, afin d'attester la réalité effective, à un moment de sa vie, de sa rencontre des nymphes, là précisément, dès le début du second poème, celui qui parle « réfléchit » à ce même doute pour constater cette fois que « loin de finir », sa perplexité se prolonge, défaisant toutes les preuves que le premier texte aimait retenir. D'abord, c'est la réalité même qui, « morne » ici, « noire » malgré le soleil et les eaux brillantes, atteste qu'il n'est rien qui puisse en elle accéder à de la beauté alors qu'il aurait bien fallu que cette beauté y fût présente si les nymphes y avaient réellement existé. En fait, le faune joue déjà de sa flûte, et la seule eau, la seule fraîcheur qu'il y ait au monde ont été versées par sa musique. C'est en celle-ci et par elle qu'ont eu lieu les événements qui hantent ses sens et sa pensée. On observera que c'est « dans le prélude où partent les pipeaux » que les nymphes du lac retournent sous la surface de celui-ci à leur existence immatérielle, divine, et non, comme l'autre fois, « au bruit », au simple bruit de la flûte. Alors, ce bruit n'était que l'indice qu'un prédateur approchait, maintenant la musique a été le lieu même où la réalité ordinaire – ces nymphes, en fait : de simples cygnes – est transmutée en quelque chose d'autre et de supérieur.

Et si même deux des naïades semblent avoir résisté à la transposition de la chair en Idée qui a commencé de se faire, peut-être parce que le désir de musique aura cédé, chez le faune, pour un instant, à une tentation plus ordinairement sensuelle, on est donc déjà mieux conduit que dans le premier poème à interpréter leur présence dans son esprit comme elle aussi une proie moins réelle que façonnée par son rêve : déjà un peu l'« ombre » qu'elles deviendront à la fin. C'est ce que confirme d'ailleurs le fait que la morsure qui brûle les doigts du faune soit celle maintenant d'une dent « auguste » et non plus lascive : c'est la morsure même de l'art – de l'art « cruel » – qui affirme son droit et son pouvoir et, « détournant à soi le trouble de la joue », a incité le musicien à fondre en un seul acte – une fable – le désir encore à son rêve et la création artistique. En cette « confusion fausse » seulement pourra se produire la seule ivresse digne désormais de ce nom, celle qui de seins « vagues » s'enflant « sous un regard clos » fera naître « une pure, suave et monotone ligne », refleurissement dans la phrase musicale de ce qui dans le lieu réel ne peut que s'évanouir. Ainsi peut-on prendre plus haut plaisir à regarder, une fois sucé le raisin, la lumière d'été regonfler mieux encore la grappe vide. Et après avoir succombé à la tentation ordinaire, le faune de 1866 va donc tenter – ce sera un poème dans le

XXV

poème – de « regonfler » son souvenir un peu trop mêlé de vécu encore, méditant au passage le « crime » que fut d'avoir, non trop précipité cette fois son geste de possession, mais tout simplement voulu en accomplir un, au lieu d'avoir consenti à l'éternelle, à l'essentielle et comme augurale virginité des deux nymphes. Il a commis le crime contre la musique, disons, et va lui faire défaut ce « sanglot » qui est dit au singulier cette fois, parce qu'il ne signifie plus l'éjaculation, l'ardeur recommençante du corps, mais – comme dans Les Fleurs, naguère, ou Symphonie littéraire – l'unique instant suprême d'une extase spirituelle.

« Dédaignons-les », dit le faune, à la fin de son monologue, des femmes qu'au début il n'imaginait que comme une proie à faire sienne. Que mon sang, laisse-t-il entendre encore, ne se laisse plus captiver par aucune nymphe particulière – par aucune femme existante – mais, altérant le « vol ancien » du désir, sache aller par « chaque grenade » éclatée, par chaque autre nymphe entrevue dans le grand « essaim éternel », vers ce que le texte de 1866 n'indique pas, car les dernières lignes manquent au manuscrit, mais que la version définitive, l'Après-midi, nous révèle : une perception, une entrevision – comment dire ? « Je tiens la reine » – de ce qui est désormais, non plus telle ou telle femme existante, mais une essence commune à toutes, Vénus, l'Ombre qu'il sait maintenant plus satisfaisante – étant plus réelle – que la proie. En bref, le faune du poème de 1866 est musicien, il ne veut plus être que musique, il a sacrifié à son art cette réclamation de la chair qui demandait de renoncer à l'Idéal pour ce qui n'aurait été que du temps ordinaire, hasard et mort.

La différence des deux versions est donc un fait, et profonde : la première enveloppe, tempère, musicalise, mais sans en avoir triomphé encore, une rêverie de jouissance, l'autre est d'emblée le renoncement, bien que toujours sous le même signe des perceptions sexuelles, à

toute imagination de possession effective, comme si un
accomplissement d'une autre sorte était apparu possible.

VI

Et cet accomplissement n'est pas pour autant tout à
fait encore définissable, à partir du simple texte du
Faune, ni davantage les voies qui permettraient d'y at-
teindre, mais il me semble possible de les conjecturer,
tout de même, et de comprendre ainsi le bonheur, le sen-
timent de triomphe qu'exprime Mallarmé dans ses lettres
de l'été 1866, et les formules mêmes auxquelles il a re-
cours, et le programme qu'il se propose.

Revenons à cette idée de la « notion pure » ; à cette ex-
périence, plutôt, d'une réalité qui affleure, au plein à
nouveau de sa présence sensible, dans le mot dont ont
disparu toutes les représentations, toutes les voies d'ana-
lyse qu'avait décidées l'intellect. La notion pure est, je le
rappelle, la conséquence de la découverte du néant, au
sens que Mallarmé a conféré à ce mot : nous ne pouvons
pénétrer l'essence du monde, s'il en est une ; notre parole,
et nous avec, ne sommes donc qu'un vain jeu d'écume à
la surface de l'univers, lequel va cependant briller à nou-
veau à nos yeux, infini qui s'est remembré quand s'effa-
cent devant les choses nos interprétations, nos repré-
sentations illusoires. Mais ce retour du réel perdu
n'atténuait pas pour autant, au moins semblait-il, le
malheur de la parole moderne, puisque la notion pure ne
peut se « lever » dans autre chose que la profération d'un
seul mot. Qu'on l'implique dans une phrase, et du fait
des pensées qui se forment là aussitôt, avec leurs notions
abstraites ou subjectives, sa « pureté » se défait. Cette im-
possibilité de faire « tenir » la notion pure dans un vers
comme celui d'Hérodiade, quelque soin qu'y ait mis l'es-
prit à effacer toutes ses pensées de hasard, est ce que Mal-

larmé avait nommé l'Impuissance. Au terme de la destruction qu'il a su opérer dans son travail poétique, il peut craindre qu'aucune possibilité d'écrire ne lui reste.

Mais cette analyse est-elle suffisante ? Elle suppose que tout rapport du parleur à ses mots soit sous le contrôle des représentations que forme la pensée, et est-ce vraiment le cas ? C'est ce que l'on peut se demander en lisant le Faune, précisément, le Faune dès sa première version, puisqu'on voit là prendre figure verbale des aspects de la réalité naturelle, ces flancs nus, ces « seins vagues », ces grappes de raisin qui n'ont besoin pour paraître dans le regard que de ce désir sensuel, sexuel, qui est un fait du corps, du corps surtout, encore qu'il soit modelable, et ce sera le fantasme, par les besoins de l'esprit. Le corps est une part de la nature, il appartient ainsi à ce dehors devant quoi les représentations s'évaporent – n'est-il donc pas une voie qui permettra à des mots, sinon de coordonner des pensées qui cette fois seraient vraies, du moins de rester au contact des choses autrement qu'une par une comme quand on profère la notion pure : allant, sous l'effet du désir, d'un aspect de ce que celui-ci aime et sait voir à un autre et un autre encore.

Si toutefois, bien sûr, le désir ne s'est pas chargé en chemin de ces représentations, de ces formes de connaissance qui naissent de l'intellect. Et dans l'énoncé de cette réserve voici qu'apparaît l'idée qui, me semble-t-il, s'est formée chez Mallarmé en 1866, quand il s'est vu écrivant à nouveau le Faune, mais après avoir mené à son terme, en quelques derniers mois d'Hérodiade, la découverte ou plutôt l'expérience du néant. En d'autres mots : c'est vrai, hélas, le désir, lui aussi, se charge vite de représentations mentales, de pensée, ce seront là les fantasmes, ce sera là l'érotisme, mais cette situation n'est-elle pas le fait, dans le désir même, de ce qui en lui cherche, effectivement ou en rêve, la jouissance, alors qu'un simple regard, s'attachant à l'objet charnel mais sans prétention à saisir, sans autre souci que cette beauté qui semble inhérente au monde, en resterait, lui, du « pied » au « dos » de la nymphe, comme il est dit dans le Faune, à des parcours de perception pure, délivrés des ambitions – et des illusions – de l'esprit ? Vouloir la possession implique l'action, dans le temps, parmi des objets et des êtres, et cela oblige à de la pensée, et donc aux catégories de celle-ci, aux notions, dans la trame desquelles s'est d'ailleurs tissé le fantasme. Ne pas la vouloir, au contraire, être celui qui ne cherche pas à jouir, parce qu'il considère l'objet, tout sexuel qu'il soit, en sa spécificité, en son être propre, à la façon dont on regarde le lys, la rose, c'est échapper à la pensée, à ses verbalisations qui éteignent, à son hasard – et cependant atteindre à plusieurs mots à la fois, grâce au regard qui ne peut que rassembler plusieurs choses. Pour parler, en bref, pour pouvoir parler à nouveau, il suffirait peut-être de renoncer, non certes au point de vue du désir, mais au projet de jouissance.

Or, écrire le Faune, l'écrire comme Mallarmé l'avait fait en 1865, oubliant déjà son projet de délassement, de jouissance pour suivre des yeux, par moments, la pure beauté du monde ; l'écrire comme en 1866 il voit bien qu'il l'a voulu plus encore : c'est précisément ce renoncement, ou au moins sa virtualité, qui se profilent, et de la façon la plus concrète, puisque c'est dans l'écriture. Et la découverte de Mallarmé en 1866, c'est donc qu'il est apte à ce détachement qui lui rendrait la parole ; que les rêveries qui mettent en scène l'assouvissement érotique ne sont jamais pour lui que des tentations qu'en fait assez vite il repousse, comme il le savait déjà quand il écrivait dans Symphonie littéraire : « Qu'on s'en souvienne, je ne jouis pas mais je vis dans la beauté. » Sans doute est-il aussi celui qui aurait pu, lui tout le premier, ne pas « s'en souvenir », justement : étant une personne qui a ses limites, ses souvenirs, ses préjugés, ses fantasmes – qui interprète donc et non simplement contemple ; et cela

donna Hérodiade, *qui n'est encore qu'un rêve de jouis-*
sance certes hautement transposée, superbement subli-
mée, mais toujours voulue effective. Mais qui est-ce qui
travaillait dans Hérodiade *à « creuser le vers », à y com-*
battre l'autorité des fantasmes ? Et quand celle-ci a été
vaincue jusqu'au point où Mallarmé a compris que la
connaissance n'était qu'un rêve, et le penseur – l'être hu-
main – qu'une « vaine forme de la matière », qui donc a
survécu à l'idée ainsi dévaluée de la personne, sinon ce
témoin désintéressé que l'auteur du Faune *était tout de*
même bien de la réalité comme elle est, en son évidence
impénétrée mais désormais et enfin visible ? « Ah, mon
ami, que ce ciel terrestre est divin ! » écrivait-il à Cazalis
en avril dans la même fameuse lettre où il lui avait an-
noncé qu'il avait rencontré un abîme, le néant. Il vient
d'apprendre aussi que va mourir Baudelaire, qu'il voyait
comme le prince du rêve, il sait que l'esprit n'est rien,
mais dessous ces ruines quelqu'un en lui a surgi, pour
s'employer à bien plus, peut-il espérer maintenant, que
soit tenter de connaître comme autrefois, soit se vouer à
la jouissance. Mallarmé est mort, mais ressuscité. Il
avait perdu l'usage des mots, il le retrouve. Il s'était avan-
cé, guidé par la destruction, dans des ténèbres qui pou-
vaient paraître absolues, mais il détenait, c'était là son
« secret » – soudain découvert, d'où sa joie – la « clef de
pierrerie » d'une « dernière cassette spirituelle ».

Et nous voici au point même, dans l'expérience de
Mallarmé, où sous le signe des découvertes qu'il vient de
faire – le Néant, la ruine de la parole puis cette nouvelle
évidence – on peut enfin comprendre tout son projet. Et
ce qu'est, d'abord, ou plutôt ce qu'aurait dû être, l'œuvre
qu'il annonce à ses amis quand il leur dit qu'il est mort
mais ressuscité. Ce poème à venir ne pourra être un dis-
cours, comme Hérodiade *n'avait pu cesser de l'être ni*
d'ailleurs même su le vouloir, malgré le travail acharné
sur chaque vers. C'en est fini avec les « visions » désor-

mais, on a consenti, et on s'efforce, à la vue. *Et certes les mots sont toujours là, par lesquels peut à chaque instant reprendre tout le discours de l'esprit et s'éteindre la notion pure, mais le poète sait maintenant qu'il se doit d'essayer de n'être que son regard, c'est-à-dire de se prêter à l'attrait des choses de la nature, mais en y reconnaissant, de par la lucidité du désir détaché des demandes de la personne, les « rapports réels », ceux que pensée, rêve, projets – sinon celui de la poésie – n'ont pas subvertis et donc voilés. Le « paradis » à nouveau, celui – pour reprendre les termes d'une belle lettre de Mallarmé à Huysmans, huit ans plus tard – de la « sensation seule », atteinte par le renoncement à la « jouissance barbare ou moderne ». Essentiel à la poétique de Mallarmé ce « retranchement de soi-même », qui n'est pas une sublimation, car sublimer ne peut que transposer sans le supprimer le projet d'une jouissance, mais plutôt un surcroît d'exploration, l'objet du désir étant en fait mal connu à cause de l'avidité qui l'assaille, toujours précipitée, toujours donc aveugle. Essentiels ce retranchement, cette dépersonnalisation, cette rupture des désaccords anciens de la parole et du corps, puisque c'est grâce à eux que l'infini inhérent à la moindre réalité peut se dégager du fini de chaque lecture partielle, et que l'identité à soi de l'objet, son unité, se fait donc visible, dans l'unité de tout, restituée. La réalité se « lève », intacte, sereine. Ainsi la Vénus que sculptait Phidias, belle de n'être née que des mains désintéressées de l'artiste.*

Sauf que dans des mots ce n'est pas pleinement la donnée des sens qui se reforme, comme en sculpture, voire en musique, mais simplement un souvenir de telles perceptions vécues à d'autres moments, et alors trop nombreuses pour être dites dans l'espace unique d'un vers. D'où suit que le poète, qui est celui qui regarde, comme le fait le peintre, dont voici compris le silence, aura pour tâche essentielle de préserver dans son poème à venir ces allées et venues du regard, c'est-à-dire d'y faire toute sa place à une « agitation de parole » : mots effleurés, un instant, comme l'a été par les yeux une chose aperçue auprès d'une autre, mots congédiés alors mais gardés aussi, en suspens dans le souvenir, mots co-présents dans le « présent absolu des choses », qui se mirent, ainsi, tout de même, dans le miroir d'un poème. La parole mallarméenne devra être cette mise en rapport qui n'est plus logique mais spatiale : figures sur l'éventail que le vers brusquement déploie en un battement qui rafraîchit, qui ravive.

Pratiquement, il s'agit toujours d'écrire des vers, en effet, puisqu'il faut l'apport du son et de la couleur des mots pour que leurs contenus conceptuels soient neutralisés par composition et que déjà et à tout le moins la notion pure « se lève ». Et autrefois des représentations restaient là, dans le vers « creusé » en vain, à interférer avec le pressentiment du monde, mais maintenant qu'attention a été portée à cette réalité de simple nature que refusait Hérodiade, cela délivre le vers aussi de ce qui trouble la « vue », et une œuvre donc est possible. De chaque vers un « effet » se dégagera, qui sera une authentique rencontre de cette nature à laquelle « on n'ajoute pas ». Et comme cette impression ne peut qu'être acceptable par tous les êtres que la poésie détermine, puisqu'elle aura été éprouvée au-delà du fait personnel, cause de toutes les différences, la révélation aura commencé de la forme d'ensemble de notre inscription sur la terre : ce que Mallarmé appellera le « séjour », coupe vide, bien sûr, puisqu'on y aura sacrifié toute prétention à être.

Coupe vide, bonheur pourtant, bonheur à nouveau ou enfin, « bonheur qu'a la terre », dit Mallarmé dans un admirable passage, en 1867, « de ne pas être décomposée en matière et en esprit ». – Hélas, le préfacier qui cite ces lignes, et a atteint ce point en sa tentative d'approche de la poétique de Mallarmé, éprouve de plus en plus fortement la démesure de son projet. D'abord parce qu'exposer plus complètement cette poétique excéderait les limites qu'il est décent qu'il se donne : la pensée en jeu touche à tant de choses, on l'a dite une religion, à bon droit, elle est aussi une politique. Et d'autre part et plus immédiatement parce qu'à l'instant même où ces perspectives s'ouvrent, chez Mallarmé, les aspects de son existence plus ordinaire réclament à nouveau leur part de notre attention. Un enthousiasme, ces lettres de 1866 ? Le sentiment d'un secret découvert, d'un triomphe, d'une œuvre soudain possible ? Mais dans ce cas comment se fait-il – c'est là une des premières énigmes – qu'aucun travail de même importance n'en ait repris l'ambition dans les années qui suivirent ? La première de celles-ci fut cependant la maturation des découvertes de juillet 1866. « Je viens », écrit Mallarmé à Cazalis le 14 mai 1867, « de passer une année effrayante : ma Pensée s'est pensée, et est arrivée à une Conception pure. » Il parle encore de son « triomphe », et c'est ce jour-là aussi qu'il a terrassé le « vieux et méchant plumage », Dieu : ce qu'a rendu possible le fait qu'il est devenu « impersonnel », – « non plus Stéphane que tu as connu, ajoute-t-il, mais une aptitude qu'a l'Univers spirituel à se voir et à se développer, à travers ce qui fut moi ». Ce sont là des mots qui confirment la découverte de la « dernière cassette ». Mais après juillet 1866 il a délaissé le Faune : ce n'est que neuf ans plus tard qu'il le reprendra au point où sans doute il l'avait laissé alors, à peu près achevé pourtant.

Et les autres écrits des quatre ou cinq ans qui suivent – le sonnet en « yx », Igitur, peut-être d'autres poèmes, ainsi le Cygne, qu'il n'achèvera que beaucoup plus tard – ne sont que le prolongement de la réflexion sur l'abîme, celle de la fin de l'hiver 1866, avant la reprise du Faune, ils portent sur « la conception spirituelle du néant », et non sur la pensée de l'Éden, des « vrais bosquets », de la

« *coupe vide* » qui, elle, reparaît pourtant, et avec quels accents de certitude sereine, dans le grand Toast funèbre de 1873. Pourquoi si peu de suite dans ces premières années à la poétique du Faune ? A ce projet de « *merveilleuse dentelle* » dont il faisait part à Aubanel le 28 juillet 1866 ? Une explication s'offre d'elle-même, il est vrai, que Mallarmé encourage, c'est tout simplement la fatigue. Le « *fossoyeur* » acharné à creuser le vers d'Hérodiade a fait trop d'efforts en vain pour atteindre à des impressions absolues, c'était, dira-t-il en 1867, « *la voie pécheresse et hâtive, satanique* et facile, *de la Destruction de moi, produisant non la force mais une sensibilité* » – « *horrible sensibilité* », précisait une autre lettre des mêmes jours – ; et si la « *notion pure* » est sortie de ce creuset, si une poétique de la clairvoyance du corps s'en est dégagée dans le Faune, *il reste que son corps à lui*, Mallarmé, est « *totalement épuisé* », ce qui ne fait que se trahir plus encore quand il veut le « *revivifier au soleil de la terre* ». Le corps, Mallarmé en a compris la fonction en poésie, et toute son œuvre d'après la guerre en sera la preuve, mais encore faut-il que ses nerfs tendus à se rompre, sa poitrine qu'il sentait comme « *l'autre abîme* » quand il découvrait le néant, lui permettent d'en faire usage. Et aussi bien, sa vieille crainte, qui ne s'atténuera qu'à Paris dans les volutes de la fumée des cigares, crainte de mourir vite, de n'avoir fait qu'entrevoir ce dont lui seul pourtant se savait capable, s'exprime-t-elle aux heures mêmes de son sentiment de triomphe. Réintroduisant, notons-le, la préoccupation personnelle là où il ne devrait plus y avoir que l'impersonnel. Comme si Mallarmé, tout compte fait, se montrait assez peu capable de celui-ci, en ces jours encore, et malgré sa vocation à ne pas jouir et à vivre dans la Beauté.

C'est bien de cela qu'il s'agit, d'ailleurs, on n'en peut guère douter : le « *Stéphane que tu as connu* » continue, bien sûr, d'exister et de réclamer dans celui qui se veut

« parfaitement mort », c'est lui qui s'effraie encore, s'étonne encore, dans le poème fameux de 1868, ce sonnet en « yx » qui donne l'impression d'une chambre où l'on se trouve, où l'on réfléchit et qui pourtant est déserte, parce qu'il faut se savoir le rien, le visage sans être qui ne peut marquer dans la glace, devant le chiffre vain des étoiles. Si Mallarmé a compris en 1866 le bien qui pourrait résulter de l'acceptation totale du « néant », il n'en a pas pour autant réussi à rendre en lui cette acceptation définitive, et il doit donc dans ces mois la recommencer sans cesse, ce que confirme explicitement le projet, bientôt, d'Igitur. Ce conte, écrit-il le 14 novembre 1869 à Cazalis, est destiné à « terrasser le vieux monstre de l'Impuissance ». « S'il est fait (le conte) je suis guéri. » Or Igitur est pour une part le récit de l'expérience du vide absolu dans les mots, dans les représentations qu'ils portent, dans l'environnement d'objets et même de souvenirs qu'ils semblaient nous garantir, et ce récit est conduit, sous le signe de quelques pages de Poe, avec une force si saisissante qu'il pourrait bien, en effet, s'il était achevé, fixer dans les mots, préserver là entière et à jamais disponible cette expérience du néant qu'il est nécessaire de garder vive.

La voie, en somme, a été tracée, mais elle reste obstruée, dans ces années de Tournon, de Besançon, d'Avignon, par des obstacles qu'il y a tout lieu de penser considérables, durables. Et comme, en 1873, le Toast funèbre va faire preuve au contraire d'une sérénité et d'une assurance qui suggèrent superbement que la bataille est gagnée, que la poétique de la lumière diurne triomphe sur l'obsession de la nuit, il faut se demander – c'est une autre de ces questions qui deviennent maintenant aussi nécessaires que trop vastes – ce qui a ouvert le passage, et si celui-ci va rester ouvert dans les années qui viendront plus tard. Tant de difficultés peuvent s'opposer à la décision de retranchement de soi ! Parmi lesquelles les doutes qui nous assaillent, et qui ont bien dû troubler Mallarmé lui-même, sur le bien-fondé d'un rapport au monde qui exclut ce qu'il détesta d'emblée, et en somme ne cessa pas de combattre, le rapport de l'existant à sa naissance, à sa mort, à son hasard : à tout ce qui est sa vie, ses affections, ses douleurs, ses joies.

Mallarmé est, de loin, le plus vaste espace de réflexion, de recherche, d'élaboration de l'idée de la poésie qu'il y ait eu à son époque en Europe, bien difficile est-il donc de se porter en un point qui domine toute son œuvre, tout son destin. Mais je ne regrette pas d'abandonner mon lecteur en ces moments de 1866, 1867 où ne se profile encore que la haute masse de son idée, par endroits obscure, lumineuse à d'autres parmi ses brumes, château d'eau de ses espérances ou de ses échecs à venir. Avant de soumettre une telle pensée à la jauge des faits ou à la critique de la raison, il sied, me semble-t-il, par respect pour son honnêteté, sa rigueur, son intrépidité à se porter aux limites, de s'arrêter pour, simplement, prendre conscience de son ampleur, faisant taire un moment notre propre voix.

Yves Bonnefoy

Poésies

SALUT

foam

Rien, cette *écume*, vierge vers
A ne désigner que la coupe;
Telle loin se noie une troupe
De sirènes mainte à l'envers.

Nous naviguons, ô mes divers
Amis, moi déjà sur la *poupe* stern
Vous l'avant fastueux qui coupe
wave Le *flot* de *foudres* et d'hivers; lightening

intoxication Une *ivresse* belle m'engage
fear Sans *craindre* même son tangage
De porter debout ce salut

reef

Solitude, *récif*, étoile
A n'importe ce qui valut
Le blanc souci de notre toile.

LE GUIGNON

Au-dessus du bétail ahuri des humains
Bondissaient en clartés les sauvages crinières
Des mendieurs d'azur le pied dans nos chemins.

Un noir vent sur leur marche éployé pour bannières
La flagellait de froid tel jusque dans la chair,
Qu'il y creusait aussi d'irritables ornières.

Toujours avec l'espoir de rencontrer la mer,
Ils voyageaient sans pain, sans bâtons et sans urnes,
Mordant au citron d'or de l'idéal amer.

La plupart râla dans les défilés nocturnes,
S'enivrant du bonheur de voir couler son sang,
Ô Mort le seul baiser aux bouches taciturnes!

Leur défaite, c'est par un ange très puissant
Debout à l'horizon dans le nu de son glaive :
Une pourpre se caille au sein reconnaissant.

Ils tètent la douleur comme ils tétaient le rêve
Et quand ils vont rythmant des pleurs voluptueux
Le peuple s'agenouille et leur mère se lève.

4

Ceux-là sont consolés, sûrs et majestueux;
Mais traînent à leurs pas cent frères qu'on bafoue,
Dérisoires martyrs de hasards tortueux.

Le sel pareil des pleurs ronge leur douce joue,
Ils mangent de la cendre avec le même amour,
Mais vulgaire ou bouffon le destin qui les roue.

Ils pouvaient exciter aussi comme un tambour
La servile pitié des races à voix ternes,
Égaux de Prométhée à qui manque un vautour!

Non, vils et fréquentant les déserts sans citerne,
Ils courent sous le fouet d'un monarque rageur,
Le Guignon, dont le rire inouï les prosterne.

Amants, il saute en croupe à trois, le partageur!
Puis le torrent franchi, vous plonge en une mare
Et laisse un bloc boueux du blanc couple nageur.

Grâce à lui, si l'un souffle à son buccin bizarre,
Des enfants nous tordront en un rire obstiné
Qui, le poing à leur cul, singeront sa fanfare.

Grâce à lui, si l'une orne à point un sein fané
Par une rose qui nubile le rallume,
De la bave luira sur son bouquet damné.

Et ce squelette nain, coiffé d'un feutre à plume
Et botté, dont l'aisselle a pour poils vrais des vers,
Est pour eux l'infini de la vaste amertume.

Vexés ne vont-ils pas provoquer le pervers,
Leur rapière grinçant suit le rayon de lune
Qui neige en sa carcasse et qui passe au travers.

Désolés sans l'orgueil qui sacre l'infortune,
Et tristes de venger leurs os de coups de bec,
Ils convoitent la haine, au lieu de la rancune.

Ils sont l'amusement des racleurs de rebec,
Des marmots, des putains et de la vieille engeance
Des loqueteux dansant quand le broc est à sec.

Les poëtes bons pour l'aumône ou la vengeance,
Ne connaissant le mal de ces dieux effacés,
Les disent ennuyeux et sans intelligence.

« Ils peuvent fuir ayant de chaque exploit assez,
» Comme un vierge cheval écume de tempête
» Plutôt que de partir en galops cuirassés.

» Nous soûlerons d'encens le vainqueur dans la fête :
» Mais eux, pourquoi n'endosser pas, ces baladins,
» D'écarlate haillon hurlant que l'on s'arrête! »

Quand en face tous leur ont craché les dédains,
Nuls et la barbe à mots bas priant le tonnerre,
Ces héros excédés de malaises badins

Vont ridiculement se pendre au réverbère.

APPARITION

La lune s'attristait. Des séraphins en pleurs
Rêvant, l'archet aux doigts dans le calme des fleurs
Vaporeuses, tiraient de mourantes violes
De blancs sanglots glissant sur l'azur des corolles
— C'était le jour béni de ton premier baiser.
Ma songerie aimant à me martyriser
S'enivrait savamment du parfum de tristesse
Que même sans regret et sans déboire laisse
La cueillaison d'un Rêve au cœur qui l'a cueilli.
J'errais donc, l'œil rivé sur le pavé vieilli
Quand avec du soleil aux cheveux, dans la rue
Et dans le soir, tu m'es en riant apparue
Et j'ai cru voir la fée au chapeau de clarté
Qui jadis sur mes beaux sommeils d'enfant gâté
Passait, laissant toujours de ses mains mal fermées
Neiger de blancs bouquets d'étoiles parfumées.

PLACET FUTILE

Princesse! à jalouser le destin d'une Hébé
Qui poind sur cette tasse au baiser de vos lèvres,
J'use mes feux mais n'ai rang discret que d'abbé
Et ne figurerai même nu sur le Sèvres.

Comme je ne suis pas ton bichon embarbé,
Ni la pastille ni du rouge, ni Jeux mièvres
Et que sur moi je sais ton regard clos tombé,
Blonde dont les coiffeurs divins sont des orfèvres!

Nommez-nous.. toi de qui tant de ris framboisés
Se joignent en troupeau d'agneaux apprivoisés
Chez tous broutant les vœux et bêlant aux délires,

Nommez-nous.. pour qu'Amour ailé d'un éventail
M'y peigne flûte aux doigts endormant ce bercail,
Princesse, nommez-nous berger de vos sourires.

LE PITRE CHATIÉ

Yeux, lacs avec ma simple ivresse de renaître
Autre que l'histrion qui du geste évoquais
Comme plume la suie ignoble des quinquets,
J'ai troué dans le mur de toile une fenêtre.

De ma jambe et des bras limpide nageur traître,
A bonds multipliés, reniant le mauvais
Hamlet! c'est comme si dans l'onde j'innovais
Mille sépulcres pour y vierge disparaître.

Hilare or de cymbale à des poings irrité,
Tout à coup le soleil frappe la nudité
Qui pure s'exhala de ma fraîcheur de nacre,

Rance nuit de la peau quand sur moi vous passiez,
Ne sachant pas, ingrat! que c'était tout mon sacre,
Ce fard noyé dans l'eau perfide des glaciers.

LES FENÊTRES

Las du triste hôpital, et de l'encens fétide
Qui monte en la blancheur banale des rideaux
Vers le grand crucifix ennuyé du mur vide,
Le moribond sournois y redresse un vieux dos,

Se traîne et va, moins pour chauffer sa pourriture
Que pour voir du soleil sur les pierres, coller
Les poils blancs et les os de la maigre figure
Aux fenêtres qu'un beau rayon clair veut hâler,

Et la bouche, fiévreuse et d'azur bleu vorace,
Telle, jeune, elle alla respirer son trésor,
Une peau virginale et de jadis! encrasse
D'un long baiser amer les tièdes carreaux d'or.

Ivre, il vit, oubliant l'horreur des saintes huiles,
Les tisanes, l'horloge et le lit infligé,
La toux; et quand le soir saigne parmi les tuiles,
Son œil, à l'horizon de lumière gorgé,

Voit des galères d'or, belles comme des cygnes,
Sur un fleuve de pourpre et de parfums dormir
En berçant l'éclair fauve et riche de leurs lignes
Dans un grand nonchaloir chargé de souvenir!

10

Ainsi, pris du dégoût de l'homme à l'âme dure
Vautré dans le bonheur, où ses seuls appétits
Mangent, et qui s'entête à chercher cette ordure
Pour l'offrir à la femme allaitant ses petits,

Je fuis et je m'accroche à toutes les croisées
D'où l'on tourne l'épaule à la vie, et, béni,
Dans leur verre, lavé d'éternelles rosées,
Que dore le matin chaste de l'Infini

Je me mire et me vois ange! et je meurs, et j'aime
— Que la vitre soit l'art, soit la mysticité —
A renaître, portant mon rêve en diadème,
Au ciel antérieur où fleurit la Beauté!

Mais, hélas! Ici-bas est maître : sa hantise
Vient m'écœurer parfois jusqu'en cet abri sûr,
Et le vomissement impur de la Bêtise
Me force à me boucher le nez devant l'azur.

Est-il moyen, ô Moi qui connais l'amertume,
D'enfoncer le cristal par le monstre insulté
Et de m'enfuir, avec mes deux ailes sans plume
— Au risque de tomber pendant l'éternité?

LES FLEURS

Des avalanches d'or du vieil azur, au jour
Premier et de la neige éternelle des astres
Jadis tu détachas les grands calices pour
La terre jeune encore et vierge de désastres,

Le glaïeul fauve, avec les cygnes au col fin,
Et ce divin laurier des âmes exilées
Vermeil comme le pur orteil du séraphin
Que rougit la pudeur des aurores foulées,

L'hyacinthe, le myrte à l'adorable éclair
Et, pareille à la chair de la femme, la rose
Cruelle, Hérodiade en fleur du jardin clair,
Celle qu'un sang farouche et radieux arrose!

Et tu fis la blancheur sanglotante des lys
Qui roulant sur des mers de soupirs qu'elle effleure
A travers l'encens bleu des horizons pâlis
Monte rêveusement vers la lune qui pleure!

Hosannah sur le cistre et dans les encensoirs,
Notre dame, hosannah du jardin de nos limbes!
Et finisse l'écho par les célestes soirs,
Extase des regards, scintillement des nimbes!

12

Ô Mère, qui créas en ton sein juste et fort,
Calices balançant la future fiole,
De grandes fleurs avec la balsamique Mort
Pour le poëte las que la vie étiole.

RENOUVEAU

Le printemps maladif a chassé tristement
L'hiver, saison de l'art serein, l'hiver lucide,
Et dans mon être à qui le sang morne préside
L'impuissance s'étire en un long bâillement.

Des crépuscules blancs tiédissent sous mon crâne
Qu'un cercle de fer serre ainsi qu'un vieux tombeau,
Et, triste, j'erre après un rêve vague et beau,
Par les champs où la sève immense se pavane

Puis je tombe énervé de parfums d'arbres, las,
Et creusant de ma face une fosse à mon rêve,
Mordant la terre chaude où poussent les lilas,

J'attends, en m'abîmant que mon ennui s'élève...
— Cependant l'Azur rit sur la haie et l'éveil
De tant d'oiseaux en fleur gazouillant au soleil.

ANGOISSE

Je ne viens pas ce soir vaincre ton corps, ô bête
En qui vont les péchés d'un peuple, ni creuser
Dans tes cheveux impurs une triste tempête
Sous l'incurable ennui que verse mon baiser :

Je demande à ton lit le lourd sommeil sans songes
Planant sous les rideaux inconnus du remords,
Et que tu peux goûter après tes noirs mensonges,
Toi qui sur le néant en sais plus que les morts :

Car le Vice, rongeant ma native noblesse,
M'a comme toi marqué de sa stérilité,
Mais tandis que ton sein de pierre est habité

Par un cœur que la dent d'aucun crime ne blesse,
Je fuis, pâle, défait, hanté par mon linceul,
Ayant peur de mourir lorsque je couche seul.

Las de l'amer repos où ma paresse offense
Une gloire pour qui jadis j'ai fui l'enfance
Adorable des bois de roses sous l'azur
Naturel, et plus las sept fois du pacte dur
De creuser par veillée une fosse nouvelle
Dans le terrain avare et froid de ma cervelle,
Fossoyeur sans pitié pour la stérilité,
— Que dire à cette Aurore, ô Rêves, visité
Par les roses, quand, peur de ses roses livides,
Le vaste cimetière unira les trous vides? —
Je veux délaisser l'Art vorace d'un pays
Cruel, et, souriant aux reproches vieillis
Que me font mes amis, le passé, le génie,
Et ma lampe qui sait pourtant mon agonie,
Imiter le Chinois au cœur limpide et fin
De qui l'extase pure est de peindre la fin
Sur ses tasses de neige à la lune ravie
D'une bizarre fleur qui parfume sa vie
Transparente, la fleur qu'il a sentie, enfant,
Au filigrane bleu de l'âme se greffant.
Et, la mort telle avec le seul rêve du sage,
Serein, je vais choisir un jeune paysage
Que je peindrais encor sur les tasses, distrait.
Une ligne d'azur mince et pâle serait

Un lac, parmi le ciel de porcelaine nue,
Un clair croissant perdu par une blanche nue
Trempe sa corne calme en la glace des eaux,
Non loin de trois grands cils d'émeraude, roseaux.

LE SONNEUR

Cependant que la cloche éveille sa voix claire
A l'air pur et limpide et profond du matin
Et passe sur l'enfant qui jette pour lui plaire
Un angelus parmi la lavande et le thym,

Le sonneur effleuré par l'oiseau qu'il éclaire,
Chevauchant tristement en geignant du latin
Sur la pierre qui tend la corde séculaire,
N'entend descendre à lui qu'un tintement lointain.

Je suis cet homme. Hélas! de la nuit désireuse,
J'ai beau tirer le câble à sonner l'Idéal,
De froids péchés s'ébat un plumage féal,

Et la voix ne me vient que par bribes et creuse!
Mais, un jour, fatigué d'avoir enfin tiré,
Ô Satan, j'ôterai la pierre et me pendrai.

TRISTESSE D'ÉTÉ

Le soleil, sur le sable, ô lutteuse endormie,
En l'or de tes cheveux chauffe un bain langoureux
Et, consumant l'encens sur ta joue ennemie,
Il mêle avec les pleurs un breuvage amoureux.

De ce blanc flamboiement l'immuable accalmie
T'a fait dire, attristée, ô mes baisers peureux
« Nous ne serons jamais une seule momie
Sous l'antique désert et les palmiers heureux! »

Mais la chevelure est une rivière tiède,
Où noyer sans frissons l'âme qui nous obsède
Et trouver ce Néant que tu ne connais pas.

Je goûterai le fard pleuré par tes paupières,
Pour voir s'il sait donner au cœur que tu frappas
L'insensibilité de l'azur et des pierres.

L'AZUR

De l'éternel Azur la sereine ironie
Accable, belle indolemment comme les fleurs,
Le poëte impuissant qui maudit son génie
A travers un désert stérile de Douleurs.

Fuyant, les yeux fermés, je le sens qui regarde
Avec l'intensité d'un remords atterrant,
Mon âme vide. Où fuir? Et quelle nuit hagarde
Jeter, lambeaux, jeter sur ce mépris navrant?

Brouillards, montez! versez vos cendres monotones
Avec de longs haillons de brume dans les cieux
Que noiera le marais livide des automnes,
Et bâtissez un grand plafond silencieux!

Et toi, sors des étangs léthéens et ramasse
En t'en venant la vase et les pâles roseaux,
Cher Ennui, pour boucher d'une main jamais lasse
Les grands trous bleus que font méchamment les
                                    [oiseaux.
Encor! que sans répit les tristes cheminées
Fument, et que de suie une errante prison
Éteigne dans l'horreur de ses noires traînées
Le soleil se mourant jaunâtre à l'horizon!

— Le Ciel est mort. — Vers toi, j'accours! Donne, ô
L'oubli de l'Idéal cruel et du Péché   [matière,
A ce martyr qui vient partager la litière
Où le bétail heureux des hommes est couché,

Car j'y veux, puisque enfin ma cervelle, vidée
Comme le pot de fard gisant au pied d'un mur,
N'a plus l'art d'attifer la sanglotante idée,
Lugubrement bâiller vers un trépas obscur..

En vain! l'Azur triomphe, et je l'entends qui chante
Dans les cloches. Mon âme, il se fait voix pour plus
Nous faire peur avec sa victoire méchante,
Et du métal vivant sort en bleus angelus!

Il roule par la brume, ancien et traverse
Ta native agonie ainsi qu'un glaive sûr;
Où fuir dans la révolte inutile et perverse?
Je suis hanté. L'Azur! l'Azur! l'Azur! l'Azur!

BRISE MARINE

La chair est triste, hélas! et j'ai lu tous les livres.
Fuir! là-bas fuir! Je sens que des oiseaux sont ivres
D'être parmi l'écume inconnue et les cieux!
Rien, ni les vieux jardins reflétés par les yeux
Ne retiendra ce cœur qui dans la mer se trempe
Ô nuits! ni la clarté déserte de ma lampe
Sur le vide papier que la blancheur défend,
Et ni la jeune femme allaitant son enfant.
Je partirai! Steamer balançant ta mâture
Lève l'ancre pour une exotique nature!
Un Ennui, désolé par les cruels espoirs,
Croit encore à l'adieu suprême des mouchoirs!
Et, peut-être, les mâts, invitant les orages
Sont-ils de ceux qu'un vent penche sur les naufrages
Perdus, sans mâts, sans mâts, ni fertiles îlots...
Mais, ô mon cœur, entends le chant des matelots!

22

SOUPIR

Mon âme vers ton front où rêve, ô calme sœur,
Un automne jonché de taches de rousseur,
Et vers le ciel errant de ton œil angélique
Monte, comme dans un jardin mélancolique,
Fidèle, un blanc jet d'eau soupire vers l'Azur!
— Vers l'Azur attendri d'Octobre pâle et pur
Qui mire aux grands bassins sa langueur infinie :
Et laisse, sur l'eau morte où la fauve agonie
Des feuilles erre au vent et creuse un froid sillon,
Se traîner le soleil jaune d'un long rayon.

AUMÔNE

Prends ce sac, Mendiant! tu ne le cajolas
Sénile nourrisson d'une tétine avare
Afin de pièce à pièce en égoutter ton glas.

Tire du métal cher quelque péché bizarre
Et, vaste comme nous, les poings pleins, le baisons
Souffles-y qu'il se torde! une ardente fanfare.

Église avec l'encens que toutes ces maisons
Sur les murs quand berceur d'une bleue éclaircie
Le tabac sans parler roule les oraisons,

Et l'opium puissant brise la pharmacie!
Robes et peau, veux-tu lacérer le satin
Et boire en la salive heureuse l'inertie,

Par les cafés princiers attendre le matin?
Les plafonds enrichis de nymphes et de voiles,
On jette, au mendiant de la vitre, un festin.

Et quand tu sors, vieux dieu, grelottant sous tes toiles
D'emballage, l'aurore est un lac de vin d'or
Et tu jures avoir au gosier les étoiles!

Faute de supputer l'éclat de ton trésor,
Tu peux du moins t'orner d'une plume, à complies
Servir un cierge au saint en qui tu crois encor.

Ne t'imagine pas que je dis des folies.
La terre s'ouvre vieille à qui crève la faim.
Je hais une autre aumône et veux que tu m'oublies

Et surtout ne va pas, frère, acheter du pain.

DON DU POÈME

Je t'apporte l'enfant d'une nuit d'Idumée!
Noire, à l'aile saignante et pâle, déplumée,
Par le verre brûlé d'aromates et d'or,
Par les carreaux glacés, hélas! mornes encor,
L'aurore se jeta sur la lampe angélique.
Palmes! et quand elle a montré cette relique
A ce père essayant un sourire ennemi,
La solitude bleue et stérile a frémi.
Ô la berceuse, avec ta fille et l'innocence
De vos pieds froids, accueille une horrible naissance :
Et ta voix rappelant viole et clavecin,
Avec le doigt fané presseras-tu le sein
Par qui coule en blancheur sibylline la femme
Pour des lèvres que l'air du vierge azur affame?

HÉRODIADE

SCÈNE

LA NOURRICE — HÉRODIADE

N.

Tu vis! ou vois-je ici l'ombre d'une princesse?
A mes lèvres tes doigts et leurs bagues, et cesse
De marcher dans un âge ignoré..

H.

                   Reculez.
Le blond torrent de mes cheveux immaculés,
5 Quand il baigne mon corps solitaire le glace
D'horreur, et mes cheveux que la lumière enlace
Sont immortels. Ô femme, un baiser me tûrait
Si la beauté n'était la mort..
                  Par quel attrait
Menée et quel matin oublié des prophètes
10 Verse, sur les lointains mourants, ses tristes fêtes,
Le sais-je? tu m'as vue, ô nourrice d'hiver,
Sous la lourde prison de pierres et de fer
Où de mes vieux lions traînent les siècles fauves

27

Entrer, et je marchais, fatale, les mains sauves,
15 Dans le parfum désert de ces anciens rois :
Mais encore as-tu vu quels furent mes effrois?
Je m'arrête rêvant aux exils, et j'effeuille,
Comme près d'un bassin dont le jet d'eau m'accueille,
Les pâles lys qui sont en moi, tandis qu'épris
20 De suivre du regard les languides débris
Descendre, à travers ma rêverie en silence,
Les lions, de ma robe écartent l'indolence
Et regardent mes pieds qui calmeraient la mer.
Calme, toi, les frissons de ta sénile chair,
25 Viens et ma chevelure imitant les manières
Trop farouches qui font votre peur des crinières,
Aide-moi, puisqu'ainsi tu n'oses plus me voir,
A me peigner nonchalamment dans un miroir.

N.

Sinon la myrrhe gaie en ses bouteilles closes,
30 De l'essence ravie aux vieillesses de roses
Voulez-vous, mon enfant, essayer la vertu
Funèbre?

H.

          Laisse là ces parfums! Ne sais-tu
Que je les hais, nourrice, et veux-tu que je sente
Leur ivresse noyer ma tête languissante?
35 Je veux que mes cheveux qui ne sont pas des fleurs
A répandre l'oubli des humaines douleurs,
Mais de l'or, à jamais vierge des aromates,
Dans leurs éclairs cruels et dans leurs pâleurs mates,
Observent la froideur stérile du métal,
40 Vous ayant reflétés, joyaux du mur natal,
Armes, vases, depuis ma solitaire enfance.

N.

Pardon! l'âge effaçait, reine, votre défense
De mon esprit pâli comme un vieux livre ou noir..

H.

Assez! Tiens devant moi ce miroir.
Ô miroir!
45 Eau froide par l'ennui dans ton cadre gelée
Que de fois et pendant les heures, désolée
Des songes et cherchant mes souvenirs qui sont
Comme des feuilles sous ta glace au trou profond,
Je m'apparus en toi comme une ombre lointaine.
50 Mais, horreur! des soirs, dans ta sévère fontaine,
J'ai de mon rêve épars connu la nudité!

Nourrice, suis-je belle?

N.

Un astre, en vérité :
Mais cette tresse tombe..

H.

Arrête dans ton crime
Qui refroidit mon sang vers sa source, et réprime
55 Ce geste, impiété fameuse : ah! conte-moi
Quel sûr démon te jette en ce sinistre émoi,
Ce baiser, ces parfums offerts et, le dirai-je?
Ô mon cœur, cette main encore sacrilège,
Car tu voulais, je crois, me toucher, font un jour
60 Qui ne finira pas sans malheur sur la tour..

29

Ô tour qu'Hérodiade avec effroi regarde!

N.

Temps bizarre, en effet, de quoi le ciel vous garde!
Vous errez, ombre seule et nouvelle fureur,
Et regardant en vous précoce avec terreur;
65 Mais pourtant adorable autant qu'une immortelle,
Ô mon enfant, et belle affreusement et telle
Que..

H.

Mais n'allais-tu pas me toucher?

N.

J'aimerais
Être à qui le Destin réserve vos secrets.

H.

Oh! tais-toi!

N.

Viendra-t-il parfois?

H.

Étoiles pures,
70 N'entendez pas!

N.

Comment, sinon parmi d'obscures
Épouvantes, songer plus implacable encor
Et comme suppliant le dieu que le trésor
De votre grâce attend! Et pour qui, dévorée
D'angoisse, gardez-vous la splendeur ignorée
75 Et le mystère vain de votre être?

H.

Pour moi.

N.

Triste fleur qui croît seule et n'a pas d'autre émoi
Que son ombre dans l'eau vue avec atonie.

H.

Va, garde ta pitié comme ton ironie.

N.

Toutefois expliquez : oh! non, naïve enfant,
80 Décroîtra, quelque jour, ce dédain triomphant..

H.

Mais qui me toucherait, des lions respectée?
Du reste, je ne veux rien d'humain et, sculptée,
Si tu me vois les yeux perdus aux paradis,
C'est quand je me souviens de ton lait bu jadis.

85 Victime lamentable à son destin offerte!

Oui, c'est pour moi, pour moi, que je fleuris, déserte!
Vous le savez, jardins d'améthyste, enfouis
Sans fin dans de savants abîmes éblouis,
Ors ignorés, gardant votre antique lumière
90 Sous le sombre sommeil d'une terre première,
Vous, pierres où mes yeux comme de purs bijoux
Empruntent leur clarté mélodieuse, et vous,
Métaux qui donnez à ma jeune chevelure
Une splendeur fatale et sa massive allure!
95 Quant à toi, femme née en des siècles malins
Pour la méchanceté des antres sibyllins,
Qui parles d'un mortel! selon qui, des calices
De mes robes, arôme aux farouches délices,
Sortirait le frisson blanc de ma nudité,
100 Prophétise que si le tiède azur d'été,
Vers lui nativement la femme se dévoile,
Me voit dans ma pudeur grelottante d'étoile,
Je meurs!

　　　　　　J'aime l'horreur d'être vierge et je veux
Vivre parmi l'effroi que me font mes cheveux
105 Pour, le soir, retirée en ma couche, reptile
Inviolé, sentir en la chair inutile
Le froid scintillement de ta pâle clarté,
Toi qui te meurs, toi qui brûles de chasteté,
Nuit blanche de glaçons et de neige cruelle!

110 Et ta sœur solitaire, ô ma sœur éternelle,
Mon rêve montera vers toi : telle déjà,

32

Rare limpidité d'un cœur qui le songea,
Je me crois seule en ma monotone patrie,
Et tout, autour de moi, vit dans l'idolâtrie
115 D'un miroir qui reflète en son calme dormant
Hérodiade au clair regard de diamant..
Ô charme dernier, oui! je le sens, je suis seule.

N.

Madame, allez-vous donc mourir?

H.

                              Non, pauvre aïeule,
Sois calme, et, t'éloignant, pardonne à ce cœur dur,
120 Mais avant, si tu veux, clos les volets : l'azur
Séraphique sourit dans les vitres profondes,
Et je déteste, moi, le bel azur!
                              Des ondes
Se bercent et, là-bas, sais-tu pas un pays
Où le sinistre ciel ait les regards haïs
125 De Vénus qui, le soir, brûle dans le feuillage :
J'y partirais.
                 Allume encore, enfantillage,
Dis-tu, ces flambeaux où la cire au feu léger
Pleure parmi l'or vain quelque pleur étranger
Et..

N.

Maintenant?

H.

Adieu.
                 Vous mentez, ô fleur nue

130 De mes lèvres!

J'attends une chose inconnue
Ou, peut-être, ignorant le mystère et vos cris,
Jetez-vous les sanglots suprêmes et meurtris
D'une enfance sentant parmi les rêveries
Se séparer enfin ses froides pierreries.

L'APRÈS-MIDI D'VN FAVNE

ÉGLOGVE

LE FAVNE

Ces nymphes, je les veux perpétuer.

                        Si clair,
Leur incarnat léger, qu'il voltige dans l'air
Assoupi de sommeils touffus.

                  Aimai-je un rêve?

Mon doute, amas de nuit ancienne, s'achève
5 En maint rameau subtil, qui, demeuré les vrais
Bois mêmes, prouve, hélas! que bien seul je m'offrais
Pour triomphe la faute idéale de roses —

Réfléchissons..

           ou si les femmes dont tu gloses
Figurent un souhait de tes sens fabuleux!
10 Faune, l'illusion s'échappe des yeux bleus   [chaste :
Et froids, comme une source en pleurs, de la plus

Mais, l'autre tout soupirs, dis-tu qu'elle contraste
Comme brise du jour chaude dans ta toison?
Que non! par l'immobile et lasse pâmoison
15 Suffoquant de chaleurs le matin frais s'il lutte,
Ne murmure point d'eau que ne verse ma flûte
Au bosquet arrosé d'accords; et le seul vent
Hors des deux tuyaux prompt à s'exhaler avant
Qu'il disperse le son dans une pluie aride,
20 C'est, à l'horizon pas remué d'une ride,
Le visible et serein souffle artificiel
De l'inspiration, qui regagne le ciel.

Ô bords siciliens d'un calme marécage
Qu'à l'envi des soleils ma vanité saccage,
25 Tacites sous les fleurs d'étincelles, CONTEZ
« *Que je coupais ici les creux roseaux domptés*
» *Par le talent; quand, sur l'or glauque de lointaines*
» *Verdures dédiant leur vigne à des fontaines,*
» *Ondoie une blancheur animale au repos :*
30 » *Et qu'au prélude lent où naissent les pipeaux,*
» *Ce vol de cygnes, non! de naïades se sauve*
» *Ou plonge.. »*
                        Inerte, tout brûle dans l'heure fauve
Sans marquer par quel art ensemble détala
Trop d'hymen souhaité de qui cherche le *la* :
35 Alors m'éveillerais-je à la ferveur première,
Droit et seul, sous un flot antique de lumière,
Lys! et l'un de vous tous pour l'ingénuité.

Autre que ce doux rien par leur lèvre ébruité,
Le baiser, qui tout bas des perfides assure,
40 Mon sein, vierge de preuve, atteste une morsure
Mystérieuse, due à quelque auguste dent;
Mais, bast! arcane tel élut pour confident

36

Le jonc vaste et jumeau dont sous l'azur on joue :
Qui, détournant à soi le trouble de la joue,
45 Rêve, dans un solo long, que nous amusions
La beauté d'alentour par des confusions
Fausses entre elle-même et notre chant crédule;
Et de faire aussi haut que l'amour se module
Évanouir du songe ordinaire de dos
50 Ou de flanc pur suivis avec mes regards clos,
Une sonore, vaine et monotone ligne.

Tâche donc, instrument des fuites, ô maligne
Syrinx, de refleurir aux lacs où tu m'attends!
Moi, de ma rumeur fier, je vais parler longtemps
55 Des déesses; et, par d'idolâtres peintures,
A leur ombre enlever encore des ceintures :
Ainsi, quand des raisins j'ai sucé la clarté,
Pour bannir un regret par ma feinte écarté,
Rieur, j'élève au ciel d'été la grappe vide
60 Et, soufflant dans ses peaux lumineuses, avide
D'ivresse, jusqu'au soir je regarde au travers.

Ô nymphes, regonflons des SOUVENIRS divers.
« *Mon œil, trouant les joncs, dardait chaque encolure*
» *Immortelle, qui noie en l'onde sa brûlure*
65 » *Avec un cri de rage au ciel de la forêt;*
» *Et le splendide bain de cheveux disparaît*
» *Dans les clartés et les frissons, ô pierreries!*
» *J'accours; quand, à mes pieds, s'entrejoignent (meur--*
» *De la langueur goûtée à ce mal d'être deux)   [tries*
70 » *Des dormeuses parmi leurs seuls bras hasardeux;*
» *Je les ravis, sans les désenlacer, et vole*
» *A ce massif, haï par l'ombrage frivole,*
» *De roses tarissant tout parfum au soleil,*
» *Où notre ébat au jour consumé soit pareil.* »

₇₅ Je t'adore, courroux des vierges, ô délice
Farouche du sacré fardeau nu qui se glisse
Pour fuir ma lèvre en feu buvant, comme un éclair
Tressaille! la frayeur secrète de la chair :
Des pieds de l'inhumaine au cœur de la timide
₈₀ Que délaisse à la fois une innocence, humide
De larmes folles ou de moins tristes vapeurs.
« *Mon crime, c'est d'avoir, gai de vaincre ces peurs*
» *Traîtresses, divisé la touffe échevelée*
» *De baisers que les dieux gardaient si bien mêlée;*
₈₅ » *Car, à peine j'allais cacher un rire ardent*
» *Sous les replis heureux d'une seule (gardant*
» *Par un doigt simple, afin que sa candeur de plume*
» *Se teignît à l'émoi de sa sœur qui s'allume,*
» *La petite, naïve et ne rougissant pas :)*
₉₀ » *Que de mes bras, défaits par de vagues trépas,*
» *Cette proie, à jamais ingrate, se délivre*
» *Sans pitié du sanglot dont j'étais encore ivre.* »

Tant pis! vers le bonheur d'autres m'entraîneront
Par leur tresse nouée aux cornes de mon front :
₉₅ Tu sais, ma passion, que, pourpre et déjà mûre,
Chaque grenade éclate et d'abeilles murmure;
Et notre sang, épris de qui le va saisir,
Coule pour tout l'essaim éternel du désir.
A l'heure où ce bois d'or et de cendres se teinte
₁₀₀ Une fête s'exalte en la feuillée éteinte :
Etna! c'est parmi toi visité de Vénus
Sur ta lave posant ses talons ingénus,
Quand tonne un somme triste où s'épuise la flamme.
Je tiens la reine!

O sûr châtiment...

Non, mais l'âme

105 De paroles vacante et ce corps alourdi
    Tard succombent au fier silence de midi :
    Sans plus il faut dormir en l'oubli du blasphème,
    Sur le sable altéré gisant et comme j'aime
    Ouvrir ma bouche à l'astre efficace des vins!

110 Couple, adieu; je vais voir l'ombre que tu devins.

La chevelure vol d'une flamme à l'extrême
Occident de désirs pour la tout éployer
Se pose (je dirais mourir un diadème)
Vers le front couronné son ancien foyer

Mais sans or soupirer que cette vive nue
L'ignition du feu toujours intérieur
Originellement la seule continue
Dans le joyau de l'œil véridique ou rieur

Une nudité de héros tendre diffame
Celle qui ne mouvant astre ni feux au doigt
Rien qu'à simplifier avec gloire la femme
Accomplit par son chef fulgurante l'exploit

De semer de rubis le doute qu'elle écorche
Ainsi qu'une joyeuse et tutélaire torche

SAINTE

A la fenêtre recélant
Le santal vieux qui se dédore
De sa viole étincelant
Jadis avec flûte ou mandore,

Est la Sainte pâle, étalant
Le livre vieux qui se déplie
Du Magnificat ruisselant
Jadis selon vêpre et complie :

A ce vitrage d'ostensoir
Que frôle une harpe par l'Ange
Formée avec son vol du soir
Pour la délicate phalange

Du doigt, que, sans le vieux santal
Ni le vieux livre, elle balance
Sur le plumage instrumental,
Musicienne du silence.

TOAST FUNÈBRE

Ô de notre bonheur, toi, le fatal emblème!

Salut de la démence et libation blême,
Ne crois pas qu'au magique espoir du corridor
J'offre ma coupe vide où souffre un monstre d'or!
5 Ton apparition ne va pas me suffire :
Car je t'ai mis, moi-même, en un lieu de porphyre.
Le rite est pour les mains d'éteindre le flambeau
Contre le fer épais des portes du tombeau :
Et l'on ignore mal, élu pour notre fête
10 Très-simple de chanter l'absence du poëte,
Que ce beau monument l'enferme tout entier :
Si ce n'est que la gloire ardente du métier,
Jusqu'à l'heure commune et vile de la cendre,
Par le carreau qu'allume un soir fier d'y descendre,
15 Retourne vers les feux du pur soleil mortel!

Magnifique, total et solitaire, tel
Tremble de s'exhaler le faux orgueil des hommes.
Cette foule hagarde! elle annonce : Nous sommes
La triste opacité de nos spectres futurs.
20 Mais le blason des deuils épars sur de vains murs,
J'ai méprisé l'horreur lucide d'une larme,
Quand, sourd même à mon vers sacré qui ne l'alarme,

Quelqu'un de ces passants, fier, aveugle et muet,
Hôte de son linceul vague, se transmuait
25 En le vierge héros de l'attente posthume.
Vaste gouffre apporté dans l'amas de la brume
Par l'irascible vent des mots qu'il n'a pas dits,
Le néant à cet Homme aboli de jadis :
« Souvenir d'horizons, qu'est-ce, ô toi, que la Terre? »
30 Hurle ce songe; et, voix dont la clarté s'altère,
L'espace a pour jouet le cri : « Je ne sais pas! »

Le Maître, par un œil profond, a, sur ses pas,
Apaisé de l'éden l'inquiète merveille
Dont le frisson final, dans sa voix seule, éveille
35 Pour la Rose et le Lys le mystère d'un nom.
Est-il de ce destin rien qui demeure, non?
Ô vous tous! oubliez une croyance sombre.
Le splendide génie éternel n'a pas d'ombre.
Moi, de votre désir soucieux, je veux voir,
40 A qui s'évanouit, hier, dans le devoir,
Idéal que nous font les jardins de cet astre,
Survivre pour l'honneur du tranquille désastre
Une agitation solennelle par l'air
De paroles, pourpre ivre et grand calice clair,
45 Que, pluie et diamant, le regard diaphane
Resté là sur ces fleurs dont nulle ne se fane,
Isole parmi l'heure et le rayon du jour!

C'est de nos vrais bosquets déjà tout le séjour,
Où le poëte pur a pour geste humble et large
50 De l'interdire au rêve, ennemi de sa charge :
Afin que le matin de son repos altier,
Quand la mort ancienne est comme pour Gautier
De n'ouvrir pas les yeux sacrés et de se taire,
Surgisse, de l'allée ornement tributaire,
55 Le sépulcre solide où gît tout ce qui nuit,
Et l'avare silence et la massive nuit.

PROSE

(*pour des Esseintes*)

Hyperbole! de ma mémoire
Triomphalement ne sais-tu
Te lever, aujourd'hui grimoire
Dans un livre de fer vêtu :

5 Car j'installe, par la science,
L'hymne des cœurs spirituels
En l'œuvre de ma patience,
Atlas, herbiers et rituels.

Nous promenions notre visage
10 (Nous fûmes deux, je le maintiens)
Sur maints charmes de paysage,
Ô sœur, y comparant les tiens.

L'ère d'autorité se trouble
Lorsque, sans nul motif, on dit
15 De ce midi que notre double
Inconscience approfondit

Que, sol des cent iris, son site,
Ils savent s'il a bien été,
Ne porte pas de nom que cite
20 L'or de la trompette d'Été.

44

Oui, dans une île que l'air charge
De vue et non de visions
Toute fleur s'étalait plus large
Sans que nous en devisions.

25 Telles, immenses, que chacune
Ordinairement se para
D'un lucide contour, lacune
Qui des jardins la sépara.

Gloire du long désir, Idées
30 Tout en moi s'exaltait de voir
La famille des iridées
Surgir à ce nouveau devoir,

Mais cette sœur sensée et tendre
Ne porta son regard plus loin
35 Que sourire et, comme à l'entendre
J'occupe mon antique soin.

Oh! sache l'Esprit de litige,
A cette heure où nous nous taisons,
Que de lis multiples la tige
40 Grandissait trop pour nos raisons

Et non comme pleure la rive,
Quand son jeu monotone ment
A vouloir que l'ampleur arrive
Parmi mon jeune étonnement

45 D'ouïr tout le ciel et la carte
Sans fin attestés sur mes pas,
Par le flot même qui s'écarte,
Que ce pays n'exista pas.

L'enfant abdique son extase
50 Et docte déjà par chemins
Elle dit le mot : Anastase!
Né pour d'éternels parchemins,

Avant qu'un sépulcre ne rie
Sous aucun climat, son aïeul,
55 De porter ce nom : Pulchérie!
Caché par le trop grand glaïeul.

ÉVENTAIL

de Madame Mallarmé

Avec comme pour langage
Rien qu'un battement aux cieux
Le futur vers se dégage
Du logis très précieux

Aile tout bas la courrière
Cet éventail si c'est lui
Le même par qui derrière
Toi quelque miroir a lui

Limpide (où va redescendre
Pourchassée en chaque grain
Un peu d'invisible cendre
Seule à me rendre chagrin)

Toujours tel il apparaisse
Entre tes mains sans paresse

AUTRE ÉVENTAIL

de Mademoiselle Mallarmé

Ô rêveuse, pour que je plonge
Au pur délice sans chemin,
Sache, par un subtil mensonge,
Garder mon aile dans ta main.

Une fraîcheur de crépuscule
Te vient à chaque battement
Dont le coup prisonnier recule
L'horizon délicatement.

Vertige! voici que frissonne
L'espace comme un grand baiser
Qui, fou de naître pour personne,
Ne peut jaillir ni s'apaiser.

Sens-tu le paradis farouche
Ainsi qu'un rire enseveli
Se couler du coin de ta bouche
Au fond de l'unanime pli!

Le sceptre des rivages roses
Stagnants sur les soirs d'or, ce l'est,
Ce blanc vol fermé que tu poses
Contre le feu d'un bracelet.

48

FEUILLET D'ALBUM

Tout à coup et comme par jeu
Mademoiselle qui voulûtes
Ouïr se révéler un peu
Le bois de mes diverses flûtes

Il me semble que cet essai
Tenté devant un paysage
A du bon quand je le cessai
Pour vous regarder au visage

Oui ce vain souffle que j'exclus
Jusqu'à la dernière limite
Selon mes quelques doigts perclus
Manque de moyens s'il imite

Votre très naturel et clair
Rire d'enfant qui charme l'air

REMÉMORATION   D'AMIS BELGES

A des heures et sans que tel souffle l'émeuve
Toute la vétusté presque couleur encens
Comme furtive d'elle et visible je sens
Que se dévêt pli selon pli la pierre veuve

Flotte ou semble par soi n'apporter une preuve
Sinon d'épandre pour baume antique le temps
Nous immémoriaux quelques-uns si contents
Sur la soudaineté de notre amitié neuve

Ô très chers rencontrés en le jamais banal
Bruges multipliant l'aube au défunt canal
Avec la promenade éparse de maint cygne

Quand solennellement cette cité m'apprit
Lesquels entre ses fils un autre vol désigne
A prompte irradier ainsi qu'aile l'esprit.

CHANSONS BAS

I

(le Savetier)

Hors de la poix rien à faire,
Le lys naît blanc, comme odeur
Simplement je le préfère
A ce bon raccommodeur.

Il va de cuir à ma paire
Adjoindre plus que je n'eus
Jamais, cela désespère
Un besoin de talons nus.

Son marteau qui ne dévie
Fixe de clous gouailleurs
Sur la semelle l'envie
Toujours conduisant ailleurs.

Il recréerait des souliers,
Ô pieds, si vous le vouliez!

II

(*la Marchande d'Herbes Aromatiques*)

Ta paille azur de lavandes,
Ne crois pas avec ce cil
Osé que tu me la vendes
Comme à l'hypocrite s'il

En tapisse la muraille
De lieux les absolus lieux
Pour le ventre qui se raille
Renaître aux sentiments bleus.

Mieux entre une envahissante
Chevelure ici mets-la
Que le brin salubre y sente,
Zéphirine, Paméla

Ou conduise vers l'époux
Les prémices de tes poux.

BILLET

Pas les rafales à propos
De rien comme occuper la rue
Sujette au noir vol de chapeaux;
Mais une danseuse apparue

Tourbillon de mousseline ou
Fureur éparses en écumes
Que soulève par son genou
Celle même dont nous vécûmes

Pour tout, hormis lui, rebattu
Spirituelle, ivre, immobile
Foudroyer avec le tutu,
Sans se faire autrement de bile

Sinon rieur que puisse l'air
De sa jupe éventer Whistler.

PETIT AIR

I

Quelconque une solitude
Sans le cygne ni le quai
Mire sa désuétude
Au regard que j'abdiquai

Ici de la gloriole
Haute à ne la pas toucher
Dont maint ciel se bariole
Avec les ors de coucher

Mais langoureusement longe
Comme de blanc linge ôté
Tel fugace oiseau si plonge
Exultatrice à côté

Dans l'onde toi devenue
Ta jubilation nue

PETIT AIR

II

Indomptablement a dû
Comme mon espoir s'y lance
Éclater là-haut perdu
Avec furie et silence,

Voix étrangère au bosquet
Ou par nul écho suivie,
L'oiseau qu'on n'ouït jamais
Une autre fois en la vie.

Le hagard musicien,
Cela dans le doute expire
Si de mon sein pas du sien
A jailli le sanglot pire

Déchiré va-t-il entier
Rester sur quelque sentier!

Quand l'ombre menaça de la fatale loi
Tel vieux Rêve, désir et mal de mes vertèbres,
Affligé de périr sous les plafonds funèbres
Il a ployé son aile indubitable en moi.

Luxe, ô salle d'ébène où, pour séduire un roi
Se tordent dans leur mort des guirlandes célèbres,
Vous n'êtes qu'un orgueil menti par les ténèbres
Aux yeux du solitaire ébloui de sa foi.

Oui, je sais qu'au lointain de cette nuit, la Terre
Jette d'un grand éclat l'insolite mystère,
Sous les siècles hideux qui l'obscurcissent moins.

L'espace à soi pareil qu'il s'accroisse ou se nie
Roule dans cet ennui des feux vils pour témoins
Que s'est d'un astre en fête allumé le génie.

Le vierge, le vivace et le bel aujourd'hui
Va-t-il nous déchirer avec un coup d'aile ivre
Ce lac dur oublié que hante sous le givre
Le transparent glacier des vols qui n'ont pas fui!

Un cygne d'autrefois se souvient que c'est lui
Magnifique mais qui sans espoir se délivre
Pour n'avoir pas chanté la région où vivre
Quand du stérile hiver a resplendi l'ennui.

Tout son col secouera cette blanche agonie
Par l'espace infligée à l'oiseau qui le nie,
Mais non l'horreur du sol où le plumage est pris.

Fantôme qu'à ce lieu son pur éclat assigne,
Il s'immobilise au songe froid de mépris
Que vêt parmi l'exil inutile le Cygne.

Victorieusement fui le suicide beau
Tison de gloire, sang par écume, or, tempête!
Ô rire si là-bas une pourpre s'apprête
A ne tendre royal que mon absent tombeau.

Quoi! de tout cet éclat pas même le lambeau
S'attarde, il est minuit, à l'ombre qui nous fête
Excepté qu'un trésor présomptueux de tête
Verse son caressé nonchaloir sans flambeau,

La tienne si toujours le délice! la tienne
Oui seule qui du ciel évanoui retienne
Un peu de puéril triomphe en t'en coiffant

Avec clarté quand sur les coussins tu la poses
Comme un casque guerrier d'impératrice enfant
Dont pour te figurer il tomberait des roses.

Ses purs ongles très haut dédiant leur onyx,
L'Angoisse ce minuit, soutient, lampadophore,
Maint rêve vespéral brûlé par le Phénix
Que ne recueille pas de cinéraire amphore

Sur les crédences, au salon vide : nul ptyx,
Aboli bibelot d'inanité sonore,
(Car le Maître est allé puiser des pleurs au Styx
Avec ce seul objet dont le Néant s'honore.)

Mais proche la croisée au nord vacante, un or
Agonise selon peut-être le décor
Des licornes ruant du feu contre une nixe,

Elle, défunte nue en le miroir, encor
Que, dans l'oubli fermé par le cadre, se fixe
De scintillations sitôt le septuor.

59

LE TOMBEAU D'EDGAR POE

Tel qu'en Lui-même enfin l'éternité le change,
Le Poëte suscite avec un glaive nu
Son siècle épouvanté de n'avoir pas connu
Que la mort triomphait dans cette voix étrange!

Eux, comme un vil sursaut d'hydre oyant jadis l'ange
Donner un sens plus pur aux mots de la tribu
Proclamèrent très haut le sortilège bu
Dans le flot sans honneur de quelque noir mélange.

Du sol et de la nue hostiles, ô grief!
Si notre idée avec ne sculpte un bas-relief
Dont la tombe de Poe éblouissante s'orne

Calme bloc ici-bas chu d'un désastre obscur
Que ce granit du moins montre à jamais sa borne
Aux noirs vols du Blasphème épars dans le futur.

LE TOMBEAU
DE CHARLES BAUDELAIRE

Le temple enseveli divulgue par la bouche
Sépulcrale d'égout bavant boue et rubis
Abominablement quelque idole Anubis
Tout le museau flambé comme un aboi farouche

Ou que le gaz récent torde la mèche louche
Essuyeuse on le sait des opprobres subis
Il allume hagard un immortel pubis
Dont le vol selon le réverbère découche

Quel feuillage séché dans les cités sans soir
Votif pourra bénir comme elle se rasseoir
Contre le marbre vainement de Baudelaire

Au voile qui la ceint absente avec frissons
Celle son Ombre même un poison tutélaire
Toujours à respirer si nous en périssons

TOMBEAU

Anniversaire — Janvier 1897

Le noir roc courroucé que la bise le roule
Ne s'arrêtera ni sous de pieuses mains
Tâtant sa ressemblance avec les maux humains
Comme pour en bénir quelque funeste moule.

Ici presque toujours si le ramier roucoule
Cet immatériel deuil opprime de maints
Nubiles plis l'astre mûri des lendemains
Dont un scintillement argentera la foule.

Qui cherche, parcourant le solitaire bond
Tantôt extérieur de notre vagabond —
Verlaine? Il est caché parmi l'herbe, Verlaine

A ne surprendre que naïvement d'accord
La lèvre sans y boire ou tarir son haleine
Un peu profond ruisseau calomnié la mort.

HOMMAGE

Le silence déjà funèbre d'une moire
Dispose plus qu'un pli seul sur le mobilier
Que doit un tassement du principal pilier
Précipiter avec le manque de mémoire.

Notre si vieil ébat triomphal du grimoire,
Hiéroglyphes dont s'exalte le millier
A propager de l'aile un frisson familier!
Enfouissez-le-moi plutôt dans une armoire.

Du souriant fracas originel haï
Entre elles de clartés maîtresses a jailli
Jusque vers un parvis né pour leur simulacre,

Trompettes tout haut d'or pâmé sur les vélins,
Le dieu Richard Wagner irradiant un sacre
Mal tu par l'encre même en sanglots sibyllins.

HOMMAGE

Toute Aurore même gourde
A crisper un poing obscur
Contre des clairons d'azur
Embouchés par cette sourde

A le pâtre avec la gourde
Jointe au bâton frappant dur
Le long de son pas futur
Tant que la source ample sourde

Par avance ainsi tu vis
Ô solitaire Puvis
De Chavannes
                jamais seul

De conduire le temps boire
A la nymphe sans linceul
Que lui découvre ta Gloire

Au seul souci de voyager
Outre une Inde splendide et trouble
— Ce salut soit le messager
Du temps, cap que ta poupe double

Comme sur quelque vergue bas
Plongeante avec la caravelle
Écumait toujours en ébats
Un oiseau d'annonce nouvelle

Qui criait monotonement
Sans que la barre ne varie
Un inutile gisement
Nuit, désespoir et pierrerie

Par son chant reflété jusqu'au
Sourire du pâle Vasco.

I

Tout Orgueil fume-t-il du soir,
Torche dans un branle étouffée
Sans que l'immortelle bouffée
Ne puisse à l'abandon surseoir!

La chambre ancienne de l'hoir
De maint riche mais chu trophée
Ne serait pas même chauffée
S'il survenait par le couloir.

Affres du passé nécessaires
Agrippant comme avec des serres
Le sépulcre de désaveu,

Sous un marbre lourd qu'elle isole
Ne s'allume pas d'autre feu
Que la fulgurante console.

II

Surgi de la croupe et du bond
D'une verrerie éphémère
Sans fleurir la veillée amère
Le col ignoré s'interrompt.

Je crois bien que deux bouches n'ont
Bu, ni son amant ni ma mère,
Jamais à la même Chimère,
Moi, sylphe de ce froid plafond!

Le pur vase d'aucun breuvage
Que l'inexhaustible veuvage
Agonise mais ne consent,

Naïf baiser des plus funèbres!
A rien expirer annonçant
Une rose dans les ténèbres.

III

Une dentelle s'abolit
Dans le doute du Jeu suprême
A n'entr'ouvrir comme un blasphème
Qu'absence éternelle de lit.

Cet unanime blanc conflit
D'une guirlande avec la même,
Enfui contre la vitre blême
Flotte plus qu'il n'ensevelit.

Mais, chez qui du rêve se dore
Tristement dort une mandore
Au creux néant musicien

Telle que vers quelque fenêtre
Selon nul ventre que le sien,
Filial on aurait pu naître.

Quelle soie aux baumes de temps
Où la Chimère s'exténue
Vaut la torse et native nue
Que, hors de ton miroir, tu tends!

Les trous de drapeaux méditants
S'exaltent dans une avenue :
Moi, j'ai ta chevelure nue
Pour enfouir des yeux contents.

Non. La bouche ne sera sûre
De rien goûter à sa morsure,
S'il ne fait, ton princier amant,

Dans la considérable touffe
Expirer, comme un diamant,
Le cri des Gloires qu'il étouffe.

M'introduire dans ton histoire
C'est en héros effarouché
S'il a du talon nu touché
Quelque gazon de territoire

A des glaciers attentatoire
Je ne sais le naïf péché
Que tu n'auras pas empêché
De rire très haut sa victoire

Dis si je ne suis pas joyeux
Tonnerre et rubis aux moyeux
De voir en l'air que ce feu troue

Avec des royaumes épars
Comme mourir pourpre la roue
Du seul vespéral de mes chars

A la nue accablante tu
Basse de basalte et de laves
A même les échos esclaves
Par une trompe sans vertu

Quel sépulcral naufrage (tu
Le sais, écume, mais y baves)
Suprême une entre les épaves
Abolit le mât dévêtu

Ou cela que furibond faute
De quelque perdition haute
Tout l'abîme vain éployé

Dans le si blanc cheveu qui traîne
Avarement aura noyé
Le flanc enfant d'une sirène

Mes bouquins refermés sur le nom de Paphos,
Il m'amuse d'élire avec le seul génie
Une ruine, par mille écumes bénie
Sous l'hyacinthe, au loin, de ses jours triomphaux.

Coure le froid avec ses silences de faulx,
Je n'y hululerai pas de vide nénie
Si ce très blanc ébat au ras du sol dénie
A tout site l'honneur du paysage faux.

Ma faim qui d'aucuns fruits ici ne se régale
Trouve en leur docte manque une saveur égale :
Qu'un éclate de chair humain et parfumant!

Le pied sur quelque guivre où notre amour tisonne,
Je pense plus longtemps peut-être éperdûment
A l'autre, au sein brûlé d'une antique amazone.

BIBLIOGRAPHIE

Ce Premier Cahier, sauf intercalation de peu de pièces jetées plutôt en cul-de-lampes sur les marges

> Salut
> Éventail, de Madame Mallarmé
> Feuillet d'Album
> Remémoration, d'Amis belges
> Chansons Bas I et II
> Billet, à Whistler
> Petit air I et II,

et les Sonnets

> le Tombeau de Charles Baudelaire
> « A la nue accablante tu... »

suit l'ordre, sans le groupement, présentés par l'Édition fac-simile faite sur le manuscrit de l'auteur, en 18[87].

A quelques corrections près, introduites avec la réimpression des Morceaux choisis, *Vers et Prose*, par la Librairie Académique, le texte reste celui de la belle publication souscrite puis envolée à tant d'enchères, qui le fixa. Sa rareté se fleurissait, en le format original, déjà, du chef-d'œuvre de Rops.

Pas de leçon antérieure ici donnée, en tant que variante.

Beaucoup de ces poèmes, ou études en vue de mieux, comme on essaie les becs de sa plume avant de se mettre à l'œuvre, ont été distraits de leur carton par des impatiences amies de Revues en quête de leur numéro d'apparition : et prennent note de projets, en points de repère, qui fixent, trop rares ou trop nombreux, selon le point de vue double que lui-même partage l'auteur, il les conserve en raison de ceci que la Jeunesse voulut bien en tenir compte et autour un Public se former.

SALUT (page 3) : ce Sonnet, en levant le verre, récemment à un Banquet, de *la Plume*, avec l'honneur d'y présider.

APPARITION (page 7) tenta les musiciens, entre qui MM. Bailly et André Rossignol qui y adaptèrent des notes délicieuses.

LE PITRE CHATIÉ (page 9) parut, quoique ancien, la première fois, dans la grande édition de la *Revue Indépendante*.

LES FENÊTRES, LES FLEURS, RENOUVEAU, ANGOISSE (d'abord *A Celle qui est tranquille*), LE SONNEUR, TRISTESSE D'ÉTÉ, L'AZUR, BRISE MARINE, SOUPIR, AUMÔNE (intitulé *le Mendiant*), « Las d'un amer repos où ma paresse offense » (pages 10 à 25) composent la série qui, dans cet ouvrage cité toujours, s'appelle du *Premier Parnasse contemporain*.

HÉRODIADE (page 27), ici fragment, ou seule la partie dialoguée, comporte, outre le cantique de saint Jean et sa conclusion en un dernier monologue, des Prélude et Finale qui seront ultérieurement publiés; et s'arrange en poème.

73

L'Après-midi d'un faune (page 35) parut à part, intérieurement décoré par Manet, une des premières plaquettes coûteuses et sac à bonbons mais de rêve et un peu orientaux, avec son « feutre du Japon, titré d'or et noué de cordons rose-de-Chine et noirs », ainsi que s'exprime l'affiche : puis M. Dujardin fit, de ces vers introuvables autrepart que dans sa photogravure, une édition populaire, épuisée.

Toast funèbre, vient du recueil collectif le *Tombeau de Théophile Gautier*, Maître et Ombre à qui s'adresse l'Invocation : son nom apparaît, en rime, avant la fin.

Prose pour des Esseintes; il l'eût, peut-être, insérée, ainsi qu'on lit page   en l'A-rebours de notre Huysmans.

« *Tout à coup et comme par jeu* » est recopié indiscrètement à l'album de la fille du poëte provençal Roumanille, mon vieux camarade : je l'avais admirée, enfant et elle voulut s'en souvenir pour me prier, demoiselle, de quelques vers.

Remémoration.. — J'éprouvai un plaisir à envoyer ce sonnet au Livre d'Or du Cercle Excelsior, où j'avais fait une conférence et connu des amis.

Chansons bas I et II, commentent, avec divers quatrains, dans le recueil les *Types de Paris*, les illustrations du Maître-peintre Raffaëlli, qui les inspira et les accepta.

Billet, paru, en français, comme illustration au journal anglais *the Whirlwind* (*le Tourbillon*) envers qui Whistler fut princier.

Petits airs, I, pour inaugurer, 9bre 1894, la superbe publication l'*Épreuve*. II. Appartient à l'album de M. Daudet.

Le Tombeau d'Edgar Poe. — Mêlé au cérémonial, il y fut récité, en l'érection d'un monument de Poe, à Baltimore, un bloc de basalte que l'Amérique appuya sur l'ombre légère du poëte, pour sa sécurité qu'elle n'en ressortît jamais.

Le Tombeau de Charles Baudelaire. — Fait partie du livre ayant ce titre, publié par souscription en vue de quelque statue, buste ou médaillon, commémoratifs.

Hommage, entre plusieurs, d'un poëte français, convoqués par l'admirable Revue Wagnérienne, disparue avec le triomphe définitif du Génie.

Tant de minutie témoigne, inutilement peut-être, de quelque déférence aux scoliastes futurs.

Hérodiade

Révolante

[OUVERTURE ANCIENNE]

LA NOURRICE
(Incantation)

Abolie, et son aile affreuse dans les larmes
Du bassin, aboli, qui mire les alarmes,
De l'or nu fustigeant l'espace cramoisi,
Une <Aurore> a, plumage héraldique, choisi
5 Notre tour cinéraire et sacrificatrice,
Lourde tombe qu'a fuie un bel oiseau, caprice
Solitaire d'aurore au vain plumage noir...
Ah! des <pays déchus et tristes > le manoir!
Pas de clapotement! L'eau morne se résigne,
10 Que ne visite plus la plume ni le cygne
Inoubliable : l'eau reflète l'abandon
De <l'automne> éteignant en elle son brandon :
Du cygne quand parmi le pâle mausolée
Ou la plume plongea la tête, désolée
15 Par le diamant pur de quelque étoile, mais
Antérieure, qui ne scintilla jamais.

Crime! bûcher! aurore <ancienne>! supplice!
Pourpre d'un ciel! Étang de la pourpre complice!
Et sur les incarnats, grand ouvert, ce vitrail.

20 La chambre, singulière en un cadre, attirail
De siècles belliqueux, orfèvrerie éteinte,
A le neigeux jadis pour ancienne teinte,
Et la tapisserie, au lustre nacré, plis
Inutiles avec les yeux ensevelis

25 De sibylles, offrant leur ongle vieil aux Mages.
Une d'elles, avec un passé de ramages
Sur ma robe blanchie en l'ivoire fermé
Au ciel d'oiseaux parmi l'argent noir <par>semé,
Semble, de vols partis costumée et fantôme,
30 Un arôme qui porte, ô roses! un arôme,
Loin du lit vide qu'un cierge soufflé cachait,
Un arôme d'os froids rôdant sur le sachet,
Une touffe de fleurs parjures à la lune,
(A la cire expirée, encor s'effeuille l'une,)
35 De qui le long regret et les tiges de qui
Trempent en un seul verre à l'éclat alangui...
Une Aurore traînait ses ailes dans les larmes!

Ombre magicienne aux <symboliques> charmes!
Cette voix, du passé longue évocation,
40 Est-ce la mienne prête à l'incantation?
Encore dans les plis jaunes de la pensée
Traînant, antique, ainsi qu'une toile encensée
Sur un confus amas d'encensoirs refroidis,
Par les <trous anciens> et par les plis roidis
45 Percés <selon> le rythme <et les dentelles pures>
Du suaire laissant par ses belles <guipures>
<Désespéré> monter le vieil éclat voilé
S'élève, (ô <quel> lointain en ces appels celé!)
Le vieil éclat voilé du vermeil insolite,
50 De la voix languissant, nulle, sans acolyte,
Jettera-t-il son or par dernières splendeurs,
Elle, encore, l'antienne aux versets demandeurs,
A l'heure d'agonie et de luttes funèbres!
Et, force du silence et des noires ténèbres,
55 Tout rentre également en l'ancien passé,
Fatidique, vaincu, monotone, lassé,
Comme l'eau des bassins anciens se résigne.

<Elle a chanté, parfois incohérente, signe
Lamentable!>
                    le lit aux pages de vélin,
60 Tel, inutile et si claustral, n'est pas le lin!
Qui des rêves par plis n'a plus le cher grimoire,
Ni le dais sépulcral à la déserte moire,
<Le parfum des cheveux endormis>. <L'>avait-il?
Froide enfant, de garder en son plaisir subtil
65 <Au matin grelottant de fleurs>, ses promenades,

78

<Et> quand le soir méchant a coupé les grenades!
Le croissant, oui le seul est au cadran de fer
De l'horloge, <pour poids suspendant> Lucifer,
Toujours blesse, toujours une nouvelle heurée,
70 Par la clepsydre à la goutte obscure pleurée,
Que, délaissée, elle erre, et, sur son ombre, pas
Un ange accompagnant son indicible pas!
Il ne sait pas cela, le roi qui salarie
Depuis longtemps la gorge ancienne et tarie.
75 Son père ne sait pas cela, ni le glacier
Farouche reflétant de ses armes l'acier,
Quand, sur un tas gisant de cadavres sans coffre
Odorant de résine, énigmatique, il offre
Ses trompettes d'argent obscur aux <vieux sapins>!
80 Reviendra-t-il un jour des pays cisalpins!
Assez tôt? car tout est présage et mauvais rêve!
A l'ongle qui parmi le vitrage s'élève
Selon le souvenir des trompettes, le vieux
Ciel brûle, et change un <doigt en> un cierge envieux.
85 Et bientôt sa rougeur de triste crépuscule
Pénétrera du corps la cire qui recule!
De crépuscule, non, mais de rouge lever,
Lever du jour dernier qui vient tout achever,
Si triste se débat, que l'on ne sait plus l'heure
90 <La rougeur de ce temps prophétique qui pleure
Sur l'enfant, exilée en son cœur précieux
Comme un cygne cachant en sa plume ses yeux,
Comme les mit le vieux cygne en sa plume, allée
De la plume détresse, en l'éternelle allée
95 De ses espoirs, pour voir les diamants élus
D'une étoile, mourante, et qui ne brille plus!

Et...>

LES NOCES D'HÉRODIADE

Mystère

HÉRODIADE
LA NOURRICE
LA TÊTE DE SAINT JEAN

PRÉFACE

*J'ai laissé le nom d'Hérodiade pour bien la différencier de la Salomé je
dirai moderne ou exhumée avec son fait divers archaïque — la danse,
etc., l'isoler comme l'ont fait des tableaux solitaires dans le fait même
terrible, mystérieux — et faire miroiter ce qui probablement hanta — en
apparue avec son attribut — le chef du saint — dût la demoiselle
constituer un monstre aux amants vulgaires de la vie —*

PRÉLUDE

[I]

Si..
    Génuflexion comme à l'éblouissant
Nimbe là-bas très glorieux arrondissant
En le manque du saint à la langue roidie
Son   et vacant incendie
5 Aussi peut-être hors la fusion entre eux
Immobilisés par un choc malencontreux
Des divers monstres nuls dont l'abandon délabre
L'aiguière bossuée et le tors candélabre
A jamais sans léguer de souvenir au soir
10 Que cette pièce héréditaire de dressoir
Lourd métal usuel où l'équivoque range
Avec anxiété   gloire étrange
On ne sait quel masque âpre et farouche éclairci
Triomphalement et péremptoirement si
15 La chimère au rebut d'une illustre vaisselle
Maintenant mal éteinte   est celle
Sous ses avares feux qui ne contiendra pas
Le délice attendu du nuptial repas
Ni que pour notre reine enfant et le convive
20   (ne) survive
Comme une chère très délicate à foison
Même quand l'âpre faim muée en pâmoison
Les entrelace bouche à bouche puis les vautre
Le mets supérieur qu'on goûte l'un à l'autre :
25 Alors, dis ô futur taciturne, pourquoi
Ici demeure-t-il et s'éternise coi
Selon peu de raison que le richissime orbe
Opiniâtrement pour se parfaire absorbe
Jusqu'à l'horizon mort en un dernier éclat
30 Cette vacuité louche et muette d'un plat?

82

[II]

[Cantique de saint Jean]

Le soleil que sa halte
Surnaturelle exalte
Aussitôt redescend
    Incandescent

5 Je sens comme aux vertèbres
S'éployer des ténèbres
Toutes dans un frisson
    A l'unisson

Et ma tête surgie
10 Solitaire vigie
Dans les vols triomphaux
    De cette faux

Comme rupture franche
Plutôt refoule ou tranche
15 Les anciens désaccords
    Avec le corps

Qu'elle de jeûnes ivres
S'opiniâtre à suivre
En quelque bond hagard
20   Son pur regard

Là-haut où la froidure
Éternelle n'endure
Que vous le surpassiez
    Tous ô glaciers

25 Mais selon un baptême
Illuminée au même
Principe qui m'élut
    Penche un salut.

[III]

A quel psaume de nul antique antiphonaire
Ouï planer ici comme un viril tonnerre
Du cachot fulguré pour s'ensevelir où?
Sauf amplificatrice irruption au trou
5 Grand ouvert par un vol ébloui de vitrage
Bloc contre bloc jonchant le lugubre entourage,
Le Fantôme accoudé du pâle écho latent
Sous un voile debout ne dissimule tant
Supérieurement à de noirs plis Prophète
10 Toujours que de ne pas perpétuer du faîte
Divers rapprochements scintillés absolus :
Et,   , plus
Insoumis au joyau géant qui les attache
Ce crépusculaire et fatidique panache
15 De dentelles à flot torses sur le linon
Taciturne vacille en le signe que non,
Vains les nœuds éplorés, la nitidité fausse
Ensemble que l'agrafe avec ses feux rehausse,
Plus abominé mais placide ambassadeur
20 Le circonstanciel plat nu dans sa splendeur,
Toute ambiguïté par ce bord muet fuie,
Se fourbit, on dirait, s'époussette ou s'essuie
Aux dénégations très furieusement
Loin dans   frôlement
25 De l'Ombre avec ce soin encore ménagère :
Il   il exagère
Le sépulcral effroi de son contour livide;
Du moins ce ponctuel décor assigne-t-il
Comme emblème sur une authentique nourrice,
30 Affres que jusqu'à leur lividité hérisse
Un révulsif ébat vieil horrifié droit
Selon la guimpe puis la coiffe par surcroît!
L'ordinaire abandon sans produire de trace
Hors des seins abolis vers l'infini vorace
35 Sursautant à la fois en maint épars filet
Jadis, d'un blanc,   et maléfique lait.

SCÈNE

(Voir pp. 27-34)

SCÈNE INTERMÉDIAIRE

Qui légitimement ne s'est point comme il sied
Vain secret ténébreux encore là sur pied
Évanoui comme un séculaire plumage
                  s'endommage
5 Silencieusement mais demeure figé
Dans l'hésitation vaine à prendre congé
Tandis qu'autour de son sachet de vieille faille
Rôde, tourne   et défaille
Le message   de traits
10 Du fiancé   que mal je connaîtrais

Va pour la peine
Dût son ombre marcher le long du corridor
Me présenter ce chef tranché dans un plat d'or

FINALE

Ô, désespérément sous l'aile échevelée
Obscure de la nuit future violée
Quand ton morne penser ne monta pas plus haut
Dur front pétrifié dont le captif sursaut
5 Tout à l'heure n'aura de peur de se dissoudre
Suivi   l'intérieure foudre
Heurtée à quelque choc de ses rêves déçus
Sans l'établir vivante et régner par-dessus
Comme une cime dans ses ténèbres hostile,
10 Il est   péristyle
Maints fruits   jardins
Neigeux   ambrés, incarnadins :
Mais aucun partagé pour savoir que je l'aime
Sinon l'espalier opulent de moi-même
15 Un selon de chers pressentiments inouï

Se sera tout à coup sans aide épanoui
Peut-être que cet[te] attirance du désastre;
Dis, hésitation entre la chair et l'astre
Sur la gorge nouvelle, où ta cécité poind,
20 A cet arrêt surnaturel que ce n'est point
Hymen froid d'une enfance avec l'affreux génie
L'arrière volupté jusque dans l'agonie
Du regard révulsé par quelqu'un au néant.
Parle ou bien faut-il que l'arcane messéant
25 A dire excepté par une bouche défunte

                        emprunte
Par un   pire baiser
L'horreur   de préciser
Tien et précipité de quelque altier vertige
30 Ensuite pour couler tout le long de ma tige
Vers quelque ciel portant mes destins avilis
L'inexplicable sang déshonorant le lys
A jamais renversé de l'une ou l'autre jambe

                            flambe
35   assassin
Le métal commandé précieux du bassin
Naguère où reposât un trop inerte reste
Peut selon le suspens encore par mon geste
Changeant   en   nonchaloir
40 Verser son fardeau   avant de choir
Parmi j'ignore quelle étrangère tuerie
Soleil   qui m'a mûrie
Comme à défaut du lustre éclairant le ballet
Abstraite intrusion en ma vie, il fallait
45 La hantise soudain quelconque d'une face
Pour que je m'entr'ouvrisse et reine triomphasse.

BIBLIOGRAPHIE

Un fragment seul de ce poème avait été publié — de — à —; il était précédé d'une ouverture que je remplace par une autre, en le même sens — et quant au monologue — au pourquoi de la crise indiquée par le morceau — j'avoue que je m'étais arrêté dans ma jeunesse. Je le donne, ce motif tel qu'apparu depuis, m'efforçant de traiter dans le même esprit.

Autres poèmes

Ma chère Fanny
Ma bonne amie
Je te promets d'être sage
A tout âge
Et de toujours t'aimer.
Stéphane Mallarmé.

MON CHER PAPA

J'avais appris un compliment,
Et j'accourais pour célébrer ta fête,
On y parlait de sentiment
De tendre amour, d'ardeur parfaite;
Mais j'ai tout oublié,
Lorsque je suis venu,
Je t'aime est le seul mot que j'ai bien retenu.

Dieu bon écoutez-moi. Un horrible attentat
Contre la justice par un pion scélérat
A mes dépents, hélas! hier soir fut commis.
Gaiement je regagnais ma place quand je vis
Devinez quoi! par terre un énorme soulier!
Aussitôt je m'enquiers à quel énorme pied
Pouvait vraiement servir ce meuble de géant.

On ne dit mot. Et moi croyant être obligeant
N'ayant pas d'instrument pour le tambouriner
Je m'empresse de le faire en tous sens promener,
Et chaque main fléchit sous son poids accablant
Il voyage en poste. Certain Juffin jugeant
Qu'il est inutile de faire aller plus haut
Ce soulier gigantesque; à côté du tableau
L'enfouit aussitôt, lors chose horrible à dire
Malgré moi me prend un traître de fou-rire,
Car mon pauvre voisin n'est qu'à demi chaussé
Alors, je comprends tout; triste d'avoir passé
A tout être vivant un si utile objet.
Pressentant le courroux qui saisit Bachelet
J'écris à la hâte un billet de faire-part.
Du dit soulier PASSÉ mais Hélas, c'est trop tard
La lettre à peine écrite est par le pion collée.
A l'auteur est promis un pensum fort sabré
C'est là son expression; puis quand vint, le soir,
Le funeste moment d'aller au réfectoir
Jugez du grand chagrin qui prend son possesseur!
Il le cherche partout; attiré par l'odeur
A grand peine il le tire de l'abîme; le prend
L'ajuste à son gros pied et regagne son rang.
Vengeance! ô dieu du ciel, car sans témérité
Le pensum que j'ai eu l'ai-je bien mérité
Ainsi aux gens du monde tout est méchanceté
L'on est toujours victime de sa probité.

CANTATE
pour
la première communion

Chœur

Anges à la robe d'azur,
Enfants des cieux au cœur si pur,
De vos ailes couvrez ce joyeux sanctuaire
Chantez, célébrez tous en chœur
La joie et le bonheur
Des enfants de la terre!

Sur les ailes de l'Espérance,
Que tes vœux, pleins de confiance,
Enfant, s'envolent vers le ciel!
Ainsi que l'odorant nuage
De ton amour céleste image
Qui s'ex[h]ale au pied de l'autel.

90

Anges à la robe d'azur...
Enfant, dans le Dieu de l'enfance
Qu'a su charmer ton innocence,
Dans cet hymen mystérieux
De la force et de la faiblesse
Ne vois-tu pas, ô douce ivresse!
Un prélude au bonheur des cieux?

Anges à la robe d'azur...
Voici le jour de la prière!...
Priez le Seigneur pour la mère
Qui courba vos tendres genoux
Devant sa souriante image;
Priez aussi pour qui l'outrage,
Priez, enfants, priez pour tous!...

Anges à la robe d'azur,
Enfants des cieux, au cœur si pur,
De vos ailes couvrez ce joyeux sanctuaire
Chantez, célébrez tous en chœur
La gloire et le bonheur
Des enfants de la terre!

Juillet 1858

1

LA PRIÈRE D'UNE MÈRE

Au temple, un frais parfum des fleurs saintes s'exhale.
Harpe, ton chant est mort : Enfants, vos hymnes doux,
Doux comme l'innocence, au ciel fuient! — Sur la dalle
        Seule, une femme est à genoux.

Est-ce l'ange pieux qu'auprès du sanctuaire
Le Seigneur a placé pour porter la prière
De l'orphelin au ciel parmi les flots d'encens?
Non : fils, c'est une mère; écoutez ses accents :

« C'est moi qui, lui parlant de vos douleurs amères,
« Quand le soir amenait la prière au foyer,
« Fis ses yeux se mouiller de larmes, — les premières! —
« Et devant votre croix ses deux genoux ployer!

« Comme un jeune lys croît à l'ombre d'un grand chêne,
« Votre main au berceau le para de candeur

« Et nous vous bénissions! Est-il vrai que Dieu vienne
      « Aujourd'hui visiter son cœur,

« Qu'il l'appelle à briller en sa sainte phalange?
« Vous le dites... j'espère — Oh! qu'en ce jour, Seigneur,
« Un chant de joie au ciel sur les ailes d'un ange
« S'élève jusqu'à vous, faible écho de mon cœur!

« S'il trahissait la foi que sa bouche a jurée
« Vous savez, ô Jésus, quel serait mon tourment!
« Qu'il soit digne toujours de la table sacrée
« Où l'archange enviera le bonheur de l'enfant!

« Toi, qui sous ton haleine as fleuri son enfance,
« Frère sacré, qu'à l'ange exilé l'Éternel
« A donné pour guider ses pas dans l'espérance
      « Et pour lui rappeler le ciel,

« Que ce jour soit pour toi comme au ciel une fête!
« Ta joie est de sourire au bonheur fraternel,
« D'attacher à son front l'étoile qu'à ta tête
« Au matin de ta vie attacha l'Éternel!

« Oh! demande au Seigneur que cet astre fidèle
« Luise pur à son front comme il brillait au tien!
« Quand le baigna l'eau sainte il dormait sous ton aile,
« Que sous ton aile encore il aille au Dieu qui vient!... »

Et son œil souriait mouillé de douces larmes :
Dieu parlait à son cœur, ô prélude du ciel!
Elle vit s'envoler ses pieuses alarmes,
      Puis un ange effleura l'autel!

                    2

                 LE CIEL

« Gloire à Dieu dans les cieux! Gloire à Dieu sur la terre!
« Harpes d'or, résonnez! Celui dont le tonnerre
« Fut la voix, quand aux cieux il dicta leur destin,
« Qui lança le soleil en la voûte éternelle,
      « De son regard faible étincelle,
« A dit : Laissez venir les enfants sur mon sein!

          « Au premier jour, votre ombre immense
          « Daigna, Jéhova trois fois saint,
          « Parmi les foudres de vengeance
          « D'astres et d'éclairs le front ceint,

« Ouvrir le ciel au premier ange
« Étonné de voir, rêve étrange!
« Lui, si petit, et vous, si grand!
« Les astres naissants se voilèrent,
« Les flots troublés se retirèrent ....
« — L'immortel s'envola tremblant!

« Gloire à Dieu dans les cieux! Gloire à Dieu sur la terre!
« Pour qu'un enfant renaisse, il endort son tonnerre!
« Loin d'étonner son âme au bruit de sa grandeur,
« Il vient, le front paré d'une douce auréole :
« De son exil il le console!
« Mystérieux hymen! il repose en son cœur! »

Aux pieds d'Adonaï, purs reflets de sa gloire,
Les Chœurs mélodieux ont jeté leur accord.
Dans l'azur, sous leurs doigts frémit le luth d'ivoire,
L'encens vole en flots blancs dans mille tresses d'or!

Un séraphin voilé s'élance vers Marie...
A la mère d'un Dieu, mère d'un fils sacré
Il apporte tes vœux : bénis-la! qui la prie
Lui rend grâces avant que d'avoir espéré!

Mais quel est cet écho de prière lointaine
Que la brise en passant murmure au Dieu du ciel?
Chœurs, sont-ce vos chants? Non : de la terrestre cène
Pur, un ange d'un jour parle à l'hôte éternel!

3

LA TERRE

« Seigneur, merci! toi qui nous changes
« Les nuits d'exil en jours bénis!
« N'était-ce assez de ton chœur d'anges,
« Cygnes purs des célestes nids?
« Merci!.. de nos mains qu'on encense
« Reçois nos lys, fleurs de l'enfance!
« Oh! que notre cœur soit plus pur
« Qu'un flot qui du ciel est l'image!
« Qu'en passant, le soir, nul nuage
« Dieu! n'en assombrisse l'azur!

« On dit que sous la fleur une épine se voile,
« Un tombeau sous la vague où se berce l'étoile;
« Si tu n'étais pas là, Seigneur, nous péririons!
« — Qu'un ange par la main nous mène à ta demeure,

93

« Et que, riant au flot, chacun de nous l'effleure
        « Comme l'aile des alcyons!

« Si par son chant trompeur nous attirait le gouffre,
« Dans la nuit fais briller de ce jour les lueurs!
« Mais aujourd'hui songeons que plus d'un frère souffre;
« Prions! car la prière est l'aumône des cœurs!

            « Donne à notre prière une aile,
            « Pour qu'elle s'envole à ton cœur
            « Comme le frais parfum que mêle
            « Aux brises, l'aubépine en fleur!
            « Prions notre immortelle mère
            « Pour celle qui donna sur terre
            « Nos cœurs à son fils éternel!
            « Prions qu'elle écarte l'absinthe
            « De la coupe où sa lèvre sainte
            « Boit la force qui mène au ciel!

« Frères, n'oublions pas ceux qui dorment à l'ombre
« Sous la croix, et qu'un mot de nous peut réveiller!
« Ni le vieillard qui voit notre astre en sa nuit sombre,
« Quand la tombe l'appelle, et ne sait plus prier!

« Prions pour l'orphelin! qu'un ange dans ses rêves
« Passe, essuyant de l'aile une larme en son œil!
« Pour ceux que bat le sort, comme un flot bat les grèves!
« Souvenons-nous enfin quand l'Aigle plein d'orgueil
        « S'envole à d'éternelles gloires*,
« Que le Dieu de l'enfance est le Dieu des victoires! »

Rhétorique.
7 juillet 1859.

* Guerre d'Italie.

ENTRE QUATRE MURS

1859-1860

I. FANTAISIES

1

RÊVE ANTIQUE

Elle est dans l'atrium la blonde Lycoris
Sous un flot parfumé mollement renversée.
Comme un saule jauni s'épand sous la rosée,
Ses cheveux sur son sein pleuvent longs et fleuris.

Dans les roseaux, vis-tu, sur un fleuve bleuâtre,
Le soir, glisser le front de la pâle Phœbé?
— Elle dort dans son bain et sa gorge d'albâtre,
Comme la lune, argente un flot du ciel tombé.

Son doigt qui sur l'eau calme effeuillait une rose
Comme une urne odorante offre un calice vert :
Descends, ô brune Hébé! verse de ta main rose
Ce vin qui fait qu'un cœur brûle, à tout cœur ouvert.

Elle est dans l'atrium la blonde Lycoris
Sous un flot parfumé mollement renversée :
Comme ton arc d'argent, Diane aux forêts lancée,
Se détend son beau corps sous ses amants choisis.

Octobre 1859

2

SOURIRE

Oh! je viens! je viens! tu m'appelles,
Printemps, à l'auréole d'or!
Tu donnes à mon cœur des ailes!
Plein d'amour il prend son essor!

95

Sur un blanc fil de la vierge
Avril, riant, descend du ciel!
Pâques arrive et son grand cierge
Brille déjà près de l'autel.

Rosette sous la mousseline
Voile au soir son tétin vermeil;
Et, sur sa lèvre purpurine,
S'endort un rayon de soleil.

Comme elle, sourit la pervenche.
Et, laissant son deuil hivernal,
D'une couronne de fleur blanche
L'aubépine se pare au val.

Sous une feuille qui l'ombrage
La pâle violette dort.
Près d'elle la brise volage
Courbe les mille étoiles d'or.

Oublieuse de la faucille
L'herbe frissonne dans les prés
L'alouette joue et babille,
Babille sans se dire : « Après? »

Plus de neige! l'<ormeau> recueille
Cent nids de mousse, gai dortoir!
A leurs chansons, sa jeune feuille
Danse sous l'haleine du soir!

L'azur se rit dans la ramure
Égayant les branches du houx.
L'eau, sous son manteau vert, murmure,
Par[le] en cascades des cailloux!

La demoiselle au fin corsage
Se balance au bout d'un roseau,
Et, svelte, sur l'herbe qui nage,
Se mire au frais cristal de l'eau.

Le papillon, petit fou, vole
Sur son aile d'un bleu velours,
Pose un baiser sur la corolle
Des roses, nids de ses amours.

Le rossignol sous la feuillée
Gazouille l'hymne du matin :
Sa compagne boit la rosée,
Rit, et berce son nid mutin.

Et toi, cher grillon, tu fuis l'âtre
Où ton chant m'endormait l'hiver...
Dans les hautes herbes, folâtre!
Sous le ciel bleu dis ton chant clair!

Oh! si sur la tiède mousse
Je voyais dormir une sœur!
Oh! si de son haleine douce
Le parfum enivrait mon cœur!

Si je cueillais aux bords des ondes
Les myosotis isolés
Pour étoiler ses tresses blondes,
Comme les bluets dans les blés!

Si.....
      — « Lisez donc le grand Racine
« Et non l'homme à la Carabine...*
« Monsieur, encore un contre-sens! » —
Je suis en classe! adieu, printemps.

Avril 1859 (classe du soir)

* V. Hugo. Allusion à sa chanson de Gastibelza.

3

VIENS !

Ballade

Un enfant dormait blond et rose.
L'œil rêveur, un ange frôlait
De l'aile sa paupière close :
Sur son front des feuilles de rose
Pleuvaient des doigts d'Ohl-le-follet!

Ohl-le-follet

« Viens danser la ronde des fées!
« Des bras lactés sont ses liens :
« La nuit joue en fraîches bouffées
« Dans leurs tresses d'or décoiffées!
      Viens! »

L'Ange

« Viens chanter le Noël des anges!
« L'encens en flots aériens

97

« Met, quand murmurent nos louanges,
« A leurs ailes de blanches franges!
            Viens! »

                Le follet

« T'emporte la lune morose
« Sur un rayon aux rocs anciens!
« T'emporte vers la fleur éclose
« Un fil de vierge à l'aube rose!
            Viens! »

                L'Ange

« Que l'ange Espoir au pied du trône
« Verse tes vœux avec les miens!
« Cueillons les astres, lys que donne
« Dieu pour faire aux morts leur couronne!
            Viens! »

Quelle aile a-t-il pris pour suaire?
La vôtre, ange? Ohl, est-il des tiens?
Car, berçant lentement sa bière,
Sa mère sanglote en prière :
            « Viens!... »

                                    Décembre 1859

                    4

            CHANSON DU FOL

                    I

Vivent les castagnettes!
Tac! tac! tac! les clochettes,
        Les boléros!

Per el rey, quand je danse,
Plus que la diligence
        Et ses grelots,

Je sonne! — Par la ville
Aux doux soirs de Séville
        Dig! il n'est pas

De nain qui plus lutine
Que le fou de Rosine
        Ha! ha! ha! ha!

                    98

Dig! après la perruche
Qui sur son doigt se juche,
      Son favori

C'est moi, qui toujours saute
Chante, bois, et ressaute,
      Qui toujours ris!

Je n'atteins pas l'oreille
Du grand chien noir qui veille
      La nuit, Pepo!

II

Doña fit ma marotte
De satin vert! Ma botte
      D'or et de peau

Défierait la bottine
De soie où se dandine
      Son pied mignon.

Le soir, quand à la brume,
Le citronnier parfume
      Son frais balcon,

J'entends la sérénade,
Je ris et je gambade
      Puis quand tout dort,

Quand la lune maligne
Rit et de l'œil me cligne,
      Vers Almandor

Je mène la comtesse,
Un ange, une tigresse!
      Que de baisers

Sur le sein, sur la joue!
Et quand sa main dénoue
      Sans y penser

Son noir corset de soie
Qui craque, et que de joie
      L'œil scintillant

Plonge au fond de la taille,
Quand le hibou les raille,
      Moi, j'en vois tant,

Que mi señor l'Évêque
Au gros nez de pastèque
            — S'il le pouvait! —

Qu'un duc d'Andalousie
D'un œil de jalousie,
            — S'il le savait! —

Lorgneraient ma marotte!
— Parfois je lui chuchotte
            Des mots bien doux!

La doña de sourire,
De sourire et de dire :
            « Oh! petit fou!... »

Pour chasser une mouche
Quand je pose ma bouche
            Sur son sein brun :

Quand je sens de la rose
Qui sur son cœur repose
            Le doux parfum,

Jamais sur mon visage
Palmada* ne voyage
            Dig! de la main

De son amant fidèle :
Pour lui comme pour elle
            Je suis un nain!

                    III

Dig! Dig! Dig! les alcades
Pendant les promenades
            De señora

Je les envoie au diable!
— Au Diable — acte pendable! —
            Et cætera!

Quand le soleil nous lance
Ses rayons, je balance
            Sur son beau col

_____

* « Soufflet » en espagnol.

100

Ou sur sa brune épaule,
En chantant un chant drôle,
      Un parasol.

IV

Quand au bal tout est flamme,
Tout est or, tout est femme,
      « Oh! petit fou,

« Sans tarder, en cadence
« Danse-nous une danse!
      « Oh! Danse-nous!... »

— Je lève ma babouche
Rose comme la bouche
      Des señoras :

Et, dig! dig! je sautille....
Car tout cet or qui brille
      Sur leurs beaux bras,

Car cette fine lame
Que porte au sein la dame
      De l'alguazil,

Cette noire mantille,
Ce Xérès qui pétille
      Et, vieux Brésil!

Tes cocos et grenades
Après danse et roulades
      Seront à moi!

Lors, au seigneur Cramornes
Je ferai mille cornes
      De mes deux doigts!...

Il dit que la gargouille
De l'Alcazar, que mouille
      L'eau du bon Dieu,

A moins affreuses faces,
Fait moins laides grimaces
      Que moi, Mordieu!

101

V

La nuit.... — Bonsoir mesdames,
Je cours puiser des flammes
    Au rendez-vous!

Devinez mon amante!....
— C'est la lune, ma tante,
    Qui rit à tous!

Tral-lo-los!... Ah! l'alcade
Vient... Adieu cavalcade*....
    Dig! filons doux!

Mars 1859

* La scène est à un rendez-vous de chasse : il parle aux amazones.

« Tuez dix mille hommes, mais n'arra-
chez pas une patte à une araignée »

5

LA COLÈRE D'ALLAH!

Siben-abd-Alimah, dont le père est au ciel
Pour avoir aux mendiants distribué du miel
Quand, sous chaque épi blond faisant naître une épine,
Par les moissons planait l'Ange de la famine,
Siben-abd-Alimah, fils d'Hahr, aimait mieux voir
Jaillir sur le poitrail de son fier cheval noir
Le sang d'un ennemi qui râle une prière
Et du coursier piaffant déchire la crinière,
Que l'esclave enivrée, au son du gai tambour
Verser sur ses flancs nus et gonflés par l'amour
Le vin chaud du palmier qu'elle ne peut plus boire.
Le sang était sa soif, et le meurtre sa gloire.
Sur un lit de boas, il étendait cent Juifs :
Et ses éléphants blancs broyaient leurs fronts plaintifs
Au son des trompes d'or, aux rires des sultanes,
Comme, au bois où tout craque, ils foulent les lianes.
Les aigles du Sahra, sur ses sanglantes tours
Que blanchissait la lune, arrachaient aux vautours
Les têtes des chrétiens, violettes et pâles,
Qu'entrechoquaient la nuit de lugubre[s] rafales.
Prosterné sous ses pas, le peuple hurlait : « Le Grand! »

Allah le regardait d'un œil indifférent.

102

Quand il avait pâli dans les bras d'une amante,
Dormi dans ses cheveux, flots noirs et parfumés,
Quand le ciel empourpré, jetant sa sombre mante,
Fondait les astres blancs dans l'azur clair-semés,
Ce n'était pas l'oiseau chantant dans la rosée,
Ce n'était pas le vent sur la vague embrasée,
Ce n'était un baiser, ce n'était l'hymne saint
Qui chassaient le sommeil de son regard éteint,
Mais un tigre mordant l'or de sa jongle riche,
Ou roulant, en grondant, le crâne d'un derviche!
Alors prenant l'enfant dont les baisers du soir
Et les fades parfums faisaient languir l'œil noir,
Comme un lys qu'on effeuille et qu'on jette à l'écume
Il la dépose nue en sa natte de plume
Aux pieds du tigre aimé qui, Sultan à son tour,
Boit la mort dans la coupe où Siben but l'amour!

Allah le regardait, froid comme un dieu de marbre.

Or un soir que dans l'ambre et l'or — au pied d'un arbre
Qui berçait trois pendus — il fumait en rêvant
Aux nonnes dont l'œil bleu pleurait le noir couvent,
Non pour ce qu'au sérail elles ne restaient vierges,
Mais parce qu'au vieux cloître, à la lueur des cierges
On pouvait être aimé sans être dévoré,
— Un soir que du chibouk un nuage azuré
Ondulait follement sur son turban de moire,
Que la brise était calme et l'aile des nuits, noire,
Que les tambours de basque et le triangle d'or,
Que la danse, où la vierge en prenant son essor
Lance aux vents une rose effeuillée et tremblante
Qui sur les noirs cheveux tombe en pluie odorante,
Que tout jusqu'au   ce diamant ailé,
Tout s'était endormi, tout s'était envolé, —
Les songes seuls frôlaient de leur aile argentée
Les longs cils de Siben — ... il voyait une fée....
Quand un grillon gémit sur le front du rêveur
Qui soudain s'éveilla! — Furieux, au chanteur
Dans son chibouk brûlant Siben creuse une bière.

Dieu fronça le sourcil et lança son tonnerre.

Décembre 1859

103

6

BILLET DU SOIR

[*manque*]

7

CHANT D'IVRESSE

J'aime l'Espagne... —
Le clair champagne
Dans le cristal
Oriental
Mousse et pétille :
Ma brune fille,
Ma Mouriñas
Entre mes bras
Palpite et pâme :
Son pâle sein
Nu, sous la flamme

De mes baisers, san[s] frein
    Frémit. Minette,
Oh! qu'il est beau ton corps
Quand d'amour tu te tords! —
Là — prend[s] ta castagnette
    Et danse encor!
Danse, danse, ô brunette,
    Un boléro.
. . . .
    Bravo! Bravo!
. . . .
Mon poignard de Tolède,
Mon casino de roi
Tout l'or que je possède
    Seront à toi.
    Je t'aime, écoute....
Toujours je t'aimerai!
Pour toi je verserai
Mon sang; belle, n'en doute!
    Viens!... sur moi goûte

Le champagne au flot pur.
    — Vague d'azur
Toi dont la blanche écume
Fut mère de Vénus

Dis-moi, quand à la brume
            Ses blancs seins nus,
Au murmure de l'onde,
Palpitaient sous sa blonde
Chevelure, Ah! dis-moi
            Frémis-tu, toi?

Frémis-tu comme danse,
            Danse en cadence
Le champagne lutin
            Sous la lèvre polie
De ma maîtresse au teint
            D'Andalousie?

Janvier 1859

8

BILLET DU MATIN

à Mignonne

La nuit tord sur les prés ses cheveux pleins d'étoiles,
Et la rosée épanche en tombant de leurs voiles,
Aux lilas sa senteur, sa fraîcheur à l'oiseau,
— La nuit tord sur les prés ses cheveux pleins d'étoiles,
Toi, relève les tiens d'un souple et vert roseau.

On voit fuir par l'azur la lune vague et blanche,
Comme une fée, en l'eau qui mire la pervenche.
Le nid fait sa prière et tout va s'empourprer....
— Vois glisser dans l'azur la lune molle et blanche,
Un astre fuit, Mignonne, à toi de te montrer!

La rose aime le lys, — tous deux aiment Mignonne
La violette semble en la mousse une nonne,
Le grillon, franc luron, frappe à sa feuille en pleurs...
— La rose aime le lys, tous deux aiment Mignonne

[la suite manque]

9

MA BIBLIOTHÈQUE

[manque]

LES TROIS!

Ils étaient trois à face brune
Sous leur vieille tente commune
      Les joyeux zingaris!
La lèvre au front de leurs maîtresses,
Gais, ils déposaient sur leurs tresses
      Des baisers et des lys!

Elles étaient trois jeunes blondes,
— Sveltes comme un jonc dans les ondes, —
      Sur leurs tambours crevés.
Sous leurs cheveux épars, scintille
Un œil bleu, comme à l'aube brille
      Un bluet dans les blés!

Autour d'un foyer qui se meure
A la neige qui les effleure
      Ils jettent tous leur chant!
Leur chœur monte avec l'étincelle
Narguant l'orage et sa sombre aile,
      Comme la mouette le vent!

Un grillon suit leurs voix dans l'âtre —
La lune, à leur gaze folâtre
      Met des paillettes d'or :
Sous les haillons les flammes blanches
Luisent, comme entre les pervenches
      Un ver luisant qui dort!

Le silence vint, lutin sombre....
Sur la sente les feuilles d'ombre
      Bruirent sans accord :
Le feu râla, tordant ses branches,
Puis montèrent ses flammes blanches
      Comme l'âme d'un mort!...

Sur son sein effeuillant des roses,
Et, ses castagnettes mi-closes,
      L'une, — elle avait seize ans —
D'un pied nu frappa l'herbe verte
Et tourna.... la bouche entr'ouverte
      Ses cheveux noirs flottants....

Elle était belle et décoiffée,
Sous ses longs cils deux yeux de fée
      Étoilaient cette nuit :

Elle dansa jusqu'à l'aurore
Et tomba défaite, incolore....
      — Elle est morte depuis.

Ils mirent près de son noir masque
Sur sa tombe un tambour de basque
      Plein de lierre et de pleurs
Et de leur tente une hirondelle,
Belle et vagabonde comme elle,
      Va lui porter des fleurs!

On pleura... puis la gaîté folle
Revint, et sur une auréole
      Danse l'ombre d'Emma!
Sa jupe est un rayon de lune.....
— Ils étaient trois à face brune
      Le siècle le saura!

Novembre 1859

11

BALLADE

(Air : Je suis un enfant gâté)

J'aime une fille bohème
      Au pied leste et fin :
Je la vis sous un roc blême
      Qui sortait du bain :
Dessous ses tresses d'ébène,
Noires ailes de corbeau,
Brillait un œil aussi beau
      Que la lune pleine!

L'eau ruisselait sur son sein,
      Fleur sous la rosée!
Sur son genou purpurin
      L'algue est renversée... —
Là, muette et souriant
Tu contemplais sur la lame
Ton frais minois, rose femme,
      Que berçait le vent!

Depuis mon cœur est de flamme!
      Dans mon rêve au soir
Je vois le sein de ma dame
      Effleurer l'air noir!...

107

Et, sur un rayon de lune
Qui sur mon front dort moqueur,
Comme un lutin vers mon cœur
      Descendre ma brune!

Mais sur son aile diaphane
      D'azur étoilé,
Je vois d'une courtisane
      Le flanc mi-voilé!
Sur sa lèvre d'ange affable
Voltige un souris méchant
Comme le tien, ô Satan.......
      — Si j'aimais le diable!

Juin 1859

12

LE LIERRE MAUDIT

Ballade

Sous un vieux lierre où le roitelet chante
Rit, comme un nid, une tour en débris.
Dieg est parti pour la guerre sanglante
Avec Ponto, sa cavale au flanc gris,
Son cœur brûlant, sa carabine fière!
L'âtre se meure au chant de sa Mouñas.
— Au clair de lune, allez, brunes doñas :
Le sylphe dort aux fleurs de la bruyère.

Elle voit fuir de l'âtre une étincelle
Elle entend fuir de ses fils un : « Adieu... »
Un bouclier que la hache dentèle
Comme à leur père est leur berceau! — « Mon Dieu!
« La triste nuit! quelqu'un dort en sa bière :
« Au vieux beffroi j'entends tinter un glas! »
— Au clair de lune, allez, brunes doñas [:]
Le sylphe dort aux fleurs de la bruyère.

« Ô chers enfants, vous qui rêvez aux anges,
« Dormez riants, sans entendre l'airain!
« Ciel! il murmure aux nuits des mots étranges!
« Ah! si don Dieg..... — non, son astre est serein....
« Quand il me prit un soir au monastère,
« Il dit aux cieux : Mon astre, ne meurs pas! »
— Au clair de lune allez, brunes doñas :
Le sylphe dort aux fleurs de la bruyère.

108

« Or l'astre ami protégea sa maîtresse!
« La poudre au flanc volait notre Ponto :
« Aux blancs reflets de la lune traîtresse
« Je vis dans l'algue aux bords verts d'un ruisseau
« Le turban d'or des Maures en prière :
« Et j'entendis, ô moines noirs, vos pas!
— Au clair de lune allez, brunes doñas :
Le sylphe dort aux fleurs de la bruyère.

« L'astre brillait dans les branches bleuâtres :
« Au sein de Dieg aurais-je pu pâlir?
« Du moine sombre, ou du Maure sans âtres
« Le plus impur.... je ne puis le trahir!
« Qu'être nonnette ou preste bayadère
« J'aimerais mieux, Diable, être en tes grands lacs! »
— Au clair de lune, allez, brunes doñas;
Le sylphe dort aux fleurs de la bruyère.

« Oui, dans tes lacs!... » à sa vive parole
Le son du cor, aux rocs noirs, fit écho.....
Du pur berceau se voila l'auréole...
Mouñas trembla, puis vit un hidalgo!
— « Pleurez, dit-il[,] sous votre toit de lierre.... »
— « M'annoncez-vous de don Dieg le trépas?... »
— Au clair de lune, allez, brunes doñas :
Le sylphe dort aux fleurs de la bruyère.

« Don Dieg!... eh! tiens, nos tentes sont communes,
« — Sauf son harem — à l'ombre du drapeau!
« S'il était mort.... ce serait sur ses brunes!... »
L'hôte portait plume blanche au chapeau,
Et se drapait dans sa pourpre pour plaire!
Sa pourpre avait des trous du haut en bas!...
— Au clair de lune, allez, brunes doñas :
Le sylphe dort aux fleurs de la bruyère.

« Et sa Mouñas!... » gémit la mère en larmes.
— « J'étais prophète!.. on pleure, bel œil noir,
« Sur les longs jours qu'on ignora mes charmes!
« Je vous aime!... Oh! venez à mon manoir!
« Dans l'ombre, au ciel se dresse ma vieille aire
« Comme un vautour sur le champ des combats! »
— Au clair de lune, allez, brunes doñas :
Le sylphe dort aux fleurs de la bruyère.

                                        [donne! »
— « Ton nom?... non, fuis!.. Mon Dieg...» — « Il t'aban-
— « Je l'aime encor : lui, n'a pas pu changer! »
— « L'amour trompé ne veut pas qu'on pardonne. »
— « Oh! je vous hais!... mais je dois me venger! »

109

Mouñas pleurant murmure une prière
Au pur berceau... baise deux petits bras...
— Au clair de lune, allez, brunes doñas :
Le sylphe dort aux fleurs de la bruyère.

La gorge au vent, la blonde sous la mante
De l'hidalgo fuyait, pleurant encor :
Un baiser vint sur sa gorge tremblante
Et dans les airs s'élança l'homme au cor :
Son vol traçait un sillon de lumière....
Mouñas frémit... c'était don SATANAS!..
— Au clair de lune, allez, brunes doñas :
Le sylphe dort aux fleurs de la bruyère.

Le beffroi noir jeta sa voix aux ombres....
Un spectre blanc parut sous un arceau :
L' astre de Dieg luit sur les chênes sombres.
— « Ton époux, femme! Ô mère, ton berceau!... »
Le spectre dit et sur la froide pierre
Lança Satan et son amante, hélas!
— Au clair de lune, allez brunes doñas :
Le sylphe dort aux fleurs de la bruyère.

Le sein d'un aigle, ô Mouñas, fut ta tombe!
Satan, riant, vola vers ses enfers.....
Le spectre pâle a, plus qu'une colombe
Sur son nid mort, versé de pleurs amers....
Mais tous ses pleurs n'ont des feuilles du LIERRE.
Démon, lavé le sang que tu versas!
— Aux clairs de lune, allez, brunes doñas :
Le sylphe dort aux fleurs de la bruyère!

Juin 1859

13

INDE

[*manque*]

14

LŒDA

Idylle antique

La brise en se jouant courbe les jeunes fleurs,
Le myrthe de Vénus embaume les prairies,
Et l'onde s'enfuyant dans sa rive fleurie
Murmure son amour aux herbages en pleurs.

Le soleil de sa pourpre embrase la colline,
Philomèle bercée aux branches du laurier
Jette ses derniers chants au printemps qui décline :
Dans les rochers se perd la voix du chevrier.

Effleurant le gazon de mille pieds d'albâtre,
Les nymphes en riant fuient un faune lascif :
L'une d'un luth divin tire un accord plaintif
L'autre saisit au vol un papillon folâtre.

Lœda, le front rêveur, voile son sein vermeil
Comme un marbre sacré de longues tresses blondes,
Lœda, que ses sœurs croient dans les bras du sommeil
Rit au coquet portrait que balancent les ondes :

« Le pampre n'a vingt fois verdi dans mes cheveux,
« Je suis à mon printemps et personne ne m'aime!
« Pauvre Lœda, ton cœur doit donc vivre en lui-même!
« Aux doux soirs, nul baiser ne couronne mes vœux!

« Sous le sein de Tyndare aucun feu ne siège...
« On me croirait sa fille! — Oh! pour les têtes d'or
« Les nuits sont sans bonheur près des cheveux de neige.
« Il aima trop, enfant : vieillard, sa flamme dort! »

Le tambourin léger, les flûtes doriennes
Éveillent la rêveuse.... elle sourit au bruit,
Puis, égayant son œil, dit aux musiciennes
« Chères sœurs, l'onde est fraîche : avant qu'il ne soit nuit

« Folâtrons en cette eau dont la fraîcheur repose!
« Un chalumeau de Pan à celle dont la main
« Fendant l'onde qui dort viendra parer mon sein
« De cette fleur humide! » Elle dit : une rose

Vole et ride le flot... les nymphes à sa voix
Rasent de leurs seins nus l'eau qui frémit d'ivresse.

A leurs doigts blancs la fleur échappe mille fois....
Lys la saisit... La flûte à Lys la chasseresse!

Non : un flot la ravit.... : Sortant des verts roseaux
Un col flexible et blanc se courbe et plonge en l'onde...
La fleur que la fraîcheur, comme au matin, inonde
Pare le bec d'un cygne et vogue sur les eaux.

Lys pâlit interdite et ses sœurs sont muettes!
« Ô Lœda!.. » dit l'oiseau « laisse-moi sur ton sein
« Poser avec la fleur un baiser!.... Tu rejettes   [d'airain!
« Ce vœu? c'est mon prix! Non : ton cœur n'est point

« Le chalumeau des bois est un don vain au cygne :
« Quand il chante à l'aurore, il se tait au couchant...
« Las! par sa mort les Dieux font expier son chant!
« A lui l'amour! son feu de tes charmes est digne. »

Lœda rougit, tourna son œil bleu vers le pré,
Et vit qu'elle était seule. Il est soir : des dryades
L'essaim gracieux dort en son antre sacré.....
« Je t'aime! » dit l'oiseau, « ravi, sous les cascades

« J'ai vu l'eau ruisseler sur ton corps, de mon nid!
« Je t'aimai... » murmurant cette parole douce
Il ploya son blanc col moelleux comme la mousse
Autour du sein brûlant de la nymphe qui rit.

Lœda voit à son front scintiller une étoile!
« Qui donc es-tu? qui donc? cygne au baiser de miel? »
Dit-elle en palpitant. — « Ton amant! » — « Oh! dévoile
« Ton nom, cœur enivrant! » — « Lœda, le roi du ciel! »

Jupiter!.. à ce nom, mollement son sein rose
Plein d'amour se noya dans le sein ondoyant
Du cygne au col neigeux qui sur son cœur riant
Cueille d'ardents baisers. Sous son aile il dépose

La nymphe frémissante : ils ne forment qu'un corps.
Lœda se renversa, la paupière mi-close,
Ses lèvres s'entrouvrant... sourit dans cette pose...
— Et la nuit tomba noire et voila leurs transports.

Avril 1859

15

AU BOIS DE NOISETIERS

Chanson

Au bois où sur les violettes
La lune étend son linceul argenté
　　Brune, viens cueillir des noisettes!
Viens! — Mêlera le rossignol d'été
　　Ses chants perlés à ta risée!
Viens! — Mouillera ton bras blanc velouté
　　Le lierre où tremble la rosée!

Ange, en odorantes bouffées
Le vent du soir jouera par tes cheveux!
　　Et sur tes nattes décoiffées
Fera neiger l'aubépin odorant!
　　Et, folle et boudeuse coquette,
Sur votre lèvre on prendra — <si je peux!... —>
　　Un baiser avec la noisette.

Février 1860

II. ÉLÉGIES

1

SUR LA TOMBE DE BÉRANGER

Fragment

Il gît sous cette pierre! — où la rose naissante,
Voulant mêler son deuil au deuil de l'univers,
Comme sous la funeste haleine des hivers
　　Courbe sa tête languissante :

Où le sombre cyprès, dernier ami du mort,
Vers le sol répandant la tremblante rosée
Que la nuit, en fuyant, sur sa feuille a versée
　　Semble pleurer son triste sort....

Il est là pour toujours!... et sa langue glacée
Ne rendra plus, hélas! ces accents qu'autrefois

113

La patrie et l'amour donnèrent à sa voix.
Sa lyre est à jamais brisée!..

. . . .

Septembre 1859

2

ADIEU !   « She* has departed!... »
                              L. Byron

Fragment

Noirs autans. Ah! cessez de souffler la tempête
Et d'enfanter les pleurs! Qu'un ciel limpide et pur
De l'aurore au couchant s'étende sur sa tête :
          Que l'onde à ses pieds soit d'azur!

En murmurant son nom que la vague se brise!
Et que, resplendissant des derniers feux du jour,
Le flot s'unisse au flot et la brise à la brise
          Pour bercer ses rêves d'amour!

Et toi, rapide nef, qui quittes ce rivage
Où la lame écumante au chant de ma douleur
Mêle sa voix plaintive, ô douloureuse image
          De l'espoir qu'a vu fuir mon cœur!...

. . . .

Juillet 1858.

* Em. Sul.

3

SA FOSSE EST CREUSÉE !..

A Dieu

I

Il sera dit, Seigneur, qu'avec les épis d'or
Elle aura vu tomber son front, où l'auréole,
Qui d'ans en ans pâlit, étincelait encor!
Qu'avant le soir ta main a fermé sa corolle!

114

Il sera dit qu'un jour jaloux de sa beauté
Tu lanças sur son toit l'archange à l'aile noire!
Que tu brisas sa coupe avant qu'elle y pût boire :
Qu'elle avait dix-sept ans, qu'elle a l'éternité!

Il sera dit, — malheur! — que, fleuri sous ta serre,
Son berceau, frêle espoir, fut son cercueil un jour
Sans avoir vu dans l'ombre errer un nom d'amour!
Il sera dit qu'au nid tu gardes ton tonnerre!

Non! la rose qui rit sur une tresse blonde,
Au bal, quand le cœur rêve et l'horizon est beau,
Ne doit point se faner demain sur un tombeau!
Que ta rosée, ô ciel, et non des pleurs, l'inonde!

Non! — Mon Harriet sourit lorsque les chants ailés
Que le soir à son cœur murmure avec la brise
Soufflent : Amour... Espoir... et mille mots voilés!
Non! — Sa joue est de flamme et son corps s'aérise!

Son regard d'une étoile a pris une étincelle
Qui brille, astre d'un soir, sur un orbe d'azur
Dont la fatigue seule, en la rasant de l'aile,
A, jusqu'à l'autre aurore, entouré son œil pur!

Mère, dors! l'œil mouillé, ne compte pas les heures!
— Parce que ton enfant te fait mettre à genoux,
Qu'un céleste reflet luit à son front, tu pleures....
Qui sait? un ange peut s'égarer parmi nous!

Il peut.... Mais, ô Seigneur, pourquoi moi qui console
Sens-je sous ma paupière une larme glisser?
Ne pares-tu son front qu'afin qu'elle s'envole?
Dépouille-t-elle ici ce qu'elle y doit laisser?

Ton lys prend l'or du ciel avant que tu le cueilles!
Oui, le corps, jour par jour, voit fuir en son été
Ce qu'il a de mortel, comme un arbre ses feuilles!
Et l'on se fait enfant pour l'immortalité!

Chaque chant de l'horloge est un adieu funèbre :
Ô Deuil! un jour viendra que ce sera son glas!
Heure par heure, glisse un pas dans les ténèbres :
C'est le pied de la mort qui ne recule pas!

Lorsque son œil rêveur voit dans l'azur qu'il dore
S'élever le soleil derrière un mont neigeux,
Son cœur bat : elle est morne et crie en pleurs aux cieux :
« Hier! hier! hier! rendez-moi son aurore! »

Hier! hier!... il est bien loin!
Le temps a soufflé dans sa voile!
Non! hier à ce jour n'est joint
Que par la chute d'une étoile!
Hier! spectre, que nous priions
A genoux : — et dont nous rions!
Astre qui dans la nuit immense
S'éteint sombre de souvenir
Lui qui brillait tant d'espérance!
— Hier ne peut plus revenir!

Hier, la fleur pâlie!... hier, le rocher sombre
Qui se dressait géant — et qu'a rongé le flot!...
Hier, un soleil mort! une gloire dans l'ombre!
Hier!... qui fut ma vie, et qui n'est plus qu'un mot!

III

Ô mal* traître et cruel! la vierge se fait ange
Pour éblouir nos yeux avant d'aller à Dieu!
Nous voulons l'admirer... — l'aimer... — une aile étrange
Sous nos baisers blanchit... puis un jour dit adieu!

Sa mère en son linceul voudra dormir comme elle!
— « Sa mère, elle n'en a, tombée un jour du ciel! »
— Mais une femme au moins lui prêta sa mamelle,
La berça de longs soirs, la bénit à Noël!

Mais ses sœurs chaque jour la voient quitter la terre!
Ses trois sœurs que sa tête — ainsi qu'un épi d'or
Règne sur la moisson — domine à la prière!
— « Sa sœur est l'ange : au ciel elle prend son essor. »

Mais ses frères naissants, ne voyant plus dans l'ombre
Au dortoir enfantin sa céleste lueur,
Demanderont le soir à leur père, front sombre,
Seuls riants dans les pleurs : « Où donc est notre sœur? »

Où donc est votre sœur — elle est où l'a ravie
Dieu que vous bénissez et qui brise les cœurs
Et c'est pour vous apprendre à pleurer dans la vie
[vers manque]

Et les pauvres diront : « Voici l'hiver qui glace! »
Sous la brise les fleurs chanteront : Dies irae!...

---

* Harriet Smythe est morte de la poitrine

Jour de colère... eh! non, pour Dieu sans pleurs il passe.
    — Et moi, je maudirai!

Dieu, ton plaisir jaloux est de briser les cœurs!
Tu bats de tes autans le flot où tu te mires!
— Oh! pour faire, Seigneur un seul de tes sourires,
    Combien faut-il donc de nos pleurs?

1er juillet 1859

4

SA TOMBE EST FERMÉE !..

11 juillet 1854 [*sic*]

« A notre maison blanche où chante l'hirondelle,
« Dans un bois verdoyant, vous viendrez » disait-elle
« Nous cueillerons les fleurs que cachent les grands blés,
« Le soleil, qui les dore, a fait mes pieds ailés,
« Et, le soir, au foyer où chaque cœur s'épanche
« Nous ferons pour ma mère une couronne blanche... »

La fleur rit aux épis : l'alcyon chante encor
Elle seule a passé.... — Sous un saule elle dort.

Albion! Albion! vieux roc que bat l'écume
Devais-tu donc lui faire un linceul de ta brume!
On ne savait donc pas que sous ton sombre ciel
Le soir où dort la fleur est un soir éternel!
Et qu'au lieu de rosée, aux reflets de l'aurore,
Des pleurs inondent seuls son calice incolore!
Non. Son père l'aimait, vieillard à qui les ans
N'ont point ravi l'amour pour prix des cheveux blancs,
Et l'amour, comme on sait, est sœur de l'espérance.
Il disait, plein d'espoir : « Dieu que le ciel encense
« Ne peut point envier l'ange de notre toit. »
Car le soir, au foyer, quand son timide doigt
Dans la bible aux clous d'or où prièrent ses pères
Faisait épeler « Ruth » à ses deux jeunes frères,
Le soir, on eût pensé qu'un ange voyageur,
Comme ceux qu'ils voyaient au livre du Seigneur,
Sous leur tente venait révéler ses purs charmes,
Et bénir la famille, et sécher quelques larmes,
Et porter aux enfants un baiser du Très-Haut!

Que vont-ils devenir, hélas! loin de son aile
Sous laquelle, en volant du foyer, l'étincelle

Brillait comme une étoile et rappelait les cieux?
A Noël, quand vibrait son chant mélodieux,
Un silence pieux planait sur chaque tête :
Seule, la mère, au soir, songeant à l'autre fête,
Sentait battre son cœur et se mouiller son œil.
Elle, riant, disait : « Mère, pourquoi ce deuil?.. »

Pourquoi ce deuil, ô mère? Harriet est l'auréole
Qui luit sur sa famille et dont l'éclat console.

C'était l'âme de tout! La France au ciel d'azur
A pleuré de la voir fuir son beau soleil pur.
Son lac américain, où le Niagara brise
L'algue blanche d'écume, a gémi sous la brise :
« La mirerons-nous plus, comme aux hivers passés? »
Car, comme la mouette aux flots qu'elle a rasés
Jette un écho joyeux, une plume de l'aile,
Elle donna partout un doux souvenir d'elle!
De tout... que reste-t-il? que nous peut-on montrer?

Un nom!... sur un cercueil où je ne puis pleurer!
Un nom!... qu'effaceront le temps et le lierre!
Un nom!... couvert de pleurs, et demain de poussière
Et tout est dit!
         Oh! non! doit-on donc l'oublier?
Qui sut se faire aimer ne meurt pas tout entier!
On laisse sa mémoire, ainsi qu'aux nuits l'étoile
Laisse un pâle reflet, que nulle ombre ne voile :
Et, mort en son cercueil, on revit dans les cœurs!
Non!... tout n'est pas perdu! Pour endormir leurs pleurs
Le soir elle viendra sous les ailes d'un ange
A ses sœurs murmurer des neuf chœurs la louange!
Dans leurs rêves dorés ses frères sur leur front
Sentiront un baiser, et, ravis, souriront.
Quand la brise des nuits sous la lune argentée
Gémira par le parc en la feuille embaumée,
On la verra passer comme une ombre d'azur
Et le matin la fleur sera d'un bleu plus pur!

Enfants, oh! pleurez-la comme une sœur éteinte,
Mais aussi priez-la comme on prie une sainte
Le soir, à la prière où manquera sa voix,
N'oubliez pas un nom gravé sous une croix!
Car c'était une vierge au regard d'innocence
Que le ciel vous prêta pour bénir votre enfance :
Il lui rendit son aile, elle revint à Dieu!
Mais en partant, du moins elle vous dit : adieu...
Vous avez sur ce lit, où notre rêve expire,
Baisé sa main tremblante, en son dernier sourire!

Hélas! plus que le vôtre il est un cœur brisé!
Loin, derrière les flots, rêvant au lys glacé
Une sœur, l'œil en pleurs, a maudit l'espérance
Qui lui disait, trompeuse : « Aux lacs de ton enfance
« Retourne la première : avec les fleurs, l'été
« Va rendre, à toi ta sœur, à ta sœur sa santé! »
Au cercueil elle aussi va demander sa couche
Pour n'avoir pas, hélas! recueilli sur ta bouche,
Harriet, ce mot d'un cœur qui se fait immortel,
Le dernier de la terre et le premier du ciel!
Ah! pleure infortunée! En ta barque perdue
Seule tu n'auras point pour reposer ta vue,
Ce tableau déchirant, mais qui brille si doux,
De l'ange qui bénit sa famille à genoux!
Et moi.... N'était-ce assez pour ta faux déplorée,
Dieu, d'avoir moissonné ma sœur, rose égarée
Dans les épis que l'âge a courbés vers le sol?

Non! à l'ange des morts tu marques un grand vol!

Et quand je pleure, ô Dieu, tu ris dans la fumée
Qu'exhale en blancs flocons, au ciel, l'urne embaumée.
Tu ris!... et comme toi rit l'heureux univers.
L'oiseau boit la rosée et chante dans les airs :
La fleur sous le zéphyr que sa senteur parfume
Berce le papillon qui, riant sur l'écume
Se mire au flot d'azur, écoute son doux chant :
Et le soleil n'a pas moins de pourpre au couchant,
Le lac n'est pas moins pur, sa voix n'est pas plus sombre,
De moins d'astres le ciel ne sème pas son ombre!
La nature dit : Joie, et l'écho chante : Amour!
Et, narguant mes pleurs, tout poursuit joyeux son jour!

Elle est morte!... et demain le siècle qui succombe
Lui donnera l'oubli, cette seconde tombe!
Foulant sa cendre aux pieds, les autres passeront
Sans prier à genoux, sans détourner le front!
D'autres épis comme elle avant qu'on ne moissonne
Tomberont..: d'autres pleurs couleront! et personne
En entendant ces noms, hélas! ne sourira!

« Elle est morte! » dit-on — puis chacun l'oubliera!

Pourquoi montrer ces cœurs, ô Dieu qui les protèges,
Pourquoi les faire aimer, si, comme pour les neiges
C'est assez d'un rayon.... pour fermer leur cercueil?
Fleur par fleur, chaque soir, on voit, la larme à l'œil,
S'effeuiller sa couronne — où demeure l'épine!
Éperdu dans ce deuil, on sent que l'on s'incline
Où va la feuille jaune, et qu'il faut, — ô destin! —

Plier sa tente un soir qui n'aura de matin!
On ignore pour qui sa larme coule — et prie!
Hier c'était ma sœur, aujourd'hui mon amie!
Cette nuit pour demain a filé mon linceul :
Couche m'y, sombre mort! je ne sais vivre seul.

Juillet 1859

Ces deux dernières pièces sont à la mémoire d'Harriet Smythe, morte de la poitrine dans l'été de 1859. Une larme sur sa tombe, ce n'est pas trop pour tous les sourires angéliques qu'elle nous donnait!

III. RÊVERIES

1   A celle qui dort.

HIER : AUJOURD'HUI : DEMAIN

Je murmurais sur sa tombe qui dort :
« Hier c'était la fleur aux feuilles d'or
« Qui souriait aux reflets de la lune
  « Ignorant encor le soleil!
  « Hier! c'était la tête brune :
  « Hier! le baiser de chacune :
  « Hier! l'œil noir, le ris vermeil!
  « Quand de sa candeur le voile
  « L'enveloppa comme un linceul!
  « Aujourd'hui, c'est la larme à l'œil!
  « C'est l'autel qui de noir se voile!
  « Oh! Maria! Maria! le cercueil
  « Est bien froid? — Pauvre Mariette!.. »
Et sa voix répondit d'où naît la violette :

« Hier! c'était dans la nuit sans étoile
« Le flot chantant un chant de mort! la voile
« Que sillonnait l'éclair, et qu'à l'écueil
  « Poussait le vent qui bat l'écume!
  « Hier! c'était le noir cercueil!
  « Hier! les pleurs! hier, le deuil!
  « Mais un bel ange sous la plume
  « De son aile me fit un nid,
  « Et prit son essor vers un monde
  « Où l'encens sur la tête blonde
  « Vole en nuage : où l'on dit :

120

« Père! » à Jéovah quand il gronde!
« Mon frère! » à l'ange Gabriel! —
« Aujourd'hui, c'est le ciel! Demain... sera le ciel! »

Mars 1859
En revenant du cimetière de Passy.

2

LES CLOCHES DES MORTS

Là.... les entendez-vous, — comme une vierge folle
Laisse onduler aux nuits ses noirs cheveux en flots
Et jette sa chanson au corbeau qui s'envole, —
Les entendez-vous bien, rejetant leurs manteaux
De siècles, ces deux sœurs murmurer leur prière?

    « Sœur, de notre trône de pierre,
    « Combien de générations,
    « Comment [*sic*] partent les alcyons,
    « Nous avons vues passer en bière!
    « Que de spectres, riants de fleurs,
    « De cercueils pleins de lys, de pleurs!
    « Depuis trois cents ans que de vierges
    « Dont nous avons sonné le glas!
    « Combien s'éteignirent de cierges!
    « Hélas!.. hé-las!.. hé-las!.. hé-las!... »

Messe de la Toussain[t] 1859

3

LE NUAGE

    Nuage es-tu l'écume
De l'océan céleste au flot limpide et pur?
    Es-tu la blanche plume
Que détacha la brise, en traversant l'azur,
    De l'aile d'un des anges?

    Es-tu, quand nos louanges,
Volent avec l'encens aux pieds d'Adonaï
    Le parfum que balance
Dans l'urne en feu, l'enfant devant la croix ravi?
    — Du ciel ou de la France

121

As-tu pris ton essor?
As-tu vu bien des flots, mainte verte prairie?
As-tu bercé ton ombre au marbre blanc où dort
     Du grand sommeil Marie,
Où la brise aux cyprès murmure un chant de mort?
« Oh! silence! silence! » alors dit le nuage :

     « Je suis l'envoyé du Seigneur.
« Je porte sur mon sein un blond enfant, de l'âge
     « Où l'on ne sait pas que l'on meurt.
« Je le pris : Il dormait sur le sein de sa mère :
     « L'aile d'un ange est son suaire! »

Mars 1859

4   A ma sœur

LARME

Oh! je voudrais pleurer! pleurer sous la feuillée
Loin des rires humains, loin du chant des oiseaux!
Pleurer.... sur qui? sur ceux dont la vie effeuillée,
Comme une fleur au vent, vola vers les tombeaux?...

Non : sur moi. — Car c'est moi qui suis le mort, mon ange,
C'est moi dont le cœur froid se revêt d'un linceul!
Moi.... qui rêve à l'azur, les deux pieds dans la fange.
J'ai tout perdu, ma pauvre,... — Oh! je voudrais pleurer!

Messe des morts 1859

5

TOUT PASSE !...

Tout passe : le printemps tombe sous la faucille
     Du blond été.
Tout passe : l'été voit se jaunir sa charmille
     Au vent hâté.
Tout passe : sur l'automne, ô vieux hiver, tu jettes
     Ton blanc manteau.
Tout passe : au gai printemps, la neige aux violettes
     Laisse un berceau.
L'homme coule, poussé par l'homme qui le suit
     Comme la lame!

122

— Tu restes seule, étoile en l'éternelle nuit,
      Seule, ô mon âme!

Si tu dois être fleur, éclos loin de la fange
      Sur un beau sein!
Si tu dois être flamme, oh! brille au front d'un ange,
      Cet oiseau saint!

Juillet 1859

6

A DIEU !

Seigneur, nous fis-tu pour t'aimer?
As-tu placé dans nos ténèbres
L'astre pour mieux nous en priver?
Veux-tu changer en fleurs funèbres
Le lilas qu'effeuille, la nuit,
Un amant sous un pas qui fuit?
De ton ciel ris-tu quand je pleure?
Ou, se perdent-ils, nos accents,
Sans qu'à tes pieds aucun ne meure,
Comme ces vains flots de l'encens?

Juillet 1859

7   à E. R.

PAN

C'est un ami qui frappe : il faut que tu l'accueilles!

Un soir, au mois de Mai, — mois qui prélude aux cieux! —
Se couronnait de fleurs, se revêtait de feuilles
La nature, riant sous le pied radieux
Du printemps qui semait l'amour avec les roses.
Or, ce soir-là, j'entrai dans leur temple poudreux
Pour voir leur Christ béni par leurs hymnes moroses.
J'eus des pleurs dans les yeux : ils effeuillaient les fleurs!
Les fleurs!... à peine ouvrant leurs feuilles à la vie,
Leur sein aux papillons, au jeune amour leurs cœurs!
Ils effeuillaient les fleurs sur l'haleine blanchie
De l'encens qui dans l'air se perd avec les chœurs!
Et devant un soleil d'argent, toutes ces têtes
Se courbaient... Seul debout, j'étais là frémissant,

123

Comme sur l'Océan, quand l'aile des tempêtes
A refoulé les flots d'un souffle mugissant,
Se dresse, inébranlable, un roc que bat l'écume.
Je ne maudissais pas — je demandais pardon.
« Oh! pardonne, ô grand Pan, à qui met l'amertume
« En la coupe où nous rit, saint et précieux don,
« L'onde qui de ton ciel reflète l'auréole!
« Pardonne-leur, mon Dieu, peut-être qu'au matin
« Une main sacrilège effeuilla leur corolle,
« Et que l'épine seule est restée, où ta main
« Avait semé la fleur! On détourna leur route..! »

Puis, le cœur débordé, je quittai le pilier
Dont l'ombre séculaire abrita plus d'un doute!

La nature m'offrit son toit hospitalier.
C'était le ciel immense étincelant d'étoiles!
L'infini!.. l'infini, mot sublime et profond!
— Ô mort, oh! laisse-moi percer un jour ses voiles,
Sans pleurs je dormirai dans mon tombeau fécond! —
Errant d'un astre d'or à l'étoile d'albâtre,
De la lueur pâlie à l'éclat radieux,
Mon âme s'abattit sur votre ombre bleuâtre....
Et je me prosternai, l'œil ébloui des cieux !
Orgueil!.. Orgueil!.. Orgueil!.. Qu'est Pan ? — et qu'est la terre?

Une larme noyée au sein d'un flot géant!
Une étincelle en l'ombre égarée, ô mystère!
Une feuille qu'un vent jette au gouffre béant!

Et l'homme qu'est-il donc?... Je ne pus que me taire.

L'Homme a dit : « Dieu jeta sur nos têtes la nuit,
« Ce grand manteau royal fleurdelisé d'étoiles!
« Pour moi, Dieu suspendit cette lampe qui luit
« A notre toit d'azur, le soleil pur de voiles!
« Pour moi qui vis un jour il fit l'éternité!... »
Je m'arrête, ô grand Dieu! Oh! retiens ton tonnerre!
Car ils ont... ils on[t] dit, stupide vanité,
Que ton ombre à l'aurore effleura notre terre!
Ton ombre!... c'était peu, — qu'un rayon éternel
De ta gloire tombé... ton fils... — ô sacrilège!
Pour ouvrir leur paupière avait quitté le ciel!
Et ton soleil, Seigneur, n'a pas fondu leur neige!
Pan!.. ils l'ont souffleté.... puis ils l'ont fait mourir!
Et chaque jour encor, levant un pain impie,
Un prêtre dit : « Mangez! c'est votre Dieu martyr! »
Et comme des corbeaux sur une aigle assoupie
Leur nuage s'abat... met en lambeaux son flanc....
Réveillant ton courroux que n'étends-tu ton aile

Pour balayer au loin tout ce flot insolent?

Ô Pan! fais de ma voix la trompette fidèle
Qui jette à l'univers au milieu des éclairs
Un éclat de ta voix, un feu de ta lumière!
Fais de moi ton archange!.. une aile dont les airs
Gardent la trace en feu comme de ton tonnerre!
J'irai, puis je dirai : « Déchirez le bandeau
« Qu'a jeté sur vos yeux une foi qui chancelle!
« Comme l'aigle expirant, jusqu'au jour du tombeau
« Volez vers le soleil! Ravissez l'étincelle!
« Qu'après sous le gazon chacun dorme serein
« Dans sa gloire qu'encor n'a su vaincre un désastre!
« Et vos enfants diront : Leur nom soit sur l'airain :
« Au front de notre siècle, ils ont placé leur astre! »

II

Oui, tout prie ici-bas, car tout aime et tout vit!
La brise chaque soir recueille le murmure
Du lac au flot d'azur, de l'arbre où dort le nid!
Chaque aurore qui naît, pose une goutte pure
Sur la lèvre odorante et sur l'or de la fleur!
C'est ta prière, ô rose, et ton hymne, ô bruyère,
Qu'au crépuscule hier le zéphyr recueillait,
Que Dieu bénit, et qui, pour le jour qu'il éclaire
T'apporte à toi ta pourpre, à toi ton doux reflet!

Lorsque la moisson d'or courbe sa tête blonde,
Quand l'algue en s'inclinant ride le cours du flot,
C'est que déborde un cœur que Pan d'amour inonde!
Et la reconnaissance a chez chacun son mot!

Salut, divine essence en la flamme et dans l'onde
Répandue, oh! salut! Le matin — quand la nuit
D'un pied hâtif s'enfuit, jeter l'œil sur la neige
Que couronne un vieux mont où quelqu'aigle a son nid,
Et voir l'orbe de feu qu'un frais repos allège
S'élever radieux vers son dôme d'azur,
Et dire avec les blés, et dire avec la vigne :
« Voilà Dieu qui s'avance... arrière, prêtre obscur! »
Voir, comme à nous la femme, en nos torrents doux cygne,
Le bluet rire au blé, le grand lierre à l'ormeau!
Le chêne s'enivrant, ô blanches clématites,
Du parfum virginal, vous soupirer ce mot :
« Je t'aime!.. » que tout dit, fleurs grandes aux petites,
Rose aux astres, la nuit; vague aux roseaux, le jour!
Voir le cyprès fidèle au papillon volage,
Même sur les tombeaux, souffler tout bas : « Amour! »

125

Voir, le soir, quand la nuit glisse dans le feuillage,
Tout clore sa paupière et dormir, las d'aimer!
Tout, sauf les rossignols, les grillons, mon amante
Fée au corset si fin que la guêpe le chante!
Voir, priant sur la mer, l'horizon s'enflammer,
Et, comme un roi vainqueur dans la pourpre se couche,
Sur le flot embrasé dormir l'astre géant!
— Oh! bonheur qu'un cœur sent, que ne dit nulle bouche!

Non! N'allez pas prier sur un autel-néant,
Hommes qui méditez, femmes qui de nos coupes
Parfumez l'onde pure et fleurissez les bords!
N'allez pas chaque soir, vous, angéliques troupes,
Devant le pain et l'or verser vos lents accords!
Laissez la harpe au temple, et ce livre où des voix
Qu'exhalent d'autres cœurs ne sont jamais bénies!
Laissez fumer l'encens devant l'idole-croix!
Venez, où dès l'aurore épand ses harmonies
L'oiseau pur, cette voix qu'aux arbres Dieu donna!
« Voilà l'ostensoir d'or.... il se lève sublime!.. »
A genoux, à genoux, entonnez l'hosanna
Qu'aux mers chante alcyon, l'aigle fauve à sa cime!
Voilà le psaume saint!... à chacun accessible,
Puisqu'un flot le murmure et qu'il parle d'amour!...

Gravis ce mont neigeux : jette ton œil autour :
Vois le ciel! vois la terre! Homme c'est là ta bible!

Juillet 1859

8

PRIÈRE A LA NATURE

[*manque*]

9

QUE FAIRE ?

[*manque*]

IV. ODELETTES - STANCES

AVEU

Pour moi l'âge d'or s'est enfui,
    Où je rêvais, ma lyre
Sur mon sein! cette aurore a lui
    Où j'aimais à redire

En cadence ris, amours, pleurs :
    Où je croyais aux anges
A l'aile étoilée, où les fleurs
    Disaient des mots étranges

A mon cœur! Oh! depuis lors
    Tout est changé! La fille
Pure, adieu! Adieu, rêves d'or!
    — Mais quand le vin pétille

Quand la grisette pâme, alors
    Je me réveille : au verre
Je vais demandant mes transports!
    — Mon luth ne sut que la prière!

Février 1859

VERS ÉCRITS SUR UN EXEMPLAIRE DES CONTEMPLATIONS

La France*, Hugo, déjà d'un noir linceul te voile,
    Comme l'on voile un mort!
La vipère en sifflant bave sur ton étoile,
    Et l'oison-vautour** mord
De son bec écumant les cordes de tes lyres!
    Hugo! Hugo! la voix
Du luth qui pleure un ange au ciel ravi, ta fille
    Dormant sous une croix,
Est une voix qui met au cœur bien des délires,
    A l'œil bien des sanglots!

127

Non! — Son astre en la nuit plus qu'un soleil scintille,
       « Il vit!.. » chantent les flots!

Février 1859

* « La France : nous disons les professeurs de belles-lettres et les maîtres
d'école — .. »
** « L'université — est-il besoin de le dire? »

3   Réponse improvisée

A P***

Puisqu'un cœur ne bat pas sous ton sein, qui respire
       Plus froid qu'un marbre de tombeau :
Puisque, quand un génie aime, pleure, ou délire,
       Ta langue ne dit point : c'est beau!..

Puisque tu ne sens pas, puisque tu n'as pas d'âme :
       Puisque ta tête est un luth d'or
Beau, mais sans voix ni corde, un encensoir sans flamme,
       Malheur!.. — non, je te plains encor!

Mars 1859

4   A Esp.

RÉPONSE

Je lisais tes beaux vers : — ton cœur me fit écho,
Tu trouves froide aussi la classique tisane —
Ce soir-là, je chantais un corsaire, Fosco.
Roi des mers : qui mieux est, roi d'une courtisane.

Le vieux Juif Ismaël déjà lançait son or
Aux flots noirs, et mourant, maudissait son étoile
Et Pépita la pâle, aux pleurs donnant essor
Pour la vie a couvert ses cheveux blonds d'un voile!

Tous deux à l'espérance avaient fermé leur cœur.
Oh! l'espoir, cette brise au frais parfum, qu'un ange
Souffle sur notre cœur comme sur une fleur,
Qui lui donne la vie et des chagrins le venge!

128

Et je te vis, comme eux, voguant sur ton esquif
Interroger le flot, l'âme grosse d'alarmes.
Va! navigue en riant et nargue le récif!
Sur des autans douteux ne verse point de larmes!

Eh! quoi faudrait-il donc s'endormir en son nid,
Quand hurle le mistral qui peut vous casser l'aile?
Parce que le soleil en aveuglant punit,
Faut-il baisser les yeux, sans ravir l'étincelle?

Non! ces sombres terreurs chasse-les de ton cœur!
Tu vois l'étoile au ciel : prends ton vol et t'élance!
Traverse les éclairs et redescends vainqueur
Portant l'astre à ton front et chantant l'Espérance!

Mars 1859

5

NE RIEZ PAS !

Stances

Ah! lorsque sous les pleurs d'un œil qui va s'éteindre
S'allume un feu si pur que c'est un feu du ciel!
Lorsque le teint perdant ce qu'il a de mortel
Séduit par son éclat, fleur qu'on aime sans craindre,
Mais qu'on vous dit : « Je meurs! j'entends tinter un glas!.. »
          Ami, ne riez pas!

Car Dieu met dans les cœurs des présages funèbres!
« Tu reviendras à moi! » dit-il à l'âme en deuil,
Et l'âme entend gémir le marbre du cercueil!
Car on sent que le corps s'en retourne aux ténèbres,
Et qu'une aile s'azure, au souffle de la mort,
          Pour prendre son essor!

Car celui, jeune ou vieux, dont l'œil plein de tristesse
En contemplant l'azur rayonne d'un éclair,
Car celui qui sourit, mais d'un sourire amer
Quand on lui montre au loin l'avenir et l'ivresse,

129

A qui son ange dit : « Vole, où l'on aime en paix!... »
        Ne se trompe jamais!

4 avril 1859

Oh! si dans ton amour quelqu'une de ces roses
Qui, riant au matin, jonchent la terre au soir,
Cherche, quand le vent glace, un doux rayon d'espoir,
Aime!... Aux baisers demain ses lèvres seront closes!
Mais que ton feu soit pur, pur comme un feu d'autel!
        Car ce cœur est au ciel!

5 avril 1859

6   A M. pour étrennes

ON DONNE CE QU'ON A

Le riche au pauvre, au froid automne,
Jette l'or où brille l'espoir :
Le mendiant lui fait l'aumône
Avec sa prière du soir!

L'Aube de sa paupière rose
Sur l'églantier épand ses pleurs :
L'églantier donne à l'aube éclose
Ses chants d'oiseau et ses senteurs!

Au goëland rasant l'écume
La vague offre un nid de corail :
L'oiseau laisse une blanche plume
Au flot que fend son bec d'émail.

Le peu qu'il a chacun le donne!
Enfant, c'est un baiser rieur :
Amant, des lilas en couronne :
Poëte, un écho de son cœur!

28 décembre 1859

CAUSERIE   D'ADIEU

C'est sur les murs croulants que naît la fleur d'azur,
Pour eux est son parfum : elle leur meurt fidèle!
C'est sur les vieilles tours que niche l'hirondelle :
Aux carillons mêlé son chant nous vient plus pur!

Le poëte et l'oiseau, la fleur et le poëte,
      Ami, sont frères sous le ciel :
Va donc dans ton vieux Caen chanter un vieux Noël,
      Mais parfois retourne la tête!

Caen, le soir, dans les flots par la lune argentés
      Mouille en dormant la mante grise
Qu'ont jetée autrefois sur son antique église
      Les ans, alcyons emportés.

C'est là qu'on rêve! ici, la sotte bourgeoisie
Comme une courtisane a plâtré le vieux Sens!
C'est là qu'on rêve, où dort sur les flots gémissants
L'étoile, comme en toi la sainte poësie!

Ainsi qu'au même roc chaque nuit tu verras
      Ami, mourir la même écume,
Quelqu'oiseau qu'ait ton toit, la joie ou l'amertume,
      Reviens à ceux que tu laissas!

Que ta pensée au soir vole vers leurs pensées!
      Car ils déplorent interdits
Ces jours, où l'arbre mort perd ses feuilles glacées
      Et le cœur, ses derniers amis!

Souviens-toi! Dieu sur nous mit une lueur sainte,
Le souvenir! — qui fait que notre cœur devient
Un éden, où l'absent parmi les fleurs revient,
Un cercueil, où les morts vivent leur vie éteinte!

Novembre (classe de Logique)

Ces vers sont bien mauvais! — mais j'entendais parler
Morale et vérités.... moi qui n'en vois aucune,
Sauf que je suis ici pour fumer et chanter,
Que le rhum est divin, que divine est la brune,
— Sans dédaigner la blonde — et que, quand vient le soir,
La meilleure morale est de n'en pas avoir!

DONNEZ !...

Ayez pitié de moi!.. La débauche aux seins nus
Qui vend au prix de pleurs, hélas! son fatal charme,
Cachant sous chaque rose une ride de plus,
    Sous chaque baiser une larme,

Fit de moi, me glaçant avant la fin du jour,
Une fleur sans parfum, un cœur sans poësie!
Pour me ravir au mal, pour me rendre à la vie
    Il ne faut qu'un rayon d'amour!

Donnez! — Oh! donnez-moi! — comme au vieillard on lance
L'hiver en passant l'or où brille l'espérance!
Que ce soit une aumône, E....., de votre cœur
    Si vous ne sentez mon malheur!

Mai 1859

9   Pour la fête de ma mère

LES TROIS COURONNES

A l'aube de nos jours, l'ange qui du berceau
Fait, sous son aile blanche, un autel qu'on encense,
Mère du ciel qui berce en priant notre enfance,
Quand notre mère dort, sous un saule, au cercueil,
Posa sur notre front qui ne connaît le deuil,
Une couronne blanche aux rayons d'espérance,
    C'est l'auréole d'innocence.

Quand du berceau d'hier rasant le pur contour
S'enfuit, voilé d'azur, l'essaim des pleurs moroses,
Quand l'ormeau qu'avec vous vit naître un même jour
Peut supporter des nids dans ses feuilles mi-closes,
Quand, naïve colombe, on se rit de l'autour;
Vient une main qui sème en nos cheveux des roses,
    C'est la couronne de l'amour.

Quand on voit chaque soir comme les hirondelles
Une illusion d'or fuir nos toits sans printemps,
Quand, vivant d'autrefois, aux ondes éternelles
Comme un flot qu'un flot chasse on voit couler ses ans,
Et le soleil s'éteindre en ces flots infidèles,
Le temps vous met au front, vieillard aux froides ailes,
    La couronne de cheveux blancs.

Comme à toutes les fleurs la fraîche aurore épand
            Ses gouttes de rosée,
Ta première couronne au front de chaque enfant,
            Mère, tu l'as posée!
Tous ceux qu'aime ton cœur sentent le doux parfum
            Qu'exhale la seconde.
L'autre.... Oh! le soir, prions le Seigneur en commun
            Que sa flamme féconde
Dore au lointain le jour qui te la doit tresser!
            Mais qu'avant bien des fêtes
Donnent, à toi, des fleurs : à mes sœurs un baiser
            Sur leurs riantes têtes.

Juillet 1859

10

LES TROIS PRIÈRES

[*manque*]

V. SONNETS - RONDEAUX - TRIOLETS

1

TRIOLET IMPROVISÉ

Peltier et le blond Jalouzet
Sont les deux astres de la classe.
Jalouzet craint déjà loups et
Tigres, quand on nomme sa place.
Peltier plus encor jaloux est
Quand l'« astre blondin » fond sa glace.
Peltier le moine et Jalouzet
Sont les deux astres de la classe.

Décembre 1859

133

SONNET

Quand sous votre corps nu craque un soyeux coussin,
Fumer dans l'ambre et l'or un tabac qu'on arrose
De parfums espagnols : vois voltiger l'essaim
Des houris à l'œil noir, dont l'enivrante pose

Vous fait rêver au ciel; renverser sur le sein
De celle qui, rieuse, entre vos bras repose
Un verre de Xérès, et dans le frais bassin
Mouiller en folâtrant ses tresses d'eau de rose,

C'est l'Éden! — pense Hassan : et je lui fais écho!
Mais le Ciel, c'est pour moi comme à mon vieux Shakspeare
Un sonnet! — où l'esprit jouit d'être au martyre

Comme en son fin corset le sein de Camargo!
— Quoi! J'ai tant bavardé! plus qu'un vers pour te dire
Mon vœu : « Pour moi demande un   à ta lyre. »

Mars 1859

Sonnet

EN ENVOYANT UN POT DE FLEURS

Minuit au vieux beffroi : l'ombre dort, et la lune
Se joue en l'aile noire et morne dont la nuit,
Sombre corbeau, nous voile. Au ciel l'étoile fuit.
— Mille voix du plaisir voltigent à moi : l'une

M'apporte ris, baisers, chants de délire : suit
Une fanfare où Strauss fait tournoyer la brune
Au pied leste, au sein nu, que sa jupe importune.
— Tes masques! carnaval! tes grelots! joyeux bruit! —

Et moi, je dors d'un œil, et je vous dis, Marie,
Qu'en son vase embaumé votre fleur est ravie
D'éclore sous vos mains, et tressaille au bonheur

De vivre et se faner un soir sur votre cœur!
— Ah! d'une aurore au soir dût s'envoler ma vie
Comme un rêve, fleurette, oui, ton sort, je l'envie!

Dimanche de Carnaval 1859
Minuit et quart

4   A Germain

Sonnet

RÉPONSE

Ami, ton vers est gai comme un éclat de rire
Plus lutin qu'Esmeralde et d'airain comme Hugo!
Mais pourquoi tant d'encens à ma flûte en délire
Qui chante aux soirs d'orgie un vin pourpre et Margot?

J'adore la catin et son baiser m'inspire!
— Comme elle, en mes sonnets, je danse un fandango —
C'est un verre qu'on vide et qu'on brise en beau sire
Après la soif, le soir, comme un vieil hidalgo!

Mais pour suivre le Maître et ravir l'étincelle
Aux astres, c'est à toi d'étendre ta jeune aile,
De parcourir son vol que sillonne l'éclair!

Moi, j'imite en ses jeux la verte demoiselle.
Je vais de folle en folle, agitant ma crécelle :
Bohème est ma patrie! à toi le ciel et l'air!

Mars 1859

5

Sonnet

PÉNITENCE

Quand, tel qu'un bleu nuage au soir voile la lune,
Le mensonge, linceul, sur mon âme planait,
Si j'avais en priant sur quelque épaule brune
Déposé le baiser que la croix réclamait,

Si, rêveur, je disais ma prière importune
Sur un collier de Lise au lieu d'un chapelet,

135

Pâle, j'allais — versant des larmes sur chacune —
Répandre mes erreurs aux pieds d'un prêtre laid.

Or maintenant, si j'ai, les lèvres d'horreur closes,
Jusqu'à la lie, hélas! vidé le crime obscur;
Écrasé sous la mousse une ou deux fraises roses,

Troublé le rouge-gorge, ou, de mes doigts moroses,
Défloré le velours sur une aile d'azur,
— Maintenant je m'en vais me confesser aux roses.

Grand'Messe. Mars 1860

6   à ma Mère

POUR OUVRIR UN ALBUM

Rondeau

L'art ose, dans ces jours, sur les plu[me]s d'Icare
S'élancer, aigle, où dort la foudre, voir des cieux!
Mais nous, au coin du feu, gais, de notre cithare
Pour ces pages tirons quelques accords joyeux!
Poëte ou non, qui t'aime un soir ou deux s'enflamme
Et qu'il grave, y semant quelques traits de son âme

Ses larmes, ses amours et ses rêves d'azur,
Comme un gai papillon qui, vers le soir, se pose,
Et laisse en s'endormant l'or de son aile sur
        La rose!

Ris, chants, soupirs d'hier ainsi vivront demain!
Le classique en frac noir, le romantique en larmes
Oubliant tout aigreur s'y serreront la main.
Si quelque muse y lutte on fera trêve aux armes;
Ce sera sur la lyre et les cheveux en fleurs.
Puis chacun s'en ira joyeux de l'œuvre éclose
Si ton souris l'éclaire, ou si ton œil de pleurs
        L'arrose!

Mars 1859

SONNET

[*manque*]

VI. BOUTADES

1   A E. Germain-le-fol

ÉCLAT DE RIRE

Quand il eut par sa foudre annoncé son réveil,
Et quand à l'horizon, comme on voit le soleil
S'élever dans l'azur jeune et vierge de voiles,
Surgit du sein des flots son poëme géant,*
Quand le peuple semait sous ses pieds des étoiles
Pour qu'il ne foulât pas notre triste néant :
Quand les fleurs, les bravos pleuvaient, — splendide fête! —
Lors, Émile Germain fils du Chien Diogenès,
Les haillons à l'épaule et la boue à la tête,
De la foule à grands pas fend les flots étonnés,
Le saisit par la barbe et lui crache :
                                        « Homme sombre,
« Dont la lune est l'amante et la bêtise est l'ombre,
« Jusques à quand ton encre et ta noire chanson
« Saliront-elles, dis, le papier, la raison?
« Vis, ténébreux! vis, Jean! vis, Visigoth! vis, diable..!
« Ne glace pas mon aile et t'achète un bâton
« Pour diriger tes pas au bord de l'insondable :
« C'est un marais bourbeux, crapaud de l'infini! »

Le poëte attendit que Germain eût fini,
A son aigle remit sa foudre formidable,
Puis, fixant un grillon qui chantait sur le sol,
Hugo lui répondit en souriant : « Ô fol! »

Novembre 1859

* Légende des siècles.

« Pour combattre le vice, il faut l'indignation :
« pour battre le ridicule, il faut le burlesque »

QUELQUES MOTS A QUELQUES-UNS

Morbleu! — je crois qu'on l'ose insulter! — qu'à son glas
Mille gamins hideux mêlent leurs sots éclats!
Si vous aviez du cœur, je dirais : « L'agonie,
« C'est mal choisir son temps pour railler un génie! »

Tous sur son corps — vieillards, armés de goupillons,
Marmots, de leurs suçons — fondent en bataillons!
Vieux, lisez Bajazet : prenez votre tisane;
Pourquoi lui faire un suaire avec votre soutane?
Clouez donc vos cercueils sans mesurer le sien!
— Mais vous, poétriaux pendus encore au sein,
Qui, fiers de vos vers plats, les portez en rapières,
Vous, soyez hués! — pets qui singez les tonnerres!
Pour déchirer un mort, il faudrait être aiglons
— Ou tout au moins corbeaux — vous n'êtes qu'oisillons!
Que vous a-t-il donc fait pour hurler à ses chausses?

Que t'a-t-il fait, roquet?
                            « Ses étoiles sont fausses! »
Ah! laisse là l'étoile et va lécher tes sauces :
Ruy Blas sans sourciller te dit : « Bon appétit! — »
— Tu pisses contre lui, — mais il est de granit.

« Je mords »
            Tes dents?
                        « Je jappe alors!!! »
                                            Jappe, petit.

                                    Novembre 1859

                3   A Espinasse

MÉLANCOLIE

Puisqu'Espinas, ô Falstaff, pense
Qu'ils sont un peu trop folichons
Les grelots dont sonne ta panse,
— Voilant nos ris de capuchons
    Pleurnichons! Pleurnichons!

Puisqu'une fleur en la rosée
Lui semble de pleurs arrosée,
Non de perles — geais, qui nichez,
Rieurs, sous la feuille rosée
   Pleurnichez! Pleurnichez!

Puisqu'il raffole de Racine
Qui fait.... pleurer jusqu'aux bichons*,
— que, l'œil humide, on déracine
Pour le ceindre dix cornichons!
   Pleurnichons! Pleurnichons!

Puisqu'il trouve Horace un peu terne
Lui, dont les pleurs sont du falerne,
Qu'il ne rit chez Scarron, ni chez
Rabelais, merle de taverne,
   — Pleurnichez! Pleurnichez!

Puisqu'en l'art et la poésie,
Il voit deux mouchoirs — deux torchons! —
Où chacun pleure l'Aspasie
De ses « rêves d'or » godichons,
   Pleurnichons! Pleurnichons!

   * * *

Non... — Moi, je te laisse, Héraclite,
Mouiller ton luth hétéroclite,
Aux nuits dédier tes sanglots!
Ma muse n'est pas carmélite,
Et noierait son rire en tes flots!

Aux pleurards pour tenir ta cour
D'un vieux corbillard fais ta niche!
Sois fidèle à feu ton amour
Comme à l'invalide un caniche!
   Et pleurniche, pleurniche!

Des psaumes de la pénitence
Avec les tiens fais ta pitance
Que, pour vos larmes, de l'enfer
Le ciel nous donne la quittance!
Nous, avec Puck croisons le fer!

Décembre 1859

* « Voyez couler leurs larmes... » Plaideurs

RÉPONSE A UNE PIÈCE DE VERS
OÙ IL PARLAIT DE SES RÊVERIES ENFANTINES

Moi, quand j'étais petit et que j'étais classique,
J'étais, à parler franc, fort peu mélancolique.
Jurant par Théramène et par les douze dieux
J'aimais le sucre d'orge et les vers de Racine.
— Le plus fade des deux? — devine si tu peux. —
La poësie en moi prenait si peu racine
Que si, sur ma fenêtre, un moineau chantonnait,
Las! avant de laisser sa voix m'aller à l'âme,
Je m'enquérais quel rang dans les vers il tenait.
Était-il noble ou vil? marquis, ou rustre infâme?
De fleurs?.. je connaissais les fleurs de papier peint :
Les fleurs de rhétorique et les fleurs du Parnasse.
L'aigle, qui raille au ciel l'archange qui le craint,
Enflamme tous les yeux : moi, dans ma carapace,
Mon idéal était ces vieux coqs étamés
Qui grincent bêtement sur les clochers ruinés!

Avril 1860

5

A P***

[manque]

6

L'AFFREUX BONHOMME

[manque]

7

BILLET DOUX D'UN ÉLÈVE DE SCIENCES

[manque]

8

L......

Épigramme

[*manque*]

9

A LAVOLLÉE

Rondeau

[*manque*]

10

A ARMAND

Rondeau

[*début manque*]

Va, tourne-lui le dos et dis-lui « Ton stupide
    Art ment. »

Février 1859

11

POISSON D'AVRIL   A Dadé

(Écrit des dames de Nevers à Dadé)

Te souvient-il de ce doux soir
    Sans lune?
Tu disais, baisant mon œil noir :
    « Ma brune,

« Ton haleine est un doux parfum!
    « Je t'aime!
« Sur tes charmes je ferais un
    « Poëme! »

141

Je contemplais ton col vermeil
        Beau cygne!
Et ta flamme dont le soleil
        N'est digne!

Je voyais tes ris gracieux,
        Heureuse!
Je songeais aux anges, aux cieux,
        Rêveuse!

Ah! son amour est-il d'airain?
        Pensais-je.
Et dormirai-je sur son sein
        De neige?

Posant tes lèvres sur mon cœur
        En flamme,
Inonderas-tu de bonheur
        Mon âme?

— Le soir avant de reposer,
        Je pleure
Pensant que peut-être un baiser
        T'effleure!

Un baiser qui n'est pas de moi
        Oh! vite
Assure à mon cœur qu'il est roi!
        Médite,

Oh! médite un soir de printemps
        Bien sombre!
Un soir qui prête à deux amants
        Son ombre!

Pour puiser joyeuse à ton sein
        L'ivresse!
Pour qu'encor sur ton cœur ta main
        Me presse!

1er avril 1859

LA CHANSON DE DÉBORAH

Des lys! des lilas! des verveines!
Des fleurs! que j'en jette à mains pleines!
Roses berçant des chants rêveurs,
Nids noyés dans les senteurs molles,
Je veux danser mes danses folles
Dans un enchantement de fleurs!

En odorantes avalanches
De mes mains pleuvent les pervenches;
Vermeille, au sein d'un blanc rayon
Je chante et plane comme un rêve....
— Vent du soir aux astres enlève
Leur frais parfum et ma chanson!

Quand, frappant mon tambour de basque
L'épaule nue, ivre et fantasque,
Sur mon front penché j'arrondis
En pur croissant mes bras suaves,
Ou fixe avec des poses graves
Mes yeux bleus au bleu paradis,

Tel vieil abbé, diseur de messes,
— S'il écartait mes chastes tresses
Blondes comme n'est pas le miel —
Sèmerait sur mon col sans voiles
Plus de baisers qu'il n'est d'étoiles
Qu'il n'est d'étoiles dans le ciel!

Parmi ceux dont mes fières moues
Inondent de larmes les joues
Est encore un brun cavalier.
Qu'une fée en perles limpides
Un soir change ses pleurs timides
Et j'ai, certe, un divin collier!

Mais quoi! verrais-je un amour fade
Pâlir ma bouche de grenade?
Pour être heureuse, je ne veux
Sous un ciel où le soleil brille
Que des cheveux plein ma résille
Et des épis plein mes cheveux.....

L'ENFANT A LA ROSE

Des pas sur les pierres sonnèrent,
Un pauvre passait dans ce lieu,
Or les blancs lilas s'inclinèrent
Et les oiseaux des bois chantèrent,
Le pauvre étant l'ami de Dieu —

Il priait tout bas la madone

[*texte manque*]

L'enfant lui présente sa fleur.

SIX PHYLLIS

Rondeau

[*manque*]

GALANTERIE MACABRE

Dans un de ces faubourgs où vont des caravanes
De chiffonniers se battre et baiser galamment
Un vieux linge sentant la peau des courtisanes
Et lapider les chats dans l'amour s'abîmant,

J'allais comme eux : mon âme errait en un ciel terne
Pareil à la lueur pleine de vague effroi
Que sur les murs blêmis ébauche leur lanterne
Dont le matin rougit la flamme, un jour de froid.

Et je vis un tableau funèbrement grotesque
Dont le rêve me hante encore, et que voici :
Une femme, très jeune, une pauvresse, presque
En gésine, était morte en un bouge noirci.

— Sans sacrements et comme un chien, — dit sa voisine.
Un haillon noir y pend et pour larmes d'argent
Montre le mur blafard par ses trous : la lésine
Et l'encens rance vont dans ses plis voltigeant.

Trois chaises attendant la bière : un cierge, à terre,
Dont la cire a déjà pleuré plus d'un mort; puis

Un chandelier, laissant sous son argent austère
Rire le cuivre, et, sous la pluie, un brin de buis...

... Voilà. — Jusqu'ici, rien ; il est permis qu'on meure
Pauvre, un jour qu'il fait sale, — et qu'un enfant de chœur
Ouvre son parapluie, et, sans qu'un chien vous pleure,
Expédie au galop votre convoi moqueur.

Mais ce qui me fit mal à voir, ce fut, la porte
Lui semblant trop étroite ou l'escalier trop bas,
Un croque-mort grimpant au taudis de la morte
Par la lucarne, avec une échelle, à grands pas.

— La Mort a des égards envers ceux qu'elle traque :
Elle enivre d'azur nos yeux, en les fermant;
Puis passe un vieux frac noir et se coiffe d'un claque,
Et vient nous escroquer nos sous, courtoisement. —

Du premier échelon jusqu'au dernier, cet être
Ainsi que Roméo fantasquement volait,
Quand, par galanterie, au bord de la fenêtre
Il déposa sa pipe en tirant le volet.

Je détournai les yeux et m'en allai : la teinte
Où le ciel gris noyait mes songes, s'assombrit,
Et voici que la voix de ma pensée éteinte
Se réveilla, parlant comme le Démon rit.

Dans mon cœur où l'ennui pend ses drapeaux funèbres
Il est un sarcophage aussi, le souvenir.
Là, parmi des onguents pénétrant les ténèbres,
Dort Celle à qui Satan riva mon avenir.

Et le Vice, jaloux d'y fixer sa géhenne,
Veut la porter en terre et frappe aux carreaux; mais
Tu peux attendre encor, cher croque-mort : — ma haine
Est là dont l'œil vengeur l'emprisonne à jamais.

1861

A UNE PETITE LAVEUSE BLONDE

Ô laveuse blonde et mignonne
Quand, sous ton grand chapeau de joncs
Un rayon égaré frissonne
Et se joue en tes cheveux blonds,

145

Quand, sous l'eau claire où tu t'inclines
Pour laver, (et non pour te voir,)
Vole la touffe d'églantines
Qui parfumait ton blanc peignoir,

Quand, suspendant ton linge au saule
Que rase un bleu martin-pêcheur,
Au vent qui rougit ton épaule
Tu vas gazouillant ta fraîcheur,

Ô laveuse aux mignardes poses,
Qui sur ta lèvre où rit ton cœur
As le sang embaumé des roses,
Au pied d'enfant, à l'œil moqueur,

Sais-tu, vrai Dieu! que ta grand'mère
T'aurait dû faire pour la cour
Au temps où refleurit Cythère
Sous un regard de Pompadour?

Lors, de leur perruque frisée
Semant les frimas en leurs jeux,
Roses, l'aile fleurdelisée,
Amours givrés et Ris neigeux

Au grand jardin des bergeries
T'emmenaient, près d'un vieux dauphin
Qui pleure à flots des pierreries
L'été, sur ses glaïeuls d'or fin.

Et ces larrons, ô larronnesse
Des traits, du carquois et de l'arc,
Te sacraient danseuse ou faunesse
Et vous perdaient, madame, au parc...

Là, pour feindre des pleurs candides
Secouant, quand passe Mondor,
Ton bouquet de roses humides
Sur ton livre aux écussons d'or,

Ou, pour qu'on sache que sa plume
A moins de neige que ta main,
D'un éventail baigné d'écume
Agaçant le cygne câlin,

Derrière ta robe insolente,
Drap d'argent et nœuds de lilas,
Tu traînerais la gent galante
Des vieux quêteurs de falbalas.

Tel fat, fredonnant Gluck, se pâme
Et cherche un poulet à glisser :
Tel roué, s'il se savait une âme
La damnerait pour te baiser.

Tu serais, sans compter leurs proses,
En des madrigaux printaniers,
Chloé, bergère à talons roses,
Diane, ou Cypris en paniers.

Musqués, chiffonnant les rosettes
De leur épée en satin blanc
Et l'échine en deux, les poëtes
Te demanderaient, roucoulant,

Si ta bouche en cœur fut cueillie
Sur les framboisiers savoureux,
Dans quel bois rêve ensevelie
La pervenche où tu pris tes yeux?

Ô jours dorés des péronnelles,
Des Dieux, des balcons enjambés,
Du fard, des mouches, des dentelles,
Des petits chiens, et des abbés!

Boucher jusqu'aux seins t'eût noyée
Dans l'argent du cygne onduleux,
Cachant sous l'aile déployée
Ton ris de pourpre et tes yeux bleus.

Après Léda, blonde Ève nue,
Un évêque aux parcs enjôleurs
Aurait vu blanchir ta statue
Sous ses grands marronniers en fleurs.

Tandis qu'en ce siècle barbare,
Sans songer que ton corps si beau
Pût s'épanouir en Carrare,
A genoux et les bras dans l'eau

Tu ris au soleil du rivage
Qui d'un traître rayon brunit
Ta gorge entr'ouvrant son corsage
Comme un ramier sort de son nid.

1861

147

A UN POÈTE IMMORAL

Puisque ce soir, onze décembre
Mil huit cent soixante-un, je n'ai
Qu'à rouler le chapelet d'ambre
D'un rêve cent fois égrené,

Les pieds au feu, sans que m'égare
Quelque bonnet blanc inconstant,
Je vais avec ce blond cigare
Allumer ma verve un instant.

Et, tant que sa lueur vermeille
Égaiera l'ombre, te rimer
Une préface où l'on sommeille,
Moi, qui songe à les supprimer!

Si l'odelette parfumée
Ne survit au manille, sois
Franc, c'est qu'hélas! tout est fumée,
Tabac d'Espagne et vers françois.

Tout!... jusqu'au vieil épithalame
De la folie et des vingt ans,
Car par la ville plus d'un blâme
Ta gaîté qui sent le printemps.

Plus d'un dans sa vertu ridée
Se drape et t'appelle immoral,
Toi, qui n'as pas même l'idée
D'un prospectus électoral!

Laisse chanter, ô cher bohême,
Leur chanson à tous ces pervers
Si pervers que pas un d'eux n'aime
Et que pas un ne fait de vers!

Tu ne rêves pas pour ta prose
Ce ruban rouge où pend la croix,
Et préfères la ganse rose
D'un corset délacé, je crois?

Tel le sage. Il fait à la pomme
Mordre quelque Ève au fond des bois
Et baise ses cils dorés comme
Le thé qu'en t'écrivant je bois.

Watteau, fier de ta comédie
Qui sert aux sots d'épouvantail

148

A Terpsichore la dédie
Peinte sur un fol éventail;

Bruns ægipans, noirs scaramouches
Au parc rêveur l'éventeront
La nommant déesse aux trois mouches,
Marquise ayant un astre au front!

Ris!... — Ils rient bien de qui courtise
Leur vertu dont le fard déteint,
Ces... — J'allais dire une sottise,
Et mon cigare s'est éteint.

1861

L'ENFANT PRODIGUE

I

Chez celles dont l'amour est une orange sèche
Qui garde un vieux parfum sans le nectar vermeil,
J'ai cherché l'Infini qui fait que l'homme pèche,
Et n'ai trouvé qu'un Gouffre ennemi du sommeil.

— L'Infini, rêve fier qui berce dans sa houle
Les arbres et les cœurs ainsi qu'un sable fin!
— Un Gouffre, hérissé d'âpres ronces, où roule
Un fétide torrent de fard mêlé de vin!

II

Ô la mystique, ô la sanglante, ô l'amoureuse
Folle d'odeurs de cierge et d'encens, qui ne sus
Quel Démon te tordait le soir où, douloureuse,
Tu léchas un tableau du saint-cœur de Jésus,

Tes genoux qu'ont durcis les oraisons rêveuses,
Je les baise, et tes pieds qui calmeraient la mer;
Je veux plonger ma tête en tes cuisses nerveuses
Et pleurer mon erreur sous ton cilice amer;

Là, ma sainte, enivré de parfums extatiques,
Dans l'oubli du noir Gouffre et de l'Infini cher,
Après avoir chanté tout bas de longs cantiques
J'endormirai mon mal sur votre fraîche chair.

1862

LE CARREFOUR DES DEMOISELLES

ou

L'ABSENCE DU LANCIER

ou

LE TRIOMPHE DE LA PRÉVOYANCE.

Fait en collaboration avec les
Oiseaux, les Pâtés, les Fraises et les Arbres,
PAR :
Stéphane Mallarmé,
Emmanuel des Essarts

AIR : « Il était un petit navire,
Qui n'avait *ja*mais navigué. »

C'était une illustre partie
De gens bien *vê*tus et bien nés

Neuf Parisiens sans apathie
Intelligents et *vac*cinés.

*

Quoique l'on fût mélancolique
— Il y man*Kate* et le lancier —

On mit sur un granit celtique
Un ana*thème* à l'Épicier.

*

Tous gambadaient comme des chèvres
De bloc en *bloc*, de roc en roc;

Les mots mazurkaient sur les lèvres,
Tantôt tic-*tac*, tantôt toc-toc.

*

Pour l'aspic et pour la vipère
On ména*geait* de l'alcali,

On ne rencontra qu'un notaire
Qui, tout *jeune*, était bien joli.

Là Denecourt, le Siècle en poche,
Dispensa*teur* du vert laurier,

A peint en noir sur une roche :
« Repos du *Po*ète ouvrier. »

Voici l'émerveillante liste
Léguée à la *post*érité

De cette bande fantaisiste
Bien peu dans *sa* majorité :

Un jeune baby d'espérance
Que par*mi* les sombres halliers

D'un œil d'amour couvait la France
Comme l'en*fant* des chevaliers;

D'aimables mères de familles
Qui se ré*jou*issaient de voir

Du soleil aux yeux de leurs filles
Et des messieurs *Sens* habit noir;

Fort mal noté par les gendarmes
Le gari*bal*dien Mallarmé

Ayant encor plus d'arts que d'armes
Semblait un *Jud* très-alarmé;

Ettie, en patois Henriette,
Plus a*gile* que feu Guignol,

Voltigeait comme une ariette
Dans le go*sier* d'un rossignol;

Dans le sein de cette algarade
S'idylli*sait* le Cazalis,

Qui, comme un chaste camarade,
Tutoyait *l'a*zur et le lis;

Puis une Anglaise aux airs de reine
A qui Di*a*ne porte un toast,

Qu'Albion envoie à Suresne
Sous la *ban*de du Morning-Post;

Piccolino, le coloriste,
Qui pour par*fu*mer nos vingt ans

Pille comme un vil herboriste
L'opulent *écrin* du printemps

Nina qui d'un geste extatique
Sur le dol*men* et le men-hir

Semblait poser pour la Musique,
La mu*si*que de l'avenir;

Puis des Essarts Emmanuelle,
Le plus beau-*det* jeunes rimeurs,

Offrait le fantasque modèle
D'un poète a*yant* gants et mœurs.

Mais Ponsard qui veut qu'on s'ennuie
Vint lui-même in*stal*ler aux Cieux

Le Théramène de la pluie,
Person*na*ge silencieux.

Puis l'heure leur coupa les ailes

153

Et, tout *boit*ant et s'accrochant,

Du « Carrefour des Demoiselles »
On fit un *lac* en pleurnichant.

18 mai 1862

CONTRE UN POÈTE PARISIEN

à Emmanuel des Essarts.

Souvent la vision du Poète me frappe :
Ange à cuirasse fauve, il a pour volupté
L'éclair du glaive, ou, blanc songeur, il a la chape,
La mitre byzantine et le bâton sculpté.

Dante, au laurier amer, dans un linceul se drape,
Un linceul fait de nuit et de sérénité :
Anacréon, tout nu, rit et baise une grappe
Sans songer que la vigne a des feuilles, l'été.

Pailletés d'astres, fous d'azur, les grands bohèmes,
Dans les éclairs vermeils de leur gai tambourin,
Passent, fantasquement coiffés de romarin.

Mais j'aime peu voir, Muse, ô reine des poèmes,
Dont la toison nimbée a l'air d'un ostensoir,
Un poète qui polke avec un habit noir.

SOLEIL D'HIVER

à Monsieur Eliacim Jourdain

Phébus à la perruque rousse
De qui les lames de vermeil,
Ô faunes ivres dans la mousse,
Provoquaient votre lourd sommeil.

Le bretteur aux fières tournures
Dont le brocart était d'ors fins
Et qui par ses égratignures
Saignait la pourpre des raisins.

154

Ce n'est plus qu'un Guritan chauve
Qui, dans son ciel froid verrouillé,
Le long de sa culotte mauve
Laisse battre un rayon rouillé.

Son aiguillette sans bouffette,
Triste, pend aux sapins givrés,
Et la neige qui tombe est faite
De tous ses cartels déchirés !

... MYSTICIS UMBRACULIS

(Prose des fous)

Elle dormait : son doigt tremblait, sans améthyste
Et nu, sous sa chemise : après un soupir triste,
Il s'arrêta, levant au nombril la batiste.

Et son ventre sembla de la neige où serait,
Cependant qu'un rayon redore la forêt,
Tombé le nid moussu d'un gai chardonneret.

1862

HAINE DU PAUVRE

Ta guenille nocturne étalant par ses trous
Les rousseurs de tes poils et de ta peau, je l'aime
Vieux spectre, et c'est pourquoi je te jette vingt sous.

Ton front servile et bas n'a pas la fierté blême :
Tu comprends que le pauvre est le frère du chien
Et ne vas pas drapant ta lésine en poème.

Comme un chacal sortant de sa pierre, ô chrétien
Tu rampes à plat ventre après qui te bafoue.
Vieux, combien par grimace ? et par larme, combien ?

Mets à nu ta vieillesse et que la gueuse joue,
Lèche, et de mes vingt sous chatouille la vertu.
A bas!... — les deux genoux!... — la barbe dans la boue!

Que veut cette médaille idiote, ris-tu?
L'argent brille, le cuivre un jour se vert-de-grise,
Et je suis peu dévot et je suis fort têtu,

Choisis. — Jetée? alors, voici ma pièce prise.
Serre-la dans tes doigts et pense que tu l'as
Parce que j'en tiens trop, ou par simple méprise.

— C'est le prix, si tu n'as pas peur, d'un coutelas.

Parce que de la viande était à point rôtie,
Parce que le journal détaillait un viol,
Parce que sur sa gorge ignoble et mal bâtie
La servante oublia de boutonner son col,

Parce que d'un lit, grand comme une sacristie,
Il voit, sur la pendule, un couple antique et fol,
Ou qu'il n'a pas sommeil, et que, sans modestie,
Sa jambe sous les draps frôle une jambe au vol,

Un niais met sous lui sa femme froide et sèche,
Contre ce bonnet blanc frotte son casque-à-mèche
Et travaille en soufflant inexorablement :

Et de ce qu'une nuit, sans rage et sans tempête,
Ces deux êtres se sont accouplés en dormant,
Ô Shakspeare et toi, Dante, il peut naître un poëte!

LE CHATEAU DE L'ESPÉRANCE

Ta pâle chevelure ondoie
Parmi les parfums de ta peau
Comme folâtre un blanc drapeau
Dont la soie au soleil blondoie.

Las de battre dans les sanglots
L'air d'un tambour que l'eau défonce,
Mon cœur à son passé renonce
Et, déroulant ta tresse en flots,

Marche à l'assaut, monte, — ou roule ivre
Par des marais de sang, afin
De planter ce drapeau d'or fin
Sur ce sombre château de cuivre

— Où, larmoyant de nonchaloir,
L'Espérance rebrousse et lisse
Sans qu'un astre pâle jaillisse
La Nuit noire comme un chat noir.

Une négresse par le démon secouée
Veut goûter une enfant triste de fruits nouveaux
Et criminels aussi sous leur robe trouée,
Cette goinfre s'apprête à de rusés travaux :

A son ventre compare heureuses deux tétines
Et, si haut que la main ne le saura saisir,
Elle darde le choc obscur de ses bottines
Ainsi que quelque langue inhabile au plaisir.

Contre la nudité peureuse de gazelle
Qui tremble, sur le dos tel un fol éléphant
Renversée elle attend et s'admire avec zèle,
En riant de ses dents naïves à l'enfant;

Et, dans ses jambes où la victime se couche,
Levant une peau noire ouverte sous le crin,

157

Avance le palais de cette étrange bouche
Pâle et rose comme un coquillage marin.

DANS LE JARDIN

La jeune dame qui marche sur la pelouse
Devant l'été paré de pommes et d'appas,
Quand des heures Midi comblé jette les douze,
Dans cette plénitude arrêtant ses beaux pas,

A dit un jour, tragique abandonnée — épouse —
A la Mort séduisant son Poëte : « Trépas!
Tu mens. Ô vain climat nul! je me sais jalouse
Du faux Éden que, triste, il n'habitera pas. »

Voilà pourquoi les fleurs profondes de la terre
L'aiment avec silence et savoir et mystère,
Tandis que dans leur cœur songe le pur pollen :

Et lui, lorsque la brise, ivre de ces délices,
Suspend encore un nom qui ravit les calices,
A voix faible, parfois, appelle bas : Ellen!

Wooley-Hill House, Août 1871

SONNET

2 novembre 1877

— « Sur les bois oubliés quand passe l'hiver sombre
Tu te plains, ô captif solitaire du seuil,
Que ce sépulcre à deux qui fera notre orgueil
Hélas! du manque seul des lourds bouquets s'encombre.

Sans écouter Minuit qui jeta son vain nombre,
Une veille t'exalte à ne pas fermer l'œil
Avant que dans les bras de l'ancien fauteuil
Le suprême tison n'ait éclairé mon Ombre.

Qui veut souvent avoir la Visite ne doit
Par trop de fleurs charger la pierre que mon doigt
Soulève avec l'ennui d'une force défunte.

Ame au si clair foyer tremblante de m'asseoir,
Pour revivre il suffit qu'à tes lèvres j'emprunte
Le souffle de mon nom murmuré tout un soir. »

(Pour votre chère morte, son ami.)

Rien au réveil que vous n'ayez
Envisagé de quelque moue
Pire si le rire secoue
Votre aile sur les oreillers

Indifféremment sommeillez
Sans crainte qu'une haleine avoue
Rien au réveil que vous n'ayez
Envisagé de quelque moue

Tous les rêves émerveillés
Quand cette beauté les déjoue
Ne produisent fleur sur la joue
Dans l'œil diamants impayés
Rien au réveil que vous n'ayez

Ô si chère de loin et proche et blanche, si
Délicieusement toi, Méry, que je songe
A quelque baume rare émané par mensonge
Sur aucun bouquetier de cristal obscurci

Le sais-tu, oui! pour moi voici des ans, voici
Toujours que ton sourire éblouissant prolonge
La même rose avec son bel été qui plonge
Dans autrefois et puis dans le futur aussi.

Mon cœur qui dans les nuits parfois cherche à s'entendre
Ou de quel dernier mot t'appeler le plus tendre
S'exalte en celui rien que chuchoté de sœur

N'était, très grand trésor et tête si petite,
Que tu m'enseignes bien toute une autre douceur
Tout bas par le baiser seul dans tes cheveux dite.

Dame
       sans trop d'ardeur à la fois enflammant
La rose qui cruelle ou déchirée, et lasse
Même du blanc habit de pourpre, le délace
Pour ouïr dans sa chair pleurer le diamant

Oui, sans ces crises de rosée et gentiment
Ni brise quoique, avec, le ciel orageux passe
Jalouse d'apporter je ne sais quel espace
Au simple jour le jour très vrai du sentiment

Ne te semble-t-il pas, disons, que chaque année
Dont sur ton front renaît la grâce spontanée
Suffise selon quelque apparence et pour moi

Comme un éventail frais dans la chambre s'étonne
A raviver du peu qu'il faut ici d'émoi
Toute notre native amitié monotone.

Si tu veux nous nous aimerons
Avec tes lèvres sans le dire
Cette rose ne l'interromps
Qu'à verser un silence pire

Jamais de chants ne lancent prompts
Le scintillement du sourire

Si tu veux nous nous aimerons
Avec tes lèvres sans le dire

Muet muet entre les ronds
Sylphe dans la pourpre d'empire
Un baiser flambant se déchire
Jusqu'aux pointes des ailerons
Si tu veux nous nous aimerons.

CHANSONS BAS

III

LE CANTONNIER

Ces cailloux, tu les nivelles
Et c'est, comme troubadour,
Un cube aussi de cervelles
Qu'il me faut ouvrir par jour.

IV

LE MARCHAND D'AIL ET D'OIGNONS

L'ennui d'aller en visite
Avec l'ail nous l'éloignons.
L'élégie au pleur hésite
Peu si je fends des oignons.

V

LA FEMME DE L'OUVRIER

La femme, l'enfant, la soupe
En chemin pour le carrier
Le complimentent qu'il coupe
Dans l'us de se marier.

VI

LE VITRIER

Le pur soleil qui remise
Trop d'éclat pour l'y trier
Ôte ébloui sa chemise
Sur le dos du vitrier.

VII

LE CRIEUR D'IMPRIMÉS

Toujours, n'importe le titre,
Sans même s'enrhumer au
Dégel, ce gai siffle-litre
Crie un premier numéro.

VIII

LA MARCHANDE D'HABITS

Le vif œil dont tu regardes
Jusques à leur contenu
Me sépare de mes hardes
Et comme un dieu je vais nu.

ÉVENTAIL

de Méry Laurent

De frigides roses pour vivre
Toutes la même interrompront
Avec un blanc calice prompt
Votre souffle devenu givre

Mais que mon battement délivre
La touffe par un choc profond

Cette frigidité se fond
En du rire de fleurir ivre

A jeter le ciel en détail
Voilà comme bon éventail
Tu conviens mieux qu'une fiole

Nul n'enfermant à l'émeri
Sans qu'il y perde ou le viole
L'arôme émané de Méry.

1890

PETIT AIR

(GUERRIER)

Ce me va hormis l'y taire
Que je sente du foyer
Un pantalon militaire
A ma jambe rougeoyer

L'invasion je la guette
Avec le vierge courroux
Tout juste de la baguette
Au gant blanc des tourlourous

Nue ou d'écorce tenace
Pas pour battre le Teuton
Mais comme une autre menace
A la fin que me veut-on

De trancher ras cette ortie
Folle de la sympathie

Toute l'âme résumée
Quand lente nous l'expirons
Dans plusieurs ronds de fumée
Abolis en autres ronds

Atteste quelque cigare
Brûlant savamment pour peu
Que la cendre se sépare
De son clair baiser de feu

Ainsi le chœur des romances
A la lèvre vole-t-il
Exclus-en si tu commences
Le réel parce que vil

Le sens trop précis rature
Ta vague littérature

DOSSIER

CHRONOLOGIE
1842-1898

1842   *18 mars :* naissance à Paris, 12 rue Laferrière, d'Étienne, dit Stéphane, Mallarmé, fils de Numa Florent Joseph Mallarmé (1805-1863), sous-chef à l'administration de l'Enregistrement et des Domaines, et d'Élisabeth Félicie Desmolins (1819-1847).

1847   *2 août :* mort de Mme Mallarmé.

1848   Remariage de Numa Mallarmé.

1852   SM est mis dans une pension religieuse à Passy.

1854   Premiers écrits connus (exercices scolaires) : *La Coupe d'or* et *L'Ange gardien.*

1856   Pensionnaire au lycée de Sens (où son père est conservateur des hypothèques depuis 1853) après avoir été renvoyé l'année précédente de la pension de Passy.

1857   Mort de sa sœur Maria (née en 1844).

1858   *Cantate pour la première communion* du lycée de Sens.

1859   En classe de rhétorique, écrit *Entre quatre murs.*
       Octobre : entre en classe de logique.

1860   Se lie avec Émile Deschamps, survivant de la génération romantique et voisin de ses grands-parents Desmolins à Versailles. Constitue une anthologie poétique de 8 000 vers (*Glanes*) et s'essaie à traduire des poésies de Poe. Reçu bachelier en novembre après un premier échec en août, entre comme surnuméraire chez un receveur de l'Enregistrement à Sens (« premier pas dans l'abrutissement »).

1861   Les Mallarmé s'installent à Sens.
       Octobre : Emmanuel des Essarts est nommé au lycée de Sens.

1862   *Janvier-février :* premières publications : article sur les *Poésies parisiennes* de des Essarts, et le poème *Placet*, dans *Le Papillon.* *Avril-mai :* premières relations épistolaires avec Eugène Lefébure et Henri Cazalis. Publie avec des Essarts *Le Carrefour des Demoiselles*, commémorant une promenade en forêt de Fontainebleau.
       Juin : courtise une gouvernante allemande, Maria Gerhard.
       Novembre : départ pour Londres où il s'installe avec Maria.

1863   *Avril :* mort de Numa Mallarmé.
        10 août : mariage à Londres avec Maria Gerhard, de sept ans
        son aînée.
        Novembre : ayant obtenu le certificat d'aptitude pour
        l'enseignement de l'anglais, est nommé chargé de cours au
        lycée de Tournon (Ardèche).
1864   *Été :* fait à Avignon la connaissance des félibres, Théodore
        Aubanel, Joseph Roumanille, Frédéric Mistral.
        Octobre : commence *Hérodiade*, peu avant la naissance de sa
        fille Geneviève (19 novembre).
1865   Après avoir passé les premiers mois sur *Hérodiade*, commence
        en juin le *Faune*, avec l'espoir de le présenter au Théâtre-
        Français.
        Octobre : après le refus de Banville et de Coquelin, reprend
        Hérodiade, « non plus tragédie, mais poème ».
1866   *Janvier-mars :* travaille à l'Ouverture ancienne d'*Hérodiade*.
        Avril : séjour à Cannes chez Lefébure. De ce séjour, au milieu
        du travail sur *Hérodiade*, date un bouleversement intellectuel
        profond : « ... en creusant le vers à ce point, j'ai rencontré deux
        abîmes, qui me désespèrent. L'un est le Néant, auquel je suis
        arrivé sans connaître le Bouddhisme et je suis encore trop
        désolé pour pouvoir croire même à ma poésie et me remettre
        au travail, que cette pensée écrasante m'a fait abandonner. Oui,
        je le sais, nous ne sommes que de vaines formes de la matière,
        mais bien sublimes pour avoir inventé Dieu et notre âme. Si
        sublimes, mon ami! que je veux me donner ce spectacle de la
        matière, ayant conscience d'elle et, cependant, s'élançant
        forcénément dans le Rêve qu'elle sait n'être pas, chantant l'Ame
        et toutes les divines impressions pareilles qui se sont amassées
        en nous depuis les premiers âges et proclamant, devant le Rien
        qui est la vérité, ces glorieux mensonges! Tel est le plan de mon
        volume lyrique et tel sera peut-être son titre, La Gloire du
        mensonge, ou le Glorieux Mensonge. Je chanterai en
        désespéré! » Ce séjour cannois inaugure deux années de
        fréquentation de l'absolu pour le poète qui voit en mai la
        publication de dix de ses poèmes dans le premier *Parnasse
        contemporain* et qui est nommé en octobre au lycée de
        Besançon, après un été voué aux spéculations sur l'Œuvre
        désormais entrevu.
        12 mai : publication de dix poèmes dans *Le Parnasse
        Contemporain*.
1867   *14 mai :* à Cazalis : « Je viens de passer une année effrayante :
        ma Pensée s'est pensée, et est arrivée à une Conception pure.
        Tout ce que, par contrecoup, mon être a souffert, pendant cette
        longue agonie, est inénarrable, mais, heureusement, je suis
        parfaitement mort, et la région la plus impure où mon Esprit
        puisse s'aventurer est l'Éternité [...]. C'est t'apprendre que je
        suis maintenant impersonnel et non plus Stéphane que tu as

connu, — mais une aptitude qu'a l'Univers spirituel à se voir et à se développer, à travers ce qui fut moi. »

31 août : mort de Baudelaire.

Octobre : nommé au lycée d'Avignon.

1868   *Avril,* à François Coppée : « Pour moi, voici deux ans que j'ai commis le péché de voir le Rêve dans sa nudité idéale [...]. Et maintenant, arrivé à la vision horrible d'une œuvre pure, j'ai presque perdu la raison... »

Mai : à Lefébure : « Décidément, je redescends de l'Absolu [...] mais cette fréquentation de deux années (vous vous rappelez? depuis notre séjour à Cannes) me laissera une marque dont je veux faire un Sacre. »

18 juillet : envoi du sonnet en -yx à Cazalis.

1869   Lecture de Descartes.

Février : à Cazalis : « La première phase de ma vie a été finie. La conscience, excédée d'ombres, se réveille, lentement formant un homme nouveau, et doit retrouver mon Rêve après la création de ce dernier. Cela durera quelques années pendant lesquelles j'ai à revivre la vie de l'humanité depuis son enfance et prenant conscience d'elle-même. »

Mars : envoi de la scène d'*Hérodiade* au *Parnasse contemporain.*

Novembre : première mention d'*Igitur,* destiné à liquider la crise de l'absolu : « c'est un conte par lequel je veux terrasser le vieux monstre de l'Impuissance [...]. S'il est fait [...], je suis guéri; *Similia similibus.* » A la même époque, s'intéresse à la science du langage.

1870   *Janvier :* mis en congé sur sa demande jusqu'en septembre 1871, il s'initie à la linguistique et envisage une thèse sur le langage ainsi qu'une thèse latine sur la divinité, comme « le fondement scientifique » de son œuvre.

Août : lecture d'*Igitur* devant Mendès, Judith Gautier et Villiers, de retour de Lucerne, chez Wagner.

1871   *Juillet :* naissance d'Anatole.

Octobre : après diverses tentatives pour quitter l'enseignement, est nommé au lycée Condorcet et s'installe à Paris, 29 rue de Moscou.

1872   *Juin-octobre :* publie les traductions de huit poèmes de Poe.

23 octobre : mort de Gautier.

1873   *Avril :* fait la connaissance de Manet.

Octobre : Toast funèbre dans *Le Tombeau de Théophile Gautier.*

1874   *Août :* premier séjour à Valvins, près de Fontainebleau.

Septembre : première livraison de *La Dernière Mode,* entièrement rédigée par Mallarmé. Le journal aura huit numéros.

1875   *Janvier :* s'installe rue de Rome.

Juillet : envoi à Lemerre, pour le troisième *Parnasse contemporain,* du *Faune,* qui est refusé par le jury (Coppée, Banville, Anatole France).

Premiers *Gossips* pour l'*Athenaeum* de Londres.

1876   *Janvier :* évoque de grands projets pour le théâtre.
       Avril : L'Après-midi d'un faune, illustré par Manet, chez
       Derenne.
       Mai : préface au *Vathek* de Beckford.
       Septembre : « The Impressionnists and Edouard Manet » dans
       The Art Monthly Review.
       Décembre : Le Tombeau d'Edgar Poe dans le volume com-
       mémoratif de Baltimore.
1877   *Mars :* dernières traductions des poèmes de Poe dans *La
       République des Lettres.*
       Décembre : premières allusions aux Mardis.
1878   *Janvier : Les Mots anglais*, chez Truchy-Leroy frères. Envisage
       pour le même éditeur divers travaux alimentaires sur la langue
       anglaise.
1879   *Octobre :* mort d'Anatole après une maladie de six mois.
       Décembre : Les Dieux antiques (datés de 1880), chez Rothschild
       (traduction d'un manuel de G.W. Cox entreprise dès 1871).
1880   Notes pour le *Tombeau* d'Anatole.
1882   *Octobre :* révèle à Huysmans, qui lui fait part du projet d'*A
       rebours*, la personnalité de Montesquiou.
1883   *13 février :* mort de Wagner.
       30 avril : mort de Manet.
       Novembre-décembre : publication par Verlaine, dans *Lutèce*, du
       troisième article, consacré à Mallarmé, des « Poètes maudits »,
       repris l'année suivante en volume chez Vanier.
1884   *Janvier :* première allusion, dans la *Correspondance*, à Méry
       Laurent, qu'il a connue naguère par Manet .
       Mai : A rebours de Huysmans qui, avec *Les Poètes maudits*,
       assure à Mallarmé une publicité inattendue.
       Octobre : nommé au lycée Janson de Sailly.
1885   *Janvier : Prose* pour des Esseintes dans *La Revue indépendante*,
       qui publie en mars « *Le vierge, le vivace...* » et « *Quelle soie...* ».
       22 mai : mort de Victor Hugo.
       8 août : « Richard Wagner, Rêverie d'un poète français » dans
       La Revue wagnérienne.
       10 septembre : évoque, dans deux lettres à Édouard Dujardin et
       Barrès, le Drame dont il rêve, celui « de l'Homme et de l'Idée ».
       Octobre : nommé au collège Rollin.
       16 novembre : lettre autobiographique à Verlaine évoquant le
       Livre, « l'explication orphique de la Terre, qui est le seul devoir
       du poète et le jeu littéraire par excellence ».
1886   *8 janvier : Hommage* à Wagner dans *La Revue wagnérienne.*
       11 avril : premier numéro de *La Vogue* avec trois poèmes en
       prose de Mallarmé et le début des *Illuminations* de Rimbaud.
       13 juin : « *M'introduire dans ton histoire...* » (premier poème
       non ponctué) dans la même revue.
       18 septembre : manifeste symboliste de Jean Moréas dans *Le
       Figaro.*

22 septembre : le *Traité du Verbe* de René Ghil, avec l'« Avant-Dire » de Mallarmé.

1ᵉʳ novembre : commence à tenir pour *La Revue indépendante* une chronique théâtrale (neuf articles jusqu'en juillet 1887).

1887   *1ᵉʳ janvier :* le « Triptyque » dans *La Revue indépendante.*

Mars : édition définitive de *L'Après-midi d'un faune* aux éd. de *La Revue indépendante.*

12 août : La Déclaration foraine, qui contient « *La chevelure...* », dans *L'Art et la mode.*

Octobre : édition photolithographiée des *Poésies*, avec frontispice de Félicien Rops, aux éditions de *La Revue indépendante* (à 47 exemplaires).

Décembre : Album de vers et de prose.

1888   *Janvier :* lettre à Verhaeren évoquant le projet de se « présenter en public [...] et de jongler avec le contenu d'un livre ».

Juillet : Les Poèmes d'Edgar Poe, chez Deman à Bruxelles, avec portrait et fleuron de Manet.

1889   *18 août :* mort de Villiers; Mallarmé et Huysmans seront ses exécuteurs testamentaires.

1890   *Février :* tournée de conférences sur Villiers en Belgique.

15 mai : « Villiers de l'Isle-Adam »(*La Revue d'Aujourd'hui*).

20 octobre : première lettre de Paul Valéry.

15 novembre : Billet à Whistler dans *The Whirlwind.*

1891   *13 mars :* mort de Banville.

24 mars : réponse à l'Enquête sur l'évolution littéraire de Jules Huret.

Mai : Pages, chez Deman, avec frontispice de Renoir.

10 octobre : première visite de Valéry, amené par Pierre Louÿs.

1892   *Mars :* début de la collaboration au *National Observer* (douze chroniques jusqu'en juillet 1893).

15 novembre : Vers et prose (daté de 1893), chez Perrin, avec frontispice de Whistler.

1893   *Février :* préside le septième banquet de *La Plume* où il pronnce le Toast qui deviendra *Salut.*

15 juillet : deuxième édition de *Vers et prose.*

4 novembre : Mallarmé obtient sa mise à la retraite.

1894   *Février-mars :* conférence sur « La Musique et les Lettres » à Oxford et Cambridge (publiée en octobre chez Perrin).

15 mai : « A la nue... » dans l'*Obole littéraire.*

17 mai : mort de Leconte de Lisle. Lui succède à la présidence du comité pour le monument Baudelaire.

8 août : cité comme témoin par Félix Fénéon à l'occasion du procès des Trente (lié aux attentats anarchistes).

17 août : article sur « Le Fonds littéraire » dans *Le Figaro.*

12 novembre : envoie à Deman la maquette des *Poésies.*

22 décembre : première audition du *Prélude à l'Après-midi d'un faune* de Debussy.

1895   *1ᵉʳ janvier : Le Tombeau de Charles Baudelaire* dans *La Plume.*

15 janvier : Hommage à Puvis de Chavannes dans la même revue.

1ᵉʳ février : première des dix « Variations sur un sujet » dans *La Revue blanche.*

3 août : « Toute l'âme résumée... » (*Le Figaro*, dans la réponse à une enquête sur le vers libre).

1896   *8 janvier :* mort de Verlaine. Mallarmé prononcera son éloge funèbre.

27 janvier : élu Prince des Poètes.

15 mai : « Arthur Rimbaud », lettre à Harrison Rhodes, *The Chap Book*, Chicago.

22 mai : président du comité pour le monument Verlaine.

1ᵉʳ septembre : « Le Mystère dans les Lettres » dans *La Revue blanche*, en réponse à l'article de Proust, « Contre l'obscurité », dans la même revue.

1897   *1ᵉʳ janvier : Tombeau* de Verlaine (*La Revue blanche*).

15 janvier : Divagations, chez Charpentier.

Mai : Un coup de dés, dans la revue *Cosmopolis*.

1898   *23 février :* lettre de sympathie à Zola après sa condamnation.

16 avril : Album commémoratif contenant le sonnet à Vasco (« *Au seul souci...* »).

10 mai : se remet à *Hérodiade* qui l'occupera jusqu'à sa mort.

9 septembre : mort de Mallarmé, à Valvins, à la suite d'un étouffement. *Hérodiade* reste inachevée et l'édition des *Poésies* ne paraîtra qu'en 1899, posthume.

NOTICE

Il n'existe pas d'édition *ne varietur* des *Poésies*, le poète étant mort avant la publication de l'édition Deman (1899) qu'il avait préparée dès le début des années 1890, et pour laquelle il avait envoyé à l'éditeur une maquette en novembre 1894. L'édition dite complète de 1913, qui apporte quatorze inédits, ajoute à l'édition de 1899 un certain nombre de poèmes que Mallarmé avait délibérément écartés. C'est donc l'édition Deman, dont nous avons corrigé le texte d'après la maquette, que nous reprenons ici, parce qu'elle est la plus conforme aux intentions de Mallarmé (si l'on excepte l'édition photolithographiée de 1887, beaucoup moins complète), même si la maquette initiale a été augmentée par Geneviève de trois poèmes postérieurs à 1894: le *Tombeau* de Verlaine, l'*Hommage* à Puvis et « *Au seul souci...* ».

Nous avons fait suivre les *Poésies* de l'ensemble des textes concernant *Hérodiade*, soit l'Ouverture ancienne (reprise puis abandonnée) et *Les Noces d'Hérodiade*. Bien que les *Noces* soient inachevées en raison de la mort prématurée de Mallarmé (qui espérait encore à la veille de sa mort les inclure dans les *Poésies*), cette œuvre essentielle, qui devait servir d'ouverture au grand œuvre rêvé, montre, sur plus de trente ans, l'évolution de la poésie mallarméenne. C'est à la place qui lui était destinée dans *Les Noces d'Hérodiade* qu'on trouvera le *Cantique de saint Jean*.

Tous les autres poèmes connus, à l'exclusion des vers dits de circonstance, sont classés à la suite par ordre chronologique de composition. Nous avons simplement distingué, dans cet ensemble, les premières poésies des poèmes de la maturité, la date charnière ici retenue étant celle de 1862, année des premières publications. Tous les poèmes antérieurs à cette date sont donc composés dans un corps plus petit.

Pour chaque poème sont indiqués, dans l'ordre :

        — la première publication;

        — les publications en recueils avant l'édition Deman (et non les reprises isolées en revue), soit:

- *Le Parnasse contemporain*, 12 mai 1866 (*PC*).

- « Les Poètes maudits », *Lutèce*, novembre-décembre 1883.

- *Les Poètes maudits*, Vanier, 1884 (reprise en volume de la série précédente) (*PM*).

- *Les Poésies de Stéphane Mallarmé*, édition photolithographiée, Éditions de *La Revue indépendante*, 1887 (*Poésies 1887*).

- *Album de vers et prose*, Bruxelles: Librairie nouvelle / Paris: Librairie universelle, 1887 (deux éd.) (*AVP*).

- *Anthologie des Poètes français du XIXᵉ siècle*, Lemerre, 1888 (*APF*).
- *Vers et prose*, Perrin, 1893 (deux éd.).
    — les différents manuscrits, classés autant que possible par ordre chronologique[1]. Les principaux ensembles de manuscrits sont les suivants :
- Ensemble (aujourd'hui dispersé) de 1861-62.
- Manuscrits envoyés à Aubanel (1864-65, aujourd'hui dispersés).
- Carnet de 1864 (Doucet, MNR Ms 38).
- Ensemble de 1865 (Doucet 7248-4).
- Envoi de 1866, au *Parnasse contemporain* (aujourd'hui dispersé).
- Ensemble de 1887 pour l'édition photolithographiée (coll. part.).
- Maquette de 1894 pour l'édition Deman (Doucet, MNR Ms 1171).
    — les variantes principales.

Nous avons recouru, chaque fois que possible, aux manuscrits ou, à défaut, aux fac-similés. Lorsque nous n'avons pu voir ni le manuscrit ni le fac-similé, nous renvoyons à l'édition indiquée entre parenthèses (le plus souvent *PBM*).

Les notes et commentaires ne prétendent pas à l'exhaustivité; ils n'ont d'autre prétention que de permettre à des lecteurs plus ou moins familiers de Mallarmé de lire ou relire son œuvre avec un intérêt renouvelé.

Cette édition doit évidemment beaucoup à tous les commentateurs de Mallarmé, et particulièrement aux éditeurs qui nous ont précédé, H. Mondor et G. Jean-Aubry, G. Davies, D. Leuwers, Y.-A. Favre, P. Citron, L.J. Austin et surtout C.P. Barbier et C.G. Millan.

Qu'il nous soit permis en outre de remercier tous ceux qui nous ont aidé dans la recherche des documents : MM. L.J. Austin, P. Berès, T. Bodin, J. A. Bonna, Dr H. E. Braun (Fondation Bodmer, Genève), Mᵉ E. Buffetaud, MM. M. Castaing, P.-G. Castex, F. Chapon (Bibliothèque J. Doucet), P. Citron, L. Clayeux, Mme M. Comas (Musée Balaguer, Villanueva y Geltrù), MM. J. Darquet, G. Davies, Mme C. Denis, MM. D. Denis, C. Galantaris, V. Giroud (The Beinecke Library, Yale), Y. Kashiwakura, J.-L. Lions (BM Versailles), B. Loliée, B. Malle, P. Morel, Mme J. Paysant, M. R. Poggenburg, Mme N. Prévot, Mᵉ P. Pruvost, M. A. Rodocanachi, Mmes E. Souffrin-Le Breton, M.-Th. Stanislas, M.-C. Thomas (Collège S. Mallarmé, Sens), M. J. Viardot, Mlle J. Zacchi.

Bertrand Marchal

---

1. Nous avons pris le parti de respecter l'ordre des manuscrits donné par Carl P. Barbier et Ch. Gordon Millan dans leur édition des *Poésies*, Flammarion, 1983 (sauf évidemment pour les manuscrits nouveaux) chaque fois que nous ne disposions pas de datation sûre. Mais dans le cas de manuscrits de dates très rapprochées, le classement proposé, fondé sur l'écriture, nous paraît parfois sujet à caution.

BIBLIOGRAPHIE SOMMAIRE

I. Éditions

Œuvres complètes, éd. H. Mondor et G. Jean-Aubry, Bibliothèque de la Pléiade, Gallimard, 1951 (*OC*).

Œuvres complètes, tome 1, éd. Bertrand Marchal, Bibliothèque de la Pléiade (nouvelle éd.), Gallimard, 1998.

Œuvres complètes, tome 1, *Poésies*, éd. Carl Paul Barbier et Charles Gordon Millan, Flammarion, 1983 (*PBM*).

Igitur, Divagations, Un coup de dés, éd. Yves Bonnefoy, coll. Poésie, Gallimard, 1976 (*Div.*)

Œuvres, éd. Yves-Alain Favre, Garnier, 1985.

Poésies. Anecdotes ou poèmes. Pages diverses, éd. Daniel Leuwers, Livre de Poche, 1977.

Vers et prose, éd. Jacques Robichez, Garnier-Flammarion, 1977.

Poésies, éd. Pierre Citron, Imprimerie Nationale, 1987.

Poésies, éd. Lloyd James Austin, GF-Flammarion, 1989.

Le "Livre" de Mallarmé, éd. Jacques Scherer, Gallimard, 1957 (nouvelle éd. 1977).

Les Noces d'Hérodiade. Mystère, éd. Gardner Davies, Gallimard, 1959 (*NH*).

Pour un Tombeau d'Anatole, éd. Jean-Pierre Richard, Le Seuil, 1961.

Les "Gossips" de Mallarmé, éd. Henri Mondor et Lloyd James Austin, Gallimard, 1962.

L'Après-midi d'un faune, éd. Luigi de Nardis, Rome, Bulzoni, 1976.

Jean-Pierre Richard, « Mallarmé et le Rien d'après un fragment inédit », *Revue d'Histoire Littéraire de la France*, oct.-déc. 1964.

Correspondance I, éd. Henri Mondor et Jean-Pierre Richard, Gallimard, 1959 .

Correspondance II-XI, éd. Henri Mondor et Lloyd James Austin, Gallimard, 1965-1985 (des compléments à cette correspondance sont publiés régulièrement par L.J. Austin dans *French Studies*).

Correspondance complète 1862-1871, suivi de *Lettres sur la poésie 1872-1898*, éd. Bertrand Marchal, préface d'Yves Bonnefoy, Gallimard, Folio, 1995.

Documents Stéphane Mallarmé I-VII, éd. Carl Paul Barbier *et al.*, Nizet, 1968-1980 .

II. Études[1]

ABASTADO (Claude), *Expérience et théorie de la création poétique chez Mallarmé*, Minard, 1970.
AUSTIN (Lloyd James), *Poetic principles and practice*, Cambridge Univ. Press, 1987.
— *Essais sur Mallarmé*, Manchester Univ. Press, 1995.
*** *Baudelaire, Mallarmé, Valéry, New essays in honour of Loyd Austin*, Cambridge Univ. Press, 1982.
BACKÈS (Jean-Louis), *Poésies de Mallarmé*, Hachette, 1973.
BELLET (Roger), *Mallarmé, l'encre et le ciel*, Champ vallon, 1987.
BÉNICHOU (Paul), *Selon Mallarmé*, Gallimard, 1995.
BOWIE (Malcolm), *Mallarmé and the art of being difficult*, Cambridge Univ. Press, 1978.
CAMPION (Pierre), *Mallarmé, poésie et philosophie*, PUF, 1994.
CELLIER (Léon), *Mallarmé et la morte qui parle*, PUF, 1959.
CHADWICK (Charles), *Mallarmé, sa pensée dans sa poésie*, Corti, 1962.
CHASSÉ (Charles), *Les Clefs de Mallarmé*, Aubier, 1954.
COHN (Robert Greer), *L'Œuvre de Mallarmé : "Un coup de dés"*, Libr. Les Lettres, 1951.
— *Toward the Poems of Mallarmé*, Berkeley, Los Angeles, Univ. of California Press, 1965.
— *Vues sur Mallarmé*, Nizet, 1991.
DAVIES (Gardner), *Les Tombeaux de Mallarmé*, Corti, 1950.
— *Mallarmé et le drame solaire*, Corti, 1959.
— *Mallarmé et le rêve d'Hérodiade*, Corti, 1978.
— *Mallarmé et la "couche suffisante d'intelligibilité"*, Corti, 1988.
DE NARDIS (Luigi), *Mallarmé in Italia*, Milan-Rome-Naples, Soc. ed. Dante Alighieri, 1957.
DERRIDA (Jacques), *La Dissémination*, Le Seuil, 1972.
DURAND (Pascal), *Poésies de Mallarmé*, Foliothèque, Gallimard, 1998.
FOWLIE (Wallace), *Mallarmé*, Univ. of Chicago Press, 1953.
GILL (Austin), *The Early Mallarmé*, I-II, Oxford, Clarendon Press, 1979-1986.
*** *Colloque Mallarmé de Glasgow en l'honneur de Austin Gill*, Nizet, 1975.
HUOT (Sylviane), *Le "mythe d'Hérodiade" chez Mallarmé*, Nizet, 1977.
KRISTEVA (Julia), *La Révolution du langage poétique*, Le Seuil, 1974.
LUND (Hans Peter), *L'Itinéraire de Mallarmé, Revue Romane*, nº spécial 3, Copenhague, 1969.
MARCHAL (Bertrand), *Lecture de Mallarmé*, Corti, 1985.
— *La Religion de Mallarmé*, Corti, 1988.
MAURON (Charles), *Mallarmé l'obscur*, Corti, 1968 (1941).
— *Introduction à la psychanalyse de Mallarmé*, Neuchâtel : La Baconnière, 1968 (1950).
— *Mallarmé par lui-même*, Le Seuil, 1964.

---

1. Ne sont indiqués que les livres portant sur les *Poésies*, à l'exclusion des articles, ainsi que quelques ouvrages de référence sur Mallarmé et la modernité poétique. Les articles isolés dont nous nous sommes servi sont indiqués dans les notes. Pour une bibliographie plus détaillée, voir notre *Religion de Mallarmé*.

MEITINGER (Serge), *Stéphane Mallarmé*, Hachette, 1995.

MESCHONNIC (Henri), *Critique du rythme*, Verdier, 1982.

— Préface aux *Écrits sur le Livre* de Stéphane Mallarmé, Éd. de l'Éclat, 1986.

MICHAUD (Guy), *Mallarmé*, Hatier, 1971.

MONDOR (Henri), *Vie de Mallarmé*, Gallimard, 1941 (à compléter par *Mallarmé plus intime*, 1944, *Histoire d'un faune*, 1948, *Mallarmé lycéen*, 1954, *Autres précisions sur Mallarmé et inédits*, 1961, tous chez Gallimard.

NOULET (Émilie), *L'Œuvre poétique de Stéphane Mallarmé*, Droz, 1940 (Bruxelles, J. Antoine, 1974).

— *Vingt poèmes de Stéphane Mallarmé*, Paris-Genève, Minard-Droz, 1972.

PEARSON (Roger), *Unfolding Mallarmé*, Oxford, Clarendon Press, 1997.

POULET (Georges), *Études sur le temps humain*, II, Plon, 1952.

— *Les Métamorphoses du cercle*, Plon, 1961.

RANCIÈRE (Jacques), *Mallarmé, la politique de la sirène*, Hachette, 1996.

RICHARD (Jean-Pierre), *L'Univers imaginaire de Mallarmé*, Le Seuil, 1961.

ROBB (Graham), *Unlocking Mallarmé*, New Haven et Londres, Yale Univ. Press, 1996.

SARTRE (Jean-Paul), *Mallarmé, la lucidité et sa face d'ombre*, Gallimard, 1986.

SCHERER (Jacques), *Grammaire de Mallarmé*, Nizet, 1977.

SOLLERS (Philippe), *L'Écriture et l'expérience des limites*, Le Seuil, 1971.

SZONDI (Peter), *Poésies et poétiques de la modernité*, Presses Univ. de Lille, 1981.

THIBAUDET (Albert), *La Poésie de Stéphane Mallarmé*, Gallimard, 1912.

VALÉRY (Paul), *Écrits divers sur Stéphane Mallarmé*, Gallimard, 1951.

VERDIN (Simonne), *Stéphane Mallarmé, le presque contradictoire*, Nizet, 1975.

VIAL (André), *Mallarmé. Tétralogie pour un enfant mort*, Corti, 1976.

WALZER (Pierre-Olivier), *Mallarmé*, Seghers, 1963.

Numéros spéciaux de revues :

Les Lettres, n° spécial 9-10-11, 1948.

L'Esprit Créateur, I, 3, 1961.

Synthèses, n° 258-259, décembre 1967-janvier 1968.

Europe, avril-mai 1976.

Yale French Studies, n° 54, 1977.

Lendemains, n° 40, 1985.

Lendemains, n° 73, 1994.

Yearbook of Comparative and General Literature, n° 42, 1994.

Littérature et nation, n°ˢ 14 et 15, 1995.

Europe, janvier-février 1998.

SIGLES ET ABRÉVIATIONS

APF : *Anthologie des Poètes français du XIXe siècle.*
AUMLA : *Journal of the Australasian Universities Language and Literature Association.*
AVP : *Album de vers et prose.*
Corr. I, II, III... : *Correspondance.*
Div. : *Igitur, Divagations, Un coup de dés,* éd. Y. Bonnefoy.
DSM I, II, III... : *Documents Stéphane Mallarmé.*
FS : fac-similé.
HD : Catalogue de l'Hôtel Drouot.
Maquette : Maquette de l'édition Deman.
Ms : Manuscrit autographe.
NH : *Les Noces d'Hérodiade,* éd. G. Davies.
OC : *Œuvres complètes,* éd. H. Mondor et G. Jean-Aubry.
PBM : *Poésies,* éd. C.P. Barbier et C.G. Millan.
PC : *Le Parnasse contemporain.*
PEP : *Les Poèmes d'Edgar Poe.*
PM : *Les Poètes maudits.*
Poésies 1887 (ou *1887*) : *Poésies,* édition photolithographiée.
RHLF : *Revue d'Histoire littéraire de la France.*
VP I, II : *Vers et prose,* 1ère et 2ème éditions.

[   ] texte restitué.
<   > texte biffé.
* lecture conjecturale[1].
++++ mot illisible.
: séparation entre deux variantes.
/ alinéa.

---

1. Sauf dans *La Prière d'une mère* et *Entre quatre murs,* où l'astérisque appelle les notes de Mallarmé.

NOTES

Page 3.   SA *LUT*

La Plume, 15 février 1893.
Ms 1, Doucet, MNR Ms 1187.
Ms 2, coll. part.
Ms 3, coll. part.
V. 10.   même le tangage ms 2, 3

Intitulé primitivement *Toast*, ce poème fut prononcé à l'occasion du septième banquet de *La Plume* le 9 février 1893, et peut se lire effectivement comme un toast de circonstance en l'honneur de quelques confrères (voir l'article de François Rastier, dans *Essais de sémiotique poétique*, Larousse, 1972). Mais le changement de titre et sa situation en exergue du recueil (Mallarmé a voulu expressément qu'il fût composé en petites italiques à la manière d'une épigraphe) lui donnent une tout autre portée en changeant sa situation d'énonciation, et son destinataire : il ne s'agit plus d'un simple toast mais d'un salut au lecteur, appelé à son tour à l'incertaine navigation de la lecture, et d'une dédicace de l'œuvre entière sous le signe du « Rien » initial et du glorieux mensonge de la poésie, avec des images qui sont celles de l'hommage à Vasco, du sonnet « *A la nue...* » (les sirènes noyées) et du *Coup de dés.*

Cette métaphore de la navigation qui fait de l'aventure poétique une moderne odyssée se retrouve dans les notes du "Livre" publié par Jacques Scherer : « Iliade/ Odyssée/ modernes » (f. 163); de même, pour l'image finale confondant voile, page blanche et nappe du banquet, voir les f. 93 (« voile, un des aspects du livre yacht »), 72 et 80.

V. 1-2. Ce poème, fût-il inédit (« vierge vers »), n'est « Rien », à l'image de l'écume du champagne, puisqu'il n'est là que pour porter un toast. Le mot *écume* appelle en même temps la métaphore de la navigation.

V. 4. L'image de la sirène naît ici de l'écume du vers 1.

V. 12. *Solitude, récif, étoile* : cf. « *Au seul souci de voyager...* » :
Nuit, désespoir et pierrerie

179

LE GUIGNON

L'Artiste, 15 mars 1862 (cinq premières strophes) (*A*).
« Les Poètes maudits », *Lutèce*, 17-24 novembre 1883 (première publication
complète de la première version); *PM*.
Poésies 1887 (deuxième version).
Ms 1, coll. Y. Kashiwakura.
Ms 2, coll. A. Rodocanachi .
Ms 3, fonds Deschamps, BM Versailles.
Ms 4 (Aubanel), coll. part. (*PBM*).
Ms 5, Carnet de 1864.
Ms 6, Ensemble de 1887.

Comme l'indique une note accompagnant la publication du poème
dans *Art et critique* en 1889, *Le Guignon* a été très largement récrit à
partir d'une première version datant de 1862. De cette première ver-
sion, il existe cinq manuscrits présentant des variantes minimes. Nous
reproduisons le premier manuscrit complet connu, le ms 2 :

LE GUIGNON

Au-dessus du bétail écœurant des humains
Bondissaient par instants les sauvages crinières
Des mendiants d'azur damnés dans nos chemins.

Un vent mêlé de cendre effarait leurs bannières
Où passe le divin gonflement de la mer,
Et creusait autour d'eux de sanglantes ornières.

La tête dans l'orage, ils défiaient l'Enfer :
Ils voyageaient sans pain, sans bâtons et sans urnes,
Mordant au citron d'or de l'Idéal amer.

La plupart ont râlé dans des ravins nocturnes
S'enivrant du bonheur de voir couler leur sang :
La Mort fut un baiser sur ces fronts taciturnes.

S'ils pantèlent, c'est sous[a] un ange très-puissant
Qui rougit l'horizon des éclairs de son glaive,
L'orgueil fait éclater leur cœur reconnaissant.

Ils tètent la Douleur comme ils tétaient le Rêve,
Et quand ils vont rythmant leurs pleurs voluptueux
Le peuple s'agenouille et leur mère se lève.

Ceux-là sont consolés étant majestueux,
Mais ils ont sous les pieds leurs frères qu'on bafoue,
Dérisoires martyrs d'un hasard tortueux.

Des pleurs aussi salés rongent leur pâle joue,
Ils mangent de la cendre avec le même amour,
Mais vulgaire ou burlesque est le Sort qui les roue.

Ils pouvaient faire aussi sonner comme un tambour
La servile pitié des races à l'œil terne,
Égaux de Prométhée à qui manque un vautour.

Non. Vieux et jalousant les déserts sans citerne,
Ils marchent sous le fouet d'un squelette rageur,
Le *Guignon*, dont le rire édenté les prosterne.

S'ils fuient, *il* grimpe en croupe et se fait voyageur;
Puis, le torrent franchi, les plonge en une mare
Et fait un fou crotté d'un sublime nageur;

Grâce à *lui*, si l'un chante en son buccin bizarre,
Des enfants nous tordront en un rire obstiné
Qui, soufflant dans leurs mains, singeront sa fanfare.

Grâce à *lui*, s'ils s'en vont tenter un cœur fané
Avec des fleurs par qui l'impureté s'allume,
Des limaces naîtront sur leur bouquet damné.

Et ce squelette nain, coiffé d'un feutre à plume
Et botté, dont le crâne a pour poils de longs vers,
Est pour eux l'infini de l'humaine amertume.

Et si, rossés, ils ont provoqué le pervers,
Leur rapière en grinçant suit le rayon de lune
Qui neige en sa carcasse et qui passe à travers.

Malheureux, sans l'orgueil d'une austère infortune,
Dédaigneux de venger leurs os des coups de bec,
Ils convoitent la haine et n'ont que la rancune.

Ils sont l'amusement des racleurs de rebec,
Des femmes, des enfants, et de la maigre engeance
Des loqueteux dansant quand le broc est à sec.

Les poètes savants leur prêchent la vengeance,
Et ne voyant leur mal et les sachant brisés
Les disent impuissants et sans intelligence :

— « Ils peuvent, sans quêter quelques soupirs gueusés,
» Comme un buffle se cabre aspirant la tempête
» Savourer âprement leurs maux éternisés!

» Nous enivrons d'encens les forts qui tiennent tête
» Aux fauves séraphins du Mal! Ces baladins
» Ne sont pas même ceux que la charité fête! » —[b]

Quand chacun a sur eux vomi tous ses dédains,
Nus, assoiffés de *grand* et priant le tonnerre,
Ces Hamlets abreuvés de malaises badins

Vont ridiculement se pendre au réverbère.

Si l'on néglige les variantes lexicales, en général peu significatives, on notera,
entre les différents états de la première version, les deux variantes suivantes :

a. S'ils sont vaincus, c'est par ms 5, *PM*
b. N'ont pas mis d'habit rouge et veulent qu'on s'arrête! » — ms 4, 5, *PM*

Ce poème, qui emprunte son titre au *Guignon* de Baudelaire, en est en fait, par la forme, par le ton, par la représentation surtout du guignon, très différent. L'idée initiale et la forme même viennent de *Ténèbres* (mars 1837) de Gautier :

> Que voulez-vous? hélas! notre mère Nature,
> Comme toute autre mère, a ses enfants gâtés,
> Et pour les malvenus elle est avare et dure.
>
> Aux uns tous les bonheurs et toutes les beautés!
> L'occasion leur est toujours bonne et fidèle :
> Ils trouvent au désert des palais enchantés;
>
> Ils tettent librement la féconde mamelle;
> La chimère à leur voix s'empresse d'accourir
> Et tout l'or du Pactole entre leurs doigts ruisselle.
>
> Les autres moins aimés ont beau tordre et pétrir
> Avec leurs maigres mains la mamelle tarie,
> Leur frère a bu le lait qui les devait nourrir.

Il y a en somme deux sortes de poètes, qui donnent lieu à deux représentations successives du malheur : d'abord les « mendieurs d'azur », aventuriers de l'absolu pour qui le malheur a figure noble (« Leur défaite, c'est par un ange très puissant »). La douleur est pour eux proprement nourricière (« Ils tètent la douleur »), en tant qu'elle est la source même de leur poésie, et représente un signe d'élection : « Ceux-là sont consolés, sûrs et majestueux ». Mais à côté de cette aristocratie poétique qui force l'agenouillement religieux des peuples, il est de plus dérisoires martyrs, pour qui le destin malheureux n'a plus la figure de l'ange, mais la grimace grotesque d'un bouffon de comédie : le guignon. Pour ces humiliés privés de toute consolation, la mort même n'est plus l'allégorie quasi maternelle du vers 12, mais, comme pour Nerval à qui fait allusion le dernier vers, la dérisoire potence d'un réverbère.

S'agit-il simplement d'opposer, aux mages de la génération romantique, à ceux qui savaient faire chanter la douleur, ceux qu'on appellera bientôt les poètes maudits (Nerval, Poe, Baudelaire et Mallarmé lui-même qui écrivait à Cazalis le 7 juillet 1862 : « Tu te rappelles ma pièce sur le Guignon; je suis hélas! parmi les seconds »)? Mais de l'ange du malheur des uns au guignon des autres, il y a d'abord une différence de représentation littéraire, soulignée ici par le changement de registre : de l'emphase héroïque des 19 premiers vers à la trivialité grotesque des suivants, du combat avec l'ange à la scène de cirque ou du tragique au dérisoire. Il y a ainsi dans ce poème la démystification d'un certain romantisme de la douleur trop complaisamment chantée (« rythmant des pleurs voluptueux »), d'une douleur trop littéraire. Or ce romantisme n'est pas l'apanage de Lamartine ou de Musset, mais est sensible jusque chez Baudelaire, à qui Mallarmé emprunte précisément l'image de la douleur tétée, et qui a fait de cette douleur quasi sanctifiée la « noblesse unique » du poète. De ce point de vue, *Le Guignon* de Mallarmé est plus qu'une variation sur un thème baudelairien; il est aussi une correction du *Guignon* de Baudelaire, auquel il donne un contenu plus moderne, ou plus trivial, trivialité plus conforme au registre même du mot guignon, figure d'un malheur dérisoire et sans sublimation possible. Cette conscience d'une modernité qui se joue dans les mots apparaît dans une lettre contemporaine du poème (7 juillet 1862) et qui en révèle la portée : « ...la fatalité, non je me flatte, le guignon [...] se moque de moi. » Alors que le guignon baudelairien a encore des airs de fatalité tragique, Mallarmé, dans ce poème, prend en somme le guignon au mot.

V. 9. Cf. *Delfica* de Nerval :
Et les citrons amers où s'imprimaient tes dents

V. 13-14. L'image de l'ange au glaive reparaîtra, avec une autre signification, dans *Le Tombeau d'Edgar Poe*.

V. 16. *Ils tètent la douleur* : cf. *Le Cygne* de Baudelaire :
Et tettent la Douleur comme une bonne louve

V. 38. *Nubile* a ici la valeur d'un attribut du COD « le ».

V. 58. Cf. *Bénédiction* de Baudelaire :
Et je me soûlerai de nard, d'encens, de myrrhe

Page 7.   APPARITION

« Les Poètes maudits », *Lutèce*, 24-30 novembre1883.
PM; Poésies 1887; Vers et prose.
Ms, Ensemble de 1887.

Publié seulement en 1883 par Verlaine, ce poème remonte en fait, comme l'indique sa place dans le recueil, au début des années soixante, probablement 1863, et répond au vœu de Cazalis qui avait demandé à son ami un portrait d'Ettie Yapp, sa fiancée : « N'essaieras-tu jamais de faire la Vierge, de faire le portrait de notre chère sœur, de celle qui luit sur nous, comme une nuée d'étoiles; de celle que nous aimerons toujours et qui touj[ours] nous aimera » (14 juin 1863).

L'évocation amoureuse s'enrichit ainsi, comme y invitait Cazalis, de connotations mystiques, et le titre même, comme l'« apparition » de Mme Arnoux dans *L'Éducation sentimentale*, n'est pas sans jouer, à cette époque, sur des résonances mariales. Cette tonalité religieuse apparaît encore dans l'évocation (qui doit beaucoup à *Harmonie du soir* de Baudelaire) d'un jardin paradisiaque, paradis que fait perdre la cueillaison du Rêve sous la forme d'un premier baiser. L'image de la cueillaison, inscrite dans la métaphore filée tout au long du poème de la fleur du baiser (jusqu'à la prodigalité finale des bouquets d'étoiles parfumées), rappelle aussi sur le mode mineur une autre cueillaison fatale, celle du fruit au jardin d'Éden, et condamne ainsi le poète à l'errance dans la grisaille d'un décor urbain, jusqu'à l'apparition rédemptrice. On notera encore l'opposition symbolique entre le tableau initial et le tableau final, entre lune et soleil, tristesse et rire, séraphins en pleurs et fée au chapeau de clarté, azur des corolles et blancs bouquets d'étoiles parfumées.

Surtout, ce poème marque l'apparition, dans la poésie mallarméenne, d'un thème appelé à de nombreuses variations, celui de la chevelure solaire qui, à l'opposé du casque guerrier d'Hérodiade, sera l'emblème de la fête amoureuse (voir « *La chevelure...* », « *Victorieusement fui...* », « *Quelle soie...* »).

V. 1. Sur l'image des anges musiciens, cf. *Don du poème*, *Sainte*, *Le démon de l'analogie* (*Divagations*).

V. 13. Image hugolienne (cf. « Le pâtre promontoire au chapeau de nuées », *Les Contemplations*, V, XXIII).

V. 15-16. Cf. encore Hugo (*Les Chants du crépuscule*, X) :

Marche, autre juif errant! marche avec l'or qu'on voit
Luire à travers les doigts de tes mains mal fermées!
Tous les biens de ce monde en grappes parfumées
Pendent sur ton chemin ...

Page 8.   PLACET FUTILE

Le Papillon, 25 février 1862.
PM; Poésies 1887.
Ms 1, coll. part.
Ms 2, coll. Grasset (*DSM*, IV, p. 16).
Ms 3, Ensemble de 1887.

Ce pastiche de la poésie galante du XVIIIᵉ siècle, défini dans une lettre à Cazalis du 24 mai 1862 comme « un sonnet Louis XV » (le ms 2 et *PM* portent la date postiche de 1762), et sans doute inspiré d'un sonnet intitulé *A Madame Du Barry*, publié en 1844 sous la signature de Privat d'Anglemont[1], fut le premier poème publié de Mallarmé qui l'envoya à Nina Gaillard (la future Nina de Villard) en mai 1862. Voici la version initiale, celle du *Papillon* :

---

1. On sait que ce sonnet fut attribué à Baudelaire par Arsène Houssaye. Celui-ci étant le dédicataire de *Placet*, on peut se demander si Mallarmé n'a pas été mis dans la confidence de cette attribution.

PLACET

A M. Arsène Houssaye

J'ai longtemps rêvé d'être, ô duchesse! l'Hébé
Qui rit sur votre tasse au baiser de tes lèvres;
Mais je suis un poëte, un peu moins qu'un abbé,
Et n'ai point figuré jusqu'ici sur le sèvres.

Puisque je ne suis pas ton bichon embarbé,
Ni tes bonbons, ni ton carmin, ni tes jeux mièvres,
Et qu'avec moi pourtant vous avez succombé[a],
Blonde dont les coiffeurs divins sont des orfèvres,

Nommez-nous... — vous de qui les souris framboisés
Sont un troupeau poudré d'agneaux apprivoisés
Qui vont broutant les cœurs et bêlant aux délires.

Nommez-nous... — et Boucher sur un rose éventail
Me peindra, flûte en mains, endormant ce bercail,
Duchesse, nommez-nous berger de vos sourires.

L'état premier du ms 1 présente une seule variante notable :
a. Et que sur moi pourtant ton regard est tombé

Le poème est remanié une première fois en 1864, sous le titre *La Prière du gueux*, mais ce remaniement (ms 1) reste inachevé. En voici les quatrains (la réécriture des tercets se contentant de remplacer « Nommez-nous » par « Fais de nous ») :

Duchesse, j'ai longtemps rêvé d'être l'Hébé
Sur votre tasse peinte et que baisent vos lèvres.
Mais, n'étant que racleur de lyre, et moins qu'abbé,
Je ne pourrai jamais figurer sur le Sèvres.

Hélas! je ne suis pas ton bichon embarbé,
Ni le sac de bonbons croqués* par tes dents
Mais qu'hier* près de moi ton regard est tombé,
Blonde, dont les coiffeurs ravis sont des orfèvres.

Quant à la version définitive, elle paraît pour la première fois dans l'édition photolithographiée des *Poésies* en 1887.

Cette inspiration galante, qui fait évidemment la part du jeu, se retrouvera notamment dans les *Éventails* et les *Rondels*.

V. 1. *Hébé* : « La déesse de la jeunesse, répondant à la Juventas latine » (*Les Dieux antiques*, *OC*, p. 1253).

V. 5. Cf. le début du sonnet signé de Privat d'Anglemont :
Vous étiez du bon temps des robes à paniers,
Des bichons, des manchons, des abbés, des rocailles,

185

Des gens spirituels polis et cancaniers,
Des filles, des marquis, des soupers, des ripailles.

Moutons poudrés à blanc, poètes familiers,
Vieux sèvres et biscuits, charmantes antiquailles,
Amours dodus...

(Baudelaire, *Œuvres complètes*, éd. Cl. Pichois, Pléiade, Gallimard, 1975, tome I, p. 219).

Page 9.   LE PITRE CHATIÉ

Poésies 1887.
Vers et prose.
Ms 1, Carnet de 1864.
Ms 2, Envoi de 1866, ex-coll. L. Graux, coll. part. inc.
Ms 3, Ensemble de 1887.
Ms 4, coll. part.

Il existe de ce poème, sous le même titre, un premier état manuscrit très différent, dans le Carnet de 1864 :

Pour ses yeux, — pour nager dans ces lacs, dont les quais
Sont plantés de beaux cils qu'un matin bleu pénètre,
J'ai, Muse, — moi, ton pitre, — enjambé la fenêtre
Et fui notre baraque où fument tes quinquets.

Et d'herbes enivré, j'ai plongé comme un traître
Dans ces lacs défendus, et, quand tu m'appelais,
Baigné mes membres nus dans l'onde aux blancs galets,
Oubliant mon habit de pitre au tronc d'un hêtre.

Le soleil du matin séchait mon corps nouveau
Et je sentais fraîchir loin de ta tyrannie
La neige des glaciers dans ma chair assainie,

Ne sachant pas, hélas! quand s'en allait sur l'eau
Le suif de mes cheveux et le fard de ma peau,
Muse, que cette crasse était tout le génie!

La comparaison des deux états permet de saisir l'évolution de l'écriture mallarméenne, du développement explicite à l'ellipse suggestive (voir L.J. Austin, 1987).

Cette variation sur le thème baudelairien (voir *La Béatrice, Le Vieux Saltimbanque*) du poète-histrion, déjà présent dans *Le Guignon*, montre la tentation funeste de l'amour, paré du prestige de l'absolu et de la pureté, pour le poète trop conscient de l'artifice de son art : cette fuite est un leurre, et l'artifice est bien le seul génie du poète. « Le pitre mallarméen découvre qu'il a trahi la "Muse" — la poésie — en cherchant à *vivre* une résurrection extatique; le génie est inséparable du *fard*. La conscience qu'en prend le pitre est sa punition. [...] l'artiste, à la fois exclu de la vie et séparé de l'idéal, doit rester le prisonnier d'un espace clos : *histrion*, ou *mauvais Hamlet*, il ne doit pas quitter les tréteaux, l'univers factice où la suie des quinquets sert à représenter la plume ornant la joue de l'acteur. Le sacrilège est de vouloir abandonner le lieu de la figuration métaphorique [...] pour conquérir les satisfactions de la vie » (J. Starobinski, *Portrait de l'artiste en saltimbanque*, Genève, Skira, 1970).

V. 3. La plume peut évoquer le poète, mais elle est surtout l'emblème d'Hamlet, dont on sait l'importance pour Mallarmé. Cf. la chronique sur Hamlet (*Div. pp. 185-191*) où Mallarmé évoque « l'orage battant la plume délicieuse de sa toque ». La plume, associée à Hamlet, reparaîtra dans le *Coup de dés*.

V. 9. Ce vers est une apposition à soleil (*irrité* qualifie *or*). Cf. « Trompettes tout haut d'or » dans l'*Hommage* à Wagner, et « L'or de la trompette d'Été » de la *Prose* pour des Esseintes.

Page 10.   LES FENÊTRES

Le Parnasse contemporain, 12 mai 1866.
Poésies 1887; AVP; Vers et prose.
Ms 1, coll. A. Rodocanachi.
Ms 2 (FS : HD, vente Sickles, II, 28/29 novembre1989).
Ms 3, ex-coll. H. Mondor, coll. part. (*PBM*).
Ms 4, Carnet de 1864.
Ms 5 (Aubanel), coll. part.
Ms 6, Ensemble de 1865.
Ms 7, Envoi de 1866, Doucet 7248-18.
Ms 8, Ensemble de 1887.

Principales variantes :
V. 4.   Le moribond, parfois, redresse son vieux dos ms 1 à 7, *PC*
V. 7.   Les poils longs et les os de sa blême figure ms 1, 2, 3, 4, 5, 6
V. 10.   Comme un luxurieux dont la lèvre s'endort ms 1, 2, 3, 4, 5, 6
V. 11.   En savourant la fleur d'une peau jeune ms 1 : En respirant ms 2, 3, 5, 6 : A respirer ms 4
V. 25.   Je vais ms 1, 6
V. 26.   D'où l'on tourne le dos ms 1, 2, 3, 4, 5, 6, 7, *PC*
V. 29.   ange! Et je songe, et j'aime ms 3
V. 33.   Ici-bas est le roi ms 1, 2, 3, 6
V. 37.   Est-il moyen, mon Dieu qui savez l'amertume ms 1, 2, 3, 4 : qui voyez ms 6, 7, *PC*
V. 40.   — Au risque de rouler ms 1, 2, 3, 4, 5, 6

« Il [des Essarts] confond trop l'Idéal avec le Réel. La sottise d'un poète moderne[1] a été jusqu'à se désoler que l'"Action ne fût pas la sœur du rêve". Emmanuel est de ceux qui regrettent cela. Mon Dieu, s'il en était autrement, si le Rêve était ainsi défloré et abaissé, où donc

_____

1. Baudelaire, dans « Le Reniement de saint Pierre ».

187

nous sauverions-nous, nous autres malheureux que la terre dégoûte et qui n'avons que le Rêve pour refuge. Ô mon Henri, abreuve-toi d'Idéal. Le bonheur d'ici-bas est ignoble — il faut avoir les mains bien calleuses pour le ramasser. Dire : "Je suis heureux!" c'est dire : "Je suis un lâche" — et plus souvent : "Je suis un niais". Car il faut ne pas voir au-dessus de ce plafond de bonheur le ciel de l'Idéal, ou fermer les yeux exprès. J'ai fait sur ces idées un petit poème *Les Fenêtres*, je te l'envoie » (à Cazalis, 3 juin 1863).

Ce poème qui devait servir de frontispice à l'ensemble publié dans *Le Parnasse contemporain* donne la mesure de l'idéalisme exaspéré de Mallarmé dans les années 1863-1864, un Mallarmé qui se veut plus baudelairien que Baudelaire lui-même. Le rêve y apparaît comme l'antithèse absolue de la vie placée sous le signe de l'ennui (même le crucifix est ennuyé) et de la Bêtise. La fenêtre, emblème de l'art — un art lui-même associé à la mysticité —, n'est pas figure de transparence et d'ouverture, mais de réflexion et de transfiguration. Le rêve baude-lairien de la vie antérieure devient ici paradis de la beauté. Et le « je meurs » du vers 29, mieux que la variante « je songe », fait de l'écriture une anticipation de l'éternité. Mais cet angélisme a aussi sa malédiction icarienne, ou son châtiment : dans l'image finale de la chute de l'ange apparaît la hantise récurrente de l'impuissance poétique.

Autre correction d'importance, celle (v. 37) qui efface en 1887 la référence à Dieu, remplacé par un Moi majuscule, comme pour déplumer davantage l'angélisme daté de ce poème de jeunesse.

V. 24. Cf. *Brise marine, Don du poème, Hérodiade*, où l'allaitement, image du bonheur domestique méprisé, sert de contrepoint ou de repoussoir à l'allaitement spirituel évoqué dans *Le Guignon*, celui des poètes qui « tètent la douleur comme ils tétaient le rêve ».

V. 38. *Le monstre* : la Bêtise du v. 35.

Page 12. LES FLEURS

Le Parnasse contemporain, 12 mai 1866.
Poésies 1887; AVP; APF; Vers et prose.
Ms 1 (Aubanel), coll. part.
Ms 2, Carnet de 1864.
Ms 3, Ensemble de 1865.
Ms 4, Envoi de 1866, coll. part. inc. (HD, vente L. Graux, 4 juin 1957).
Ms 5, 19 novembre 1867, Musée Balaguer, Villanueva y Geltrù (Espagne).

Écrit en mars 1864, *Les Fleurs* mérite une attention particulière parmi les poèmes de jeunesse pour deux raisons :
— les remaniements apparus en 1887 de l'état initial sont révéla-teurs de l'évolution spirituelle du poète. Comme pour *Les Fenêtres*,

Mallarmé a effacé Dieu, destinataire initial du poème, dont voici le premier et les deux derniers quatrains dans le ms 1 (le reste ne présente pas de variantes notables) :

> Des avalanches d'or du vieil azur, au jour
> Premier, et de la neige éternelle des astres,
> Mon Dieu, tu détachas les grands calices pour
> La terre jeune encore et vierge de désastres.
>
> ...
>
> Hosannah sur le cistre et dans les encensoirs,
> Ô mon Père, hosannah du profond de nos limbes!
> A jamais hosannah dans l'or des jours sans soirs,
> Par l'azur des rayons et le frisson des nimbes!
>
> Car, n'oubliant personne en ton charmant effort,
> Tu donnas, lui montrant son devoir sans mensonge,
> De fortes fleurs versant comme un parfum la Mort
> Au poète ennuyé que l'Impuissance ronge.

La première publication du poème dans *Le Parnasse contemporain* se rapproche de la version définitive tout en gardant la référence divine (« Notre Père », v. 18; « Ô Père qui créas... », v. 21). En 1887, la figure divine du Père laisse ainsi la place à celle de la Mère, qui n'est évidemment pas la Vierge, malgré le jeu délibéré sur Notre dame, mais la Nature, la mère universelle, qui devient après la mort de Dieu le principe substitutif de toute la rêverie ontologique de Mallarmé.

— Surtout, ce poème consacre l'apparition d'Hérodiade dans l'œuvre de Mallarmé, une Hérodiade de chair et de sang ici associée à la rose cruelle, et opposée à la blancheur virginale des lys.

Cette célébration des fleurs par un « poète las que la vie étiole » se termine par deux vers qui annoncent déjà cette autre célébration de fleurs — *Les Fleurs du Mal* — dans *Le Tombeau de Charles Baudelaire* :
> ... un poison tutélaire
> Toujours à respirer si nous en périssons

V. 2. Cf. *Apparition* :
Neiger de blancs bouquets d'étoiles parfumées.

V. 7. Sur l'image du pied nu, symbole d'innocence ou d'ingénuité, cf. *Don du poème*, le *Faune*, *Le Savetier*, « M'introduire dans ton histoire... »

Page 14.   RENOUVEAU

Le Parnasse contemporain, 12 mai 1866.
Poésies 1887; APF.
Ms 1, coll. A. Rodocanachi.
Ms 2 (Aubanel), coll. part. (*PBM*).
Ms 3, Carnet de 1864.

Ms 4, Ensemble de 1865.
Ms 5, Envoi de 1866, Doucet, 7248-17.
Ms 6, coll. A. Rodocanachi.
Ms 7, coll. A. Rodocanachi.
Ms 8, Ensemble de 1887.
Ms 9, Maquette.

Titre : *Vere novo...* ms 1, 2, 3, 4 : *Vere novo* ms 5, 6, *PC*, *APF* : *Renouveau* ms 7, 8, 9, *1887*.

Hormis les majuscules (Rêve, Impuissance, Azur) et la ponctuation, peu de variantes notables :
V. 3.   Dans mon être où, dès l'aube, un sang plombé ms 1
         Et dans mon être auquel un sang morne ms 2, 6
         Et dans mon être auquel un sang plombé ms 3, 4
V. 5.   sous le crâne 1887
V. 7.   Et, morne, j'erre ms 1
V. 10.   à ce rêve *1887*
V. 12.   m'abîmant, que le Néant se lève... ms 1
V. 13.   Où des oiseaux en fleur gazouillent du soleil! ms 1, 2
         Où des oiseaux en fleur gazouillent au soleil. ms 3, 4, 6
         Où les oiseaux en fleur gazouillent au soleil ms 5, *PC*

Intitulé primitivement *Vere novo...* (Au printemps neuf), titre emprunté à V. Hugo (*Contemplations*, I, 12) qui l'a trouvé lui-même chez Virgile (*Géorgiques*, I, 43), ce poème fut, de 1862 à 1865, couplé dans les manuscrits avec *Tristesse d'été* sous le titre de *Soleils malsains* puis *Soleils mauvais*, avant que les deux poèmes paraissent séparément dans *Le Parnasse contemporain*. Le nouveau titre (1887), peut-être suggéré, selon L.J. Austin, par *Brumes et pluies* de Baudelaire, était déjà contenu, phonétiquement et sémantiquement, dans l'ancien.
   Faisant en 1862 l'envoi de ce poème à Cazalis, Mallarmé l'évoquait en ces termes : « Emmanuel t'avait peut-être parlé d'une stérilité curieuse que le printemps avait installée en moi. Après trois mois d'impuissance, j'en suis enfin débarrassé, et mon premier sonnet est consacré à la décrire, c'est-à-dire à la maudire : c'est un genre assez nouveau que cette poésie, où les effets matériels, du sang, des nerfs, sont analysés et mêlés aux effets moraux, de l'esprit, de l'âme. Cela pourrait s'appeler spleen printanier. Quand la combinaison est bien harmonisée et que l'œuvre n'est ni trop physique ni trop spirituelle, elle peut représenter quelque chose » (4 juin 1862).
   Malgré les images et un ton très baudelairiens, ce « spleen printanier » révèle une sensibilité saisonnière toute personnelle : à l'hiver lucide (ce sera la saison d'Hérodiade), succède un printemps maladif synonyme de stérilité quand la nature, elle, est en plein renouveau. Au sang morne du poète impuissant s'oppose ainsi la sève insolente de la nature, et le simulacre de mort (« creusant de ma face une fosse à mon rêve ») semble tourner en désespoir de cause au mimétisme végétal, comme s'il fallait s'abîmer en terre pour que quelque chose

190

s'élève, fût-ce le néant ou l'ennui. Attente vaine, mais dont Jean-Pierre Richard a montré qu'elle reste l'attitude fondamentale du jeune Mallarmé, que l'impuissance condamne à attendre un impossible secours d'en haut et qui éprouve cette impossibilité même comme l'éternelle ironie de l'azur.

Page 15.   ANGOISSE

Le Parnasse contemporain, 12 mai 1866.
Poésies 1887.
Ms 1, Carnet de 1864.
Ms 2 (Aubanel), coll. A. Rodocanachi.
Ms 3, Ensemble de 1865.
Ms 4, Envoi de 1866, coll. part.
Ms 5, Ensemble de 1887.

Titre : *A une putain* ms 1, 2, 3 : *A celle qui est tranquille* ms 4, *PC* : *Angoisse* ms 5, *1887*

V. 5.   Je viens te demander *(d'après copie de Lefébure, coll. part.)*
V. 6.   sous ses ms 1, 2, 3
V. 14.   Et j'ai peur de penser lorsque je couche seul *(premier état cité par Wyzewa dans La Vogue, n° 11, 1886)*

Successivement intitulée *A une putain*, puis *A celle qui est tranquille*, enfin, en 1887, *Angoisse* (titre qui devait à l'origine coiffer l'ensemble des poèmes envoyés au *Parnasse contemporain*), cette variation sur le thème baudelairien de la femme-Léthé, médiatrice du néant, propose, après l'enfouissement chtonien de *Renouveau*, une autre rêverie d'enfouissement : à la prostituée, sœur du poète par sa stérilité, à celle qui a le privilège d'être tranquille parce que cet animal féminin n'a pas d'âme et se trouve ainsi à l'abri de l'ennui et du remords, le poète, l'inquiet perpétuel, ne demande pas le plaisir mais le « lourd sommeil sans songes », image de ce « néant où l'on ne pense pas » (voir les variantes de *Tristesse d'été*).

L'idée déjà mallarméenne du néant, comme l'a souligné Jean Starobinski (*Les Lettres*, n° 9-10-11, 1948), s'incarne encore, à cette époque, dans une image baudelairienne de la femme. Et cette incarnation charnelle du néant n'est pas seulement ce qui apaise les tourments de l'âme, mais, comme l'indique la correction du dernier vers (« J'ai peur de penser » —> « Ayant peur de mourir »), ce qui exorcise l'idée même ou la peur du néant.

V. 5. Cf. Baudelaire, *De profundis clamavi* :

Je jalouse le sort des plus vils animaux
Qui peuvent se plonger dans un sommeil stupide [...]

V. 9. On retrouve ici l'idée, récurrente à cette époque dans la poésie mallarméenne, d'un châtiment : par la stérilité, le poète expie les excès de la chair. La « native noblesse » renvoie au thème romantique de la prédestination poétique (cf. *Bénédiction* de Baudelaire).

V. 11. *ton sein de pierre* : cf. *La Beauté* de Baudelaire.

V. 12. La *dent du crime* est le *remords* évoqué au v. 6.

Page 16.   « LAS DE L'AMER REPOS... »

Le Parnasse contemporain, 12 mai 1866.
Poésies 1887.
Ms 1, coll. part.
Ms 2, Carnet de 1864.
Ms 3, Envoi de 1866, Doucet, 7248-2.
Ms 4, Ensemble de 1887.

Titre : *Lassitude* ms 1 : *Épilogue* ms 2, 3, *PC*.

Ce poème qui devait servir d'*Épilogue* aux treize poèmes du Carnet de 1864 parut effectivement sous ce titre, comme dixième et dernier de l'ensemble publié dans *Le Parnasse contemporain*, après avoir subi nombre de modifications, comme en témoigne le ms 1 :

LASSITUDE

Las d'un amer repos où ma paresse offense
Une gloire pour qui jadis j'ai fui l'enfance
Adorable des bois de roses sous l'azur
Matinal, mais plus las cent fois, sort âpre et dur,
De creuser chaque jour une fosse nouvelle
Dans le terrain aride et mort de ma cervelle,
Fossoyeur sans pitié pour la stérilité,
— Que dire à l'heure froide où par tous déserté
Ce cimetière, ennui triste du ciel livide,
Ne sera plus qu'un trou ridiculement vide? —
Je veux délaisser l'Art vorace d'un pays
Cruel, et, souriant aux reproches vieillis
Que me font mes amis, mon passé, le génie,
Et ma lampe qui sait pourtant mon agonie,
Imiter ces Chinois au cœur limpide et fin
De qui l'extase calme est de peindre sans fin
Sur des tasses de neige à la lune ravie
Une bizarre fleur qui parfume leur vie
Transparente, la fleur qu'ils ont rêvée, enfants,
Dans les treillages bleus des jardins triomphants.
Et, sachant qu'un divin rêve suffit au sage,
Serein, je veux choisir un jeune paysage
Que je peindrai comme eux sur des tasses, distrait :
Une ligne d'azur mince et pâle serait
Un lac, sous un beau ciel de porcelaine nue;

Un fin croissant, léger comme une blanche nue,
Tremperait une corne en la glace des eaux,
Non loin de trois grands cils d'émeraude, roseaux.

Comme l'indique le titre du *Parnasse contemporain*, ce poème
achève une époque dans la poésie mallarméenne, mais cet épilogue
est aussi un point de départ et définit, à partir du vers 11, une
esthétique nouvelle. L'époque achevée, c'est celle d'un lyrisme
personnel trop marqué d'influences baudelairiennes, celle des
Angoisses et des *Atonies* (titres que Mallarmé avait voulu donner à son
envoi du *Parnasse*) qui condamnent le poète impuissant à n'être que le
fossoyeur de ses rêves.

L'esthétique nouvelle, c'est l'ambition d'une poésie plus artisanale
et plus impersonnelle, d'un art de stylisation et de suggestion dont les
sept derniers vers proposent l'illustration; c'est déjà l'essentiel de
l'esthétique mallarméenne de la maturité. Et cette esthétique est aussi
une sagesse : aux angoisses métaphysiques du « mendieur d'azur »
s'oppose ici une sérénité tout orientale devant la mort. Bien que Léon
Cellier ait voulu voir un hommage à Gautier dans ce patronage
chinois, il n'y a en tout cas rien de parnassien dans cette esthétique
nouvelle qui met au cœur de son inspiration l'image ophélienne d'une
fille-fleur intériorisée, première de ces fantômes féminins qui, des
sirènes à la nixe du sonnet en -yx, de la sœur de *Prose* à l'« ombre
puérile » du *Coup de dés*, hanteront la poésie mallarméenne.

V. 8. *Visité* se rapporte au *je* implicite dans « Que dire ». Les roses
qui visitent le poète sont celles de l'aurore, Mallarmé jouant sur la
métaphore traditionnelle de l'Aurore aux doigts de rose. L'aurore,
comme dans *Don du poème*, est le moment du constat réaliste après
les rêves de la nuit.

V. 16. A noter la correction de « peindre sans fin [...] Une bizarre
fleur » en « peindre la fin [...] D'une bizarre fleur » : point de
naturalisme ici, mais déjà « l'absente de tous bouquets ».

V. 21. A lire comme un ablatif absolu.

V. 24-28. Cf. la réécriture du premier vers du *Pitre châtié* : « Yeux,
lacs... ».

Page 18.   LE SONNEUR

L'Artiste, 15 mars 1862.
Le Parnasse contemporain; Poésies 1887.
Ms 1 (Aubanel), coll. A. Rodocanachi.
Ms 2, Carnet de 1864.
Ms 3, Envoi de 1866, coll. part. inc. (HD, vente L. Graux, 4 juin 1957).
Ms 4, Ensemble de 1887.

Premier état du poème, en 1862 (*L'Artiste*) :

> Cependant que la cloche enivre sa voix claire
> De l'air plein de rosée et jeune du matin,
> Et fait à la faucheuse entonner, pour lui plaire,
> Un *Angelus* qui sent la lavande et le thym;
>
> Le sonneur essoufflé, qu'un cierge pâle éclaire,
> Chevauchant tristement en geignant du latin,
> Sur la pierre qui tend la corde séculaire,
> N'entend descendre à lui qu'un tintement lointain.
>
> Je suis cet homme. Hélas! dans mon ardeur peureuse,
> J'ai beau broyer le câble à sonner l'idéal,
> Depuis que le Mal trône en mon cœur lilial
>
> La Voix ne me vient plus que par bribes et creuse,
> — Si bien qu'un jour, après avoir en vain tiré,
> Ô Satan, j'ôterai la pierre et me pendrai!

Autres variantes notables :
V. 1-3.   Cependant que la cloche, enivrant [...] Invite la faucheuse à chanter
          pour lui plaire ms 1, 2   (*mais le ms 2 n'a pas de virgule après*
          cloche)
V. 4.   Un angelus par brins de lavande et de thym, *PC*

De l'idéal au spleen encore dans ce poème, où le mendieur d'azur devient le mauvais moine, mais un moine sonneur. S'il est vrai que la corde du sonneur est le « câble à sonner l'Idéal », c'est bien l'idéal que fait sonner la première strophe : l'angelus du matin évoque un paradis de l'enfance qui est aussi une harmonie poétique où les sons se mêlent aux parfums. Vision proprement angélique, où l'angelus est à la fois la sonnerie des cloches, la prière de l'enfant, et, au sens premier du mot, l'ange familier des rêveries mallarméennes (cf. *Apparition*, *Les Fenêtres*, *Les Fleurs*, *Soupir*). Mais à cet idéal de transparence matinale, le poète-sonneur n'a pas accès, il reste dans « la nuit désireuse », car « le péché mallarméen, comme le note J.-P. Richard, reproduit [...], en plus cru, le spleen baudelairien », si bien que le câble à sonner l'idéal risque de devenir, par une inversion caractéristique de l'angélisme en satanisme, la corde du pendu.

On peut voir dans l'invocation finale (« Ô Satan ») la trace d'une rhétorique d'emprunt, celle du satanisme de Baudelaire, mais elle s'inscrit plus subtilement dans la symbolique même du poème : pour le sonneur maudit, l'angelus de la première strophe se dégrade en ébat d'un « plumage féal », et cette chute de plumes, associée à l'idée de péché, évoque le thème de la chute d'un ange qui conduit naturellement à l'invocation à Satan, l'archange déchu.

194

Le Parnasse contemporain, 30 juin 1866.
Poésies 1887; Vers et prose.
Ms 1 (Aubanel), coll. part. (*PBM*).
Ms 2, Carnet de 1864.
Ms 3, Ensemble de 1865.
Ms 4, Ensemble de 1887.
Ms 5, Maquette.

Premier état du poème (ms 1) remontant sans doute à 1862 :

> Le Soleil, sur la mousse où tu t'es endormie,
> A chauffé comme un bain tes cheveux ténébreux,
> Et, dans l'air sans oiseaux et sans brise ennemie,
> Évaporé[a] ton fard en parfums dangereux.
>
> De ce blanc flamboiement l'immuable accalmie
> Me fait haïr la vie et notre amour fiévreux,
> Et tout mon être implore un sommeil de momie
> Morne comme le sable et les palmiers poudreux!
>
> Ta chevelure, est-elle une rivière tiède
> Où noyer sans frissons mon âme qui m'obsède
> Et jouir du Néant où l'on ne pense pas?[b]
>
> Je veux boire le fard qui fond sous tes paupières
> Si ce poison promet au cœur que tu frappas
> L'insensibilité de l'azur et des pierres!

a. Surchargé par : S'évapore
b. Et voir dans le Néant si l'on ne pense pas? ms 2, 3

Bien que faisant partie des treize poèmes envoyés au *Parnasse contemporain*, ce sonnet parut séparément à la fin du volume reprenant les différentes livraisons de la revue. Couplé à l'origine avec *Vere novo* (voir la notice de *Renouveau*), il en est le pendant estival : après l'atonie printanière, l'atonie de l'été.

Le soleil accomplit ici une double métamorphose de la femme : éteignant l'ardeur guerrière (« lutteuse », « joue ennemie ») de l'amour, il la transforme en une langueur triste qui se formule dans le regret d'une impossible fusion éternelle des êtres. Mais cette métamorphose psychologique s'accompagne d'une transformation physique : il y a, comme l'a souligné J.-P. Richard, une véritable liquéfaction de la femme (bain des cheveux, pleurs mêlés d'un breuvage amoureux, rivière de la chevelure, fard pleuré), où le poète perçoit l'appel d'une autre fusion déjà évoquée dans *Angoisse* : la chevelure liquide, le tiède « *mundus muliebris* » deviennent ici le lieu d'un retour au néant où s'abolit toute conscience, où s'effacent les angoisses d'une âme toujours bourrelle d'elle-même. Le vœu d'insensibilité d'*Angoisse* s'achève ici en rêve de pétrification.

Du couple traditionnel, hérité de Baudelaire, de la femme insensible, de la femme au « sein de pierre » et du poète sentimental, *Tristesse d'été* propose ainsi une inversion originale : c'est de la métamorphose de la femme minérale et froide (« l'or de tes cheveux ») en une tiédeur liquide que le poète attend pour lui-même « l'insensibilité de l'azur et des pierres ».

V. 9. Le manuscrit de la maquette donne bien *la* (et non *ta*) *chevelure*.

Page 20.   L'AZUR

Le Parnasse contemporain, 12 mai 1866.
Poésies 1887; Vers et prose.
Ms 1 (Aubanel), coll. part.
Ms 2, Carnet de 1864.
Ms 3, Ensemble de 1865.
Ms 4, Envoi de 1866, coll. part. inc. (HD, vente L. Graux, 4 juin 1957).
Ms 5, Ensemble de 1887.

Principales variantes :
V. 4.   A travers le désert morbide des Douleurs ms 1
V. 8.   Jeter, linceul hideux, sur ms 1 : Jeter, hideux linceul, sur ms 2, 3
V. 22.   l'Idéal rongeur ms 1
V. 30.   Dans les cloches. Orage, il ms 1
V. 31.   Cruellement goûter ms 1 : Vous faire peur avec ms 2, 3
V. 33.   brume, indolent, et ms 1, 2, 3, *PC*
V. 34.   Ma peureuse agonie ms 1, 2 : Notre errante agonie ms 3 : Ta
                peureuse agonie *PC*
V. 35.   fuir, dans ma révolte ms 1
V. 36.   Je suis hanté *1887*

L'envoi de *L'Azur* à Cazalis en janvier 1864 est l'occasion d'une longue lettre qui en fait ressortir la nouveauté : dans ce poème, Mallarmé fait pour la première fois l'essai de la poétique de l'effet de Poe, révélée par « La Genèse d'un poème » :
« Je t'envoie enfin ce poème de l'Azur [...]. Je l'ai travaillé, ces derniers jours, et je ne te cacherai pas qu'il m'a donné infiniment de mal, — outre qu'avant de prendre la plume, il fallait, pour conquérir un moment de lucidité parfaite, terrasser ma navrante Impuissance. Il m'a donné beaucoup de mal, parce que bannissant mille gracieusetés lyriques et beaux vers qui hantaient incessamment ma cervelle, j'ai voulu rester implacablement dans mon sujet. Je te jure qu'il n'y a pas un mot qui ne m'ait coûté plusieurs heures de recherche, et que le premier mot, qui revêt la première idée, outre qu'il tend par lui-même à l'*effet* général du poème, sert encore à préparer le dernier. L'*effet produit*, sans une dissonance, sans une fioriture, même adorable, qui distraie, — voilà ce que je cherche. — Je suis sûr, m'étant lu les vers à

196

moi-même, deux cents fois peut-être, qu'il est atteint. Reste maintenant l'autre côté à envisager, le côté esthétique. Est-ce beau, y a-t-il un reflet de la Beauté? [...] Henri, qu'il y a loin de ces théories de composition littéraires à la façon dont notre glorieux Emmanuel prend une poignée d'étoiles dans la voie lactée pour les semer sur le papier, et les laisser se former au hasard en constellations imprévues! Et comme son âme enthousiaste, ivre d'inspiration, reculerait d'horreur devant ma façon de travailler! Il est le poète lyrique, dans tout son admirable épanchement. Toutefois, plus j'irai, plus je serai fidèle à ces sévères idées que m'a léguées mon grand maître Edgar Poe.

Le poème inouï du *Corbeau* a été ainsi fait. Et l'âme du lecteur jouit *absolument* comme le poète a voulu qu'elle jouît. Elle ne ressent pas une impression autre que celles sur lesquelles il avait compté. — Ainsi, suis ma pensée dans mon poème et vois si c'est là ce que tu as senti en me lisant. Pour débuter d'une façon plus large, et approfondir l'ensemble, je ne parais pas dans la première strophe. L'azur torture l'impuissant en général. Dans la seconde, on commence à se douter, par ma fuite devant le ciel possesseur, que je souffre de cette terrible maladie. Je prépare dans cette strophe encore, par une forfanterie blasphématoire *Et quelle nuit hagarde*, l'idée étrange d'invoquer les brouillards. La prière au *Cher Ennui* confirme mon impuissance. Dans la troisième strophe, je suis forcené comme l'homme qui voit réussir son vœu acharné. La quatrième commence par une exclamation grotesque, d'écolier délivré : *Le ciel est mort!* Et, de suite, muni de cette admirable certitude, j'implore la Matière. Voilà bien la joie de l'Impuissant. Las du mal qui me ronge, je veux goûter au bonheur commun de la foule, et attendre patiemment la mort obscure... Je dis : *Je veux!* Mais l'ennemi est un spectre, le ciel mort *revient*, et je l'entends qui chante dans les cloches bleues. Il passe, indolent et vainqueur, sans se salir à cette brume et me transperce simplement. A quoi je m'écrie, plein d'orgueil et ne voyant pas là un juste châtiment de ma lâcheté, que j'ai *une immense agonie*. Je veux fuir encore, mais je sens mon tort et avoue *que je suis hanté*. Il fallait toute cette poignante révélation pour motiver le cri sincère, et bizarre, de la fin, l'*azur*... — Tu le vois, pour ceux qui, comme Emmanuel et comme toi, cherchent dans un poème autre chose que la musique du vers, il y a là un vrai drame. Et ç'a été une terrible difficulté de combiner, dans une juste harmonie, l'élément dramatique, hostile à l'idée de Poésie pure et subjective, avec la sérénité et le calme de lignes nécessaires à la Beauté. »

Au-delà du thème éminemment baudelairien de l'impuissance poétique qui transforme ici le rêve d'azur en un cauchemar bleu (contre lequel le poète invoque successivement et vainement le secours de la nuit, des brouillards, de l'ennui, des fumées, de la matière, de la mort même), l'essentiel est la conscience plus nette que prend Mallarmé, grâce à « La Genèse d'un poème », de l'artifice poétique tout entier orienté vers l'effet à produire. Il s'agit moins ici d'exprimer un drame ou des états d'âme que d'éprouver, dans ce poème de l'impuissance poétique, le pouvoir des mots.

V. 24. C'est le bonheur stupide de l'animalité. Cf. le premier vers du *Guignon*.

V. 26. Cf. *Le Pitre châtié*, ainsi qu'« Éloge du maquillage » de Baudelaire dans « Le Peintre de la vie moderne ».

V. 32. Cf. *Le Sonneur*. Les bleus angelus sont ici les figures sonores de l'idéal, comme les oiseaux en sont les figures visibles.

V. 36. E. Noulet a vu à juste titre dans ce vers un effet de répétition analogue à celui des *Cloches* de Poe.

Page 22.   B R I S E   M A R I N E

Le Parnasse contemporain, 12 mai 1866.
Poésies 1887; AVP; Vers et prose.
Ms 1, Doucet, MNR Ms 1188.
Ms 2, Ensemble de 1865.
Ms 3, coll. part. (*PBM*).
Ms 4, Envoi de 1866, non retrouvé.
Ms 5, Ensemble de 1887.

Premier état du poème (ms 1), datant de 1865 :

La chair est triste, hélas! et j'ai lu tous les livres.
Je veux aller là-bas où les oiseaux sont ivres
D'errer entre la mer[a] inconnue et les cieux!
Rien, ni le vieux jardin reflété par mes yeux,
Ne retiendra[b] ce cœur qui dans la mer se trempe,
Ô nuits, ni la blancheur stérile[c] sous la lampe
Du papier qu'un cerveau malade[d] me défend,
Et ni la jeune femme allaitant son enfant.
Je partirai! Steamer balançant ta mâture,
Lève l'ancre vers une exotique nature,
Car un ennui, vaincu par les vides espoirs,
Croit encore à l'adieu suprême des mouchoirs,
Et serais-tu de ceux, steamer, dans les orages,
Que le destin charmant réserve à des naufrages[e]
Perdus, sans mâts ni planche, à l'abri des îlots...
Mais, ô mon cœur, entends le chant des matelots!

a. la vague ms 2
b. Ne gardera ms 3
c. mortelle ms 2
d. châtié ms 2

198

e. Et, peut-être, les mâts, invitant les orages
   Sont de ceux que le vent penche sur les naufrages ms 3
   Sont-ils ceux que le vent penche sur les naufrages *PC*

Le désir d'ailleurs s'oppose, dans ce poème du *taedium vitae*, au décor domestique de l'impuissance poétique, associée à l'image de l'allaitement maternel, figure du pauvre bonheur d'ici-bas mais aussi, peut-être, comme dans *Don du poème*, d'une fécondité refusée au poète. Cet ailleurs exotique n'a d'exotique en fait que l'adjectif et n'a pas d'autre contenu que d'être l'ailleurs d'un monde trop connu, la personnification de l'Ennui faisant de ce péché capital de la théologie baudelairienne la figure même du poète impuissant qui rêve malgré tout, comme le voyageur des *Fleurs du mal*, d'une chimérique Icarie.

V. 7-8. Le parallélisme de ces deux vers oppose implicitement la blancheur stérile du papier à celle, nourricière, du lait maternel.

V. 13-15. On a parfois évoqué l'incohérence ou la contradiction de ces vers. Étant entendu que *Perdus* ne peut se rapporter qu'à *naufrages*, il n'y a de contradiction que si l'on prend la phrase dans sa logique synchronique, alors que, diachroniquement, elle mime le naufrage même, des mâts penchés à leur disparition définitive.

Page 23.   SO UP IR

Le Parnasse contemporain, 12 mai 1866.
Poésies 1887; AVP; APF; Vers et prose.
Ms 1, Carnet de 1864.
Ms 2, Ensemble de 1865.
Ms 3 (Aubanel), coll. part.
Ms 4, Envoi de 1866, coll. part. inc. (HD, vente L. Graux, 4 juin 1957).
Ms 5, Ensemble de 1887.
Ms 6, coll. A. Rodocanachi.

Le titre apparaît pour la première fois dans *PC*
Une seule variante notable, au v. 9 : en un triste sillon ms 3

Cette unique phrase, relancée en son milieu par la reprise de « Vers l'Azur », présente, en contrepoint de l'azur cruel qui hante le poète impuissant, la figure plus sereine de l'azur attendri, par le biais d'une correspondance entre le paysage automnal et la femme qui est moins la femme, toujours liée à la dimension tragique de la chair, que la sœur, celle qui ressuscite le rêve angélique ancien. Dans cette atmosphère alanguie de l'automne, l'élévation de l'âme est moins une exaltation qu'un soupir, qui réconcilie l'ascension et la chute (une chute légère à l'image d'une chute de plumes ou de feuilles), et la mort même, dans une continuité heureuse, celle de la phrase même.

199

V. 4. Ce *jardin mélancolique* rappelle le paradis de tristesse d'*Apparition*.

V. 10. Cf. *Plainte d'automne*, dans *Divagations* (« ... dans l'année, ma saison favorite, ce sont les derniers jours alanguis de l'été, qui précèdent immédiatement l'automne et, dans la journée, l'heure où je me promène est quand le soleil se repose avant de s'évanouir, avec des rayons de cuivre jaune... »), et le vers 20 de *L'Azur*.

Page 24.   AUMÔNE

Le Parnasse contemporain, 12 mai 1866.
Poésies 1887.
Ms 1 (Aubanel), coll. part. (*PBM*).
Ms 2, Carnet de 1864.
Ms 3, Ensemble de 1865.
Ms 4, Envoi de 1866, non retrouvé.
Ms 5, Maquette.
Ms 6, Ensemble de 1887.

Titre : *A un mendiant* ms 1, 2, 3 : *A un pauvre PC* : *Aumône* ms 5, 6, *1887*

Il existe de ce poème trois versions différentes (voir aussi *Haine du pauvre*, p. 155, parfois considéré comme un premier état). La première date de 1862 :

A UN MENDIANT

Pauvre, voici cent sous... Longtemps tu cajolas
— Ce vice te manquait, — le songe d'être avare?
Ne les enterre pas pour qu'on te sonne un glas.

Évoque de l'Enfer un péché plus bizarre.
Tu peux ensanglanter tes brumeux horizons
D'un Rêve ayant l'éclair vermeil d'une fanfare :

Changeant en verts treillis les barreaux des prisons
Qu'illumine l'azur charmant d'une éclaircie,
Le tabac fait grimper de sveltes feuillaisons;

L'opium est à vendre en mainte pharmacie;
Veux-tu mordre au rabais quelque pâle catin
Et boire en sa salive un reste d'ambroisie?

T'attabler au café jusqu'à demain[a] matin?
Les plafonds sont fardés de faunesses sans voiles,
Et l'on jette deux sous au garçon, l'œil hautain.

Puis quand tu sors, vieux dieu, grelottant sous tes toiles
D'emballage, l'aurore est un lac de vin d'or
Et tu jures avoir le gosier plein d'étoiles!

Tu peux aussi, pour bien gaspiller ton trésor,
Mettre une plume rouge à ta coiffe; à complies,
Brûler un cierge au saint à qui tu crois encor.

Ne t'imagine pas que je dis des folies :
Que le Diable ait ton corps si tu crèves de faim,
Je hais l'aumône *utile*, et veux que tu m'oublies;

Et, surtout, ne va pas, drôle, acheter du pain!

a. jusqu'au jaune ms 1 (*correction de 1864*) : jusqu'au triste ms 2, 3

La deuxième version est celle du *Parnasse contemporain* :

A UN PAUVRE

Prends le sac, Mendiant. Longtemps tu cajolas
— Ce vice te manquait — le songe d'être avare?
N'enfouis pas ton or pour qu'il te sonne un glas.

Évoque de l'Enfer un péché plus bizarre.
Tu peux ensanglanter les sales horizons
Par une aile de Rêve, ô mauvaise fanfare!

Au treillis apaisant les barreaux de prisons,
Sur l'azur enfantin d'une chère éclaircie,
Le tabac grimpe avec de sveltes feuillaisons.

Et l'opium puissant brise la pharmacie!
Robes et peau, veux-tu lacérer le satin,
Et boire en la salive heureuse l'inertie?

Par les cafés princiers attendre le matin?
Les plafonds enrichis de nymphes et de voiles,
On jette, au mendiant de la vitre, un festin.

Et quand tu sors, vieux dieu, grelottant sous les toiles
D'emballage, l'aurore est un lac de vin d'or,
Et tu jures avoir le gosier plein d'étoiles!

Tu peux même, pour tout répandre ce trésor,
Mettre une plume noire à ton feutre; à complies
Offrir un cierge au Saint en qui tu crois encor.

Ne t'imagine pas que je dis des folies.
Que le diable ait ton corps si tu crèves de faim,
Je hais l'aumône utile et veux que tu m'oublies.

Et, surtout, ne va pas, drôle, acheter du pain!

Le ms 5 qui donne la version définitive corrige pour les vers 3-5 l'état
intermédiaire suivant :

Afin d'en égoutter pièce à pièce ton glas.

Enfante du métal un cher péché bizarre!
Et, joyeux comme nous,

Ce poème de l'aumône corruptrice, dont le thème, selon P. Citron,
vient peut-être de Balzac (*Une double famille*), prend le contre-pied du
discours vertueux prêchant au pauvre la parcimonie, au nom d'une

contre-morale satanique qui invite à la dépense immédiatement gratifiante des paradis artificiels et du mal (le tabac, l'opium, la débauche, le vin), ou, à tout le moins, à ces autres formes d'illusion que sont l'art (symbolisé ici par la plume d'Hamlet) et la religion. On reconnaîtra dans l'évocation des effets de l'opium et du vin ces vers du *Poison* de Baudelaire :

> Le vin sait revêtir le plus sordide bouge
> D'un luxe miraculeux,
> Et fait surgir plus d'un portique fabuleux
> Dans l'or de sa vapeur rouge,
> Comme un soleil couchant dans un ciel nébuleux.
>
> L'opium agrandit ce qui n'a pas de bornes...

Faut-il voir dans l'apostrophe du dernier vers le signe d'une fraternité entre le pauvre et le poète, cet autre mendiant (voir *Le Guignon*) qui comme lui vit moins de pain que de fêtes imaginaires? On peut y lire aussi, dans ce discours d'une contre-charité, une ironie anti-humanitaire ou anti-chrétienne.

V. 3. Lire : « *Afin de pièce à pièce en égoutter ton glas [comme le] Sénile nourrisson...* ». Ces trois vers superposent plusieurs images : à partir de celle qui associe le sac d'or à une tétine, la parcimonie du pièce à pièce devient un goutte à goutte qui scande, comme celui de la clepsydre, un temps mortel dont le glas est l'image sonore.

V. 6. Au *glas* mortel que ne cesse de sonner la parcimonie du *pièce à pièce* s'oppose l'*ardente fanfare* de la dépense vitale, l'or ou le métal devenant par métonymie la trompette où se dépense le souffle.

V. 9. Le tabac, qui transforme les maisons en églises, apparaît comme « une parodie de l'encens, une sorte de contre-encens » (J.-P. Richard).

V. 11. *Robes et peau* : apposition double à satin, évoquant évidemment la femme, objet de cette lacération dans la violence amoureuse.

V. 12. Cf. *Le Léthé*, et encore *Le Poison* de Baudelaire :

> Tout cela [le vin et l'opium] ne vaut pas le terrible prodige
> De ta salive qui mord,
> Qui plonge dans l'oubli mon âme sans remord...

Page 26.   DON DU POÈME

Paris Magazine. Grand Journal, 23 décembre 1866[1].
PM; Poésies 1887; Vers et prose.
Ms 1 (Aubanel), Doucet, MNR Ms 1189.
Ms 2, Arsenal, 14 363, fol. 79.

1. R. Poggenburg a retrouvé récemment cette toute première publication non signée (l'hebdomadaire « républicain protestant » dont parlait Verlaine par antiphrase).

Ms 3 (Aubanel), coll. B. Malle.
Ms 4, Maquette.
Ms 5, Ensemble de 1887.

Titre : *Le Jour* ms 1, 2 : *Le Poème nocturne* ms 3 : *Dédicace du Poëme nocturne* ms 4 : *Don* ms 4 : *Don du Poëme* ms 4, 5, *PM, 1887, VP*

État le plus ancien du poème (ms 1) :

LE JOUR

Je t'apporte l'enfant d'une nuit d'Idumée!
Pâle, à l'aile saignant, et noire, déplumée,
Par le verre enrichi de grands parfums et d'or,
Par les carreaux battus, hélas! mornes encor,
L'Aurore s'acharna sur ma lampe angélique.
Palmes! et quand elle a délaissé sa relique
A ce père essayant[a] un sourire ennemi,
La solitude bleue et stérile a gémi.
Ô la berceuse, avec ta fille, et l'innocence
De vos pieds froids, endors une triste naissance.
Et ta voix rappelant viole et clavecin,
Selon le doigt fané presseras-tu le sein
Par où coule en blancheur sibylline la femme,
Pour des lèvres que l'air du vierge Azur affame?

a. rêvant ms 2, 3

Écrit au début de 1865, alors que Mallarmé travaille à *Hérodiade*, ce quatorzain fut présenté à Villiers de l'Isle-Adam comme « un petit poème composé après le travail de la nuit [...]. Le poète, effrayé, quand vient l'aube méchante, du rejeton funèbre qui fut son ivresse pendant la nuit illuminée, et le voyant sans vie, se sent le besoin de le porter près de sa femme qui le vivifiera » (31 décembre 1865). Ce poème mal né évoque *Hérodiade*, fille de l'Idumée (exactement contemporaine de Geneviève Mallarmé, née le 19 novembre 1864), et c'est donc au regard du symbolisme d'*Hérodiade* que *Don du poème* prend toute sa signification. *Hérodiade* inaugure en effet, de façon plus ou moins consciente, une poésie nouvelle, liée à l'abandon des illusions religieuses, et la vierge, dans l'Ouverture et dans la Scène, se détourne ainsi de « l'azur séraphique » en même temps qu'elle s'affranchit de la double tutelle maternelle et religieuse de la Nourrice. Or la dédicataire de cette *Hérodiade* mal née et qui reste affamée d'azur, ressuscite ici une nourrice tutélaire : le « doigt fané » (figure dans l'Ouverture du prophétisme sibyllin) et la « blancheur sibylline » du lait rappellent en effet la connivence imaginaire, dans *Hérodiade*, de la Nourrice et de la sibylle, du lait nourricier et de la religion maternelle. En face de l'idéal mortifiant d'*Hérodiade*, *Don du poème* sonne ainsi

203

comme la tentation du retour à une inspiration plus traditionnelle, celle du rêve angélique d'azur : la femme appelée à revivifier le poème avorté rappelle par sa voix « viole et clavecin » (c'est-à-dire tout le symbolisme musical des premiers poèmes) à une époque où Mallarmé s'applique à faire de sa poésie la « Musicienne du silence ».

V.1. L'*Idumée*, ou pays d'Edom, est le pays d'Hérodiade.

V. 2. Dans ce combat de l'aurore paradoxalement noire et de la lampe angélique, on note l'inversion de l'image baudelairienne du combat de l'ange et du démon.

V. 6. La palme est une variante métaphorique de l'aile dans l'imaginaire mallarméen (voir *Le Démon de l'analogie*), appelée peut-être ici par la référence virgilienne aux palmes d'Idumée (« Primus Idumaeas referam tibi, Mantua, palmas », *Géorgiques*, III, 12). L'exclamation évoque l'épanouissement de l'aurore dans le ciel.

Cette relique : le poème.

V. 12. Cf. les vers 24-25 et 81-84 de l'Ouverture ancienne.

V. 13-14 Cf. les vers 82-84 de la Scène.

Page 27.   H É R O D I A D E

Le Parnasse contemporain, IIe série, Lemerre, 1869 [1871].
Poésies 1887; Vers et prose (v. 44-51 et 86-134).
Ms 1, Musée Calvet, Avignon (v. 29-52).
Ms 2, Ensemble de 1887.

Sur la genèse d'*Hérodiade*, voir p. 257 la notice des *Noces d'Hérodiade*.

Cette scène, seul morceau publié du vivant de l'auteur, est aussi la partie la plus ancienne d'*Hérodiade*. Le ms 1, copié en 1868, donne une idée de l'état primitif quand la scène était encore destinée au théâtre :

TOILETTE D'HÉRODIADE

LA NOURRICE
Voici la myrrhe gaie en ses bouteilles closes,
Ou, de l'essence faite avec la mort des roses
Voulez-vous, mon enfant, essayer la vertu
Funèbre?

HÉRODIADE (*courroucée*)
Laisse là ces parfums! Ne sais-tu
Que je les haïs, nourrice, et veux-tu que je sente
Leur ivresse noyer ma tête languissante?
Je veux que mes cheveux qui ne sont pas des fleurs
A répandre l'oubli des humaines douleurs,

204

Mais de l'or, à jamais vierge des aromates,
Dans leurs éclairs cruels et dans leurs pâleurs mates,
Conservent la froideur stérile du métal
Vous ayant reflétés, joyaux du mur natal,
Armes, vases, depuis ma solitaire enfance!

LA NOURRICE

Pardon, l'âge effaçait, reine, votre défense
De mon esprit, obscur comme un vieux livre, et noir...

HÉRODIADE (*impérieuse*)

Assez! tiens devant moi ce miroir.

(*très-rêveuse*)

Ô miroir!

Eau froide par l'ennui dans ton cadre gelée,
Que de fois, et pendant des heures, désolée
Des rêves et cherchant mes souvenirs qui sont
Comme des feuilles sous ta glace au trou profond,
Je m'apparus en toi comme une ombre lointaine,
Mais aussi, des soirs, dans ta sévère fontaine
Horreur, j'ai contemplé ma grande nudité!

(*se réveillant, et se tournant vers la nourrice*)

Nourrice, suis-je belle?

. . . . . .

(*Fragment d'une ancienne étude scénique d'Hérodiade*)

De 1871 à l'édition Deman, le texte évolue très peu. Si l'on néglige les changements de ponctuation, voici les seules variantes notables :

V. 22. bêtes *PC (corrigé au crayon, sur la maquette, en* lions; *l'écriture n'est peut-être pas de Mallarmé)*
V. 39. Conservent la froideur *PC*
V. 56. en le sinistre ms 2, *1887*
V. 59. sont *PC (corrigé au crayon sur la maquette en* font, *comme au v. 22)*
V. 61. Ô jour ms 2, *1887*
V. 64. en vous, vraiment, avec *PC*
V. 65. Mais toujours ms 2, *1887*
V. 73-74. Et pourquoi, dévorée
        D'angoisses ms 2, *1887*
V. 80. Tombera, le minuit ms 2, *1887*
V. 88. Dans des ms 2, *1887*
V. 92. mystérieuse ms 2, *1887*
V. 97. mortel devant qui *PC*
V. 101. Pour lequel par instants *PC*
V. 111. toi. Parfois, déjà, *PC*
V. 115. qui regarde ms 2, *1887*
V. 117. Ô dernier charme *VP* I
V. 126. J'y voudrais fuir. *PC*
V. 128. parmi l'or pur *PC*

A l'envers de sa légende, Hérodiade (confondue avec Salomé) appa-
raît ici comme un personnage farouche, figure d'une virginité absolue

recluse dans son rêve intérieur. La rose cruelle des *Fleurs* est devenue celle qui effeuille « les pâles lys qui sont en [elle] », ou la « Triste fleur qui croît seule et n'a pas d'autre émoi / Que son ombre dans l'eau vue avec atonie » : « Oui, c'est pour moi, pour moi, que je fleuris, déserte ! »

En fait, cette inversion imaginaire que traduit le symbolisme floral et minéral est le signe d'une crise, spirituelle et poétique : en face de la nourrice prophétique, oiseau de mauvais augure, moderne sibylle (v. 96) qui incarne la religion maternelle à travers la liaison imaginaire du lait et du paradis (v. 83-84), Hérodiade, tournant le dos à l'enfance, est celle qui se détourne du rêve angélique ancien, pour chercher en elle-même, fût-ce au prix d'un vertige infini, une vérité neuve. L'instrument de ce rêve n'est plus la fenêtre ouverte sur l'« azur séraphique », image des paradis menteurs, mais le miroir où la vierge s'abîme dans le vertige d'un rêve de beauté qui ressemble aussi à un désir de mort (v. 8).

De ce point de vue, Hérodiade, qui attend encore une « chose inconnue » est bien la figure de la poésie mallarméenne qui, après avoir longtemps chanté son idéal dans un azur peuplé d'anges ou de séraphins (voir *Apparition*, *L'Azur*, *Le Sonneur*), va découvrir sa vérité en elle-même, c'est-à-dire dans les mots, en se faisant, comme la vierge au miroir, allégorique d'elle-même. Contre le « vieux livre » de la nourrice (v. 43), Hérodiade inaugure ainsi le rêve d'un livre neuf, « le lit aux pages de vélin » de l'Ouverture ancienne.

V. 2. Le baiser, premier attentat de la nourrice.

V. 31. Les parfums offerts, deuxième attentat.

V. 52. Sur cette beauté astrale, voir les vers 102 et107-111. Comme Salammbô, Hérodiade est une vierge nocturne, lunaire ou stellaire.

V. 53. Troisième geste, troisième attentat.

V. 83-84. Sur cette liaison du lait et du paradis incarnée par la nourrice, cf. la « blancheur sibylline » du lait et la faim d'azur dans *Don du poème*.

V. 87. L'invocation aux « jardins d'améthyste » permet le passage de la rêverie florale à la rêverie minérale.

V. 125. Cf. les vers 100-101 du *Faune*.

Page 35.   L'APRÈS-MIDI D'VN FAVNE

L'Après-midi d'un faune, Derenne, 1876.
L'Après-midi d'un faune, édition définitive, A la Revue indépendante, 1887.
L'Après-midi d'un faune, nouvelle édition, Vanier 1887.
Poésies 1887; Vers et prose.
Ms 1, coll. part. (*Le Faune, intermède héroïque*).
Ms 2, Doucet, MNR Ms 1161 (*Monologue d'un faune*).
Ms 3, Fondation Martin Bodmer, Genève (*Improvisation d'un faune*).
Ms 4, Ensemble de 1887 (*L'Après-midi d'un faune*).

C'est en juin 1865, au sortir d'un hiver voué à *Hérodiade*, que Mallarmé embouche, avec le *Faune*, une flûte nouvelle : « J'ai laissé

206

Hérodiade pour les cruels hivers : cette œuvre solitaire m'avait stérilisé, et, dans l'intervalle, je rime un intermède héroïque, dont le héros est un Faune. Ce poème renferme une très haute et très belle idée, mais les vers sont terriblement difficiles à faire, car je le fais absolument scénique, non *possible au théâtre*, mais *exigeant le théâtre*. Et cependant, je veux conserver toute la poésie de mes œuvres lyriques, mon vers même, que j'adapte au drame. [...] J'ajoute que je compte le présenter en août au Théâtre Français » (à Cazalis, juin 1865). En septembre, en effet, le *Faune* est soumis à Banville et à Coquelin, et leur refus entraîne un premier abandon : « Les vers de mon *Faune* ont plu infiniment, mais de Banville et Coquelin n'y ont pas rencontré l'anecdote nécessaire pour demande le public, et m'ont affirmé que cela n'intéresserait que les poètes. / J'abandonne mon sujet pendant quelques mois dans un tiroir, pour le refaire librement plus tard » (à Aubanel, 16 octobre 1865).

C'est dans la grande lettre d'avril 1866 à Cazalis, après plusieurs mois passés sur l'Ouverture ancienne d'*Hérodiade*, que Mallarmé annonce la reprise du *Faune* : « ... fuyant le cher supplice d'*Hérodiade*, je me remets le premier mai à mon *Faune*, tel que je l'ai conçu, vrai travail estival! » A cette époque, l'achèvement du poème est envisagé pour l'été, au prix d'un mois de vacances, mais l'été venu, il n'est plus question du *Faune*, sur lequel (si l'on excepte une allusion de Lefébure du 10 juin 1867 qui laisse supposer que Mallarmé prévoyait de reprendre encore son poème à l'été de cette année-là) la correspondance est muette jusqu'en 1875.

Cet *Intermède héroïque* comportait à l'origine au moins trois scènes : — *Monologue d'un faune*; — *Dialogue des nymphes*; — *Réveil du faune*, et peut-être un finale puisque Mallarmé envisageait en juin 1865 près de quatre cents vers. Seuls restent six fragments inachevés du *Dialogue des nymphes* et du *Réveil du faune*, ainsi qu'une copie tardive (1873-1875), faite par Mallarmé lui-même pour Philippe Burty, du *Monologue d'un faune*. Cette copie du *Monologue* ne doit guère être différente du texte de 1865 (peut-être révisé en 1866), puisqu'elle comporte encore les indications scéniques qui n'avaient plus de raison d'être après le refus du Théâtre-Français. Mais alors que dans la version de 1865 le dernier vers était sans doute tronqué pour s'enchaîner avec le début du *Dialogue des nymphes*, la copie de 1873-1875 présente un texte autonome dont le dernier vers est entier.

Pour donner une idée de l'*Intermède* initial, nous présentons donc, dans un ordre non conforme à la chronologie apparente des manuscrits, la copie du *Monologue* (ms 2) suivie de l'état le plus évolué des fragments des deux autres morceaux. Pour retrouver l'articulation originelle du *Monologue* et du *Dialogue*, on coupera le dernier vers du *Monologue* après « Adieu, femmes. »

207

MONOLOGUE D'UN FAUNE

(Un faune, assis, laisse de l'un et de l'autre de ses bras s'en fuir deux nymphes.

Il se lève)

J'avais des nymphes!

               Est-ce un songe? Non : le clair
Rubis des seins levés embrase encore l'air
Immobile,

    (Respirant)

       et je bois les soupirs.

         (Frappant du pied)

                    Où sont-elles?

   (Invoquant le décor)

Ô feuillage, si tu protèges ces mortelles,
5 Rends-les-moi, par Avril qui gonfla tes rameaux
Nubiles, (je languis encore des tels maux!)   *[sic]*
Et par la nudité des roses, ô feuillage!

Rien.

     (A grands pas)

   Je les veux!

     (S'arrêtant)

              Mais si ce beau couple au pillage
N'était qu'illusion de mes sens fabuleux?

10 L'illusion, sylvain, a-t-elle les yeux bleus
Et verts, comme les fleurs des eaux, de la plus chaste?
Et celle... qu'éprenait la douceur du contraste,
Fut le vent de Sicile allant par ta toison?
Non, non : le vent des mers versant la pâmoison
15 Aux lèvres pâlissant de soif vers les calices,
N'a, pour les rafraîchir, ni ces contours si lisses
A toucher, ni ces creux mystères où tu bois
Des fraîcheurs que jamais pour toi n'eurent les bois!..

Cependant!

     (Au décor)

         Ô glaïeuls séchés d'un marécage
20 Qu'à l'égal du soleil ma passion saccage,
Joncs tremblant avec des étincelles, contez
Que je venais casser les grands roseaux, domptés

Par ma lèvre : quand sur l'or glauque de lointaines
Verdures inondant le marbre des fontaines,
25 Ondoie une blancheur éparse de troupeau :
Et qu'au bruit de ma flûte où j'ajuste un pipeau,
Ce vol... de cygnes? non, de naïades, se sauve.
Je suis...

        Mais vous brûlez dans la lumière fauve,
Sans un murmure et sans dire que s'envola
30 La troupe par ma flûte effarouchée...

        (Le front dans les mains)

                      Holà!
Tout ceci m'interdit : et suis-je donc la proie
De mon désir torride, et si trouble qu'il croie
Aux ivresses de sa sève?

              Serais-je pur?
Je ne sais pas, moi! Tout, sur la terre, est obscur :
35 Et ceci mieux que tout encore : car les preuves
D'une femme, où faut-il, mon sein, que tu les treuves?
Si les baisers avaient leur blessure : du moins,
On saurait!

        Mais je sais!

              Ô Pan, vois les témoins
De l'ébat! A ces doigts admire une morsure
40 Féminine, qui dit les dents et qui mesure
Le bonheur de la bouche où fleurissent les dents

        (Au décor)

Donc, mes bois de lauriers remués, confidents
Des fuites, et vous, lys, au pudique silence,
Vous conspiriez? Merci. Ma main à ravir lance
45 En l'éternel sommeil des jaunes nénuphars
La pierre qui noiera leurs grands lambeaux épars :
Comme je sais aussi brouter sa verte pousse
A la vigne alanguie et demain sur la mousse
Vaine!

     Mais dédaignons de vils traîtres!

                        Serein,
50 Sur ce socle déchu je veux parler sans frein
Des perfides et par d'idolâtres peintures
A leur ombre arracher encore des ceintures :
Ainsi, quand des raisins j'ai sucé la clarté,
Pour que mon regret soit par le rêve écarté,
55 Rieur, j'élève au ciel d'été la grappe vide,
Et soufflant dans ses peaux lumineuses, avide
D'ivresse, jusqu'au soir je regarde au travers!

        (Il s'assied)

Naïades, regonflons des souvenirs divers!

     Mes yeux, trouant les joncs, suivaient une encolure
60 Immortelle, qui noie en l'onde la brûlure

Avec un cri de rage au ciel de la forêt :
Et la troupe, du bain ruisselant, disparaît
Dans les cygnes et les frissons, ô pierreries!
J'allais, quand à mes pieds s'entre-mêlent, fleuries
65 De la pudeur d'aimer en ce lit hasardeux,
Deux dormeuses parmi l'extase d'être deux.
Je les saisis, sans les désenlacer, et vole
A des jardins, haïs par l'ombrage frivole,
De roses tisonnant d'impudeur au soleil,
70 Où notre amour à l'air consumé soit pareil!
        (*Se levant*)
Je t'adore fureur des femmes, ô délice
Farouche de ce blanc fardeau nu qui se glisse
Sous ma lèvre de feu buvant, dans un éclair
De haines! la frayeur secrète de la chair,
75 Des pieds de la mauvaise au dos de la timide
Sur une peau cruelle et parfumée, humide
Peut-être des marais aux splendides vapeurs.
Mon crime fut d'avoir, sans épuiser ces peurs
Malignes, divisé la touffe échevelée
80 De baisers que les dieux avaient si bien mêlée :
Car à peine j'allais cacher un rire ardent
Sous les replis heureux d'une seule, et gardant
Par un doigt frêle afin que sa blancheur de plume
Se teignît aux éclats d'une sœur qui s'allume,
85 La petite, candide et ne rougissant pas,
Que, de mes bras défaits par de lascifs trépas
Cette proie, à jamais ingrate, se délivre,
Sans pitié des sanglots dont j'étais encore ivre!
        (*Debout*)
Oublions-les! Assez d'autres me vengeront
90 Par leurs cheveux mêlés aux cornes de mon front!
Je suis content! Tout s'offre ici : de la grenade
Ouverte, à l'eau qui va nue en sa promenade.
Mon corps, que dans l'enfance Éros illumina,
Répand presque les feux rouges du vieil Etna!
95 Par ces bois qui, le soir, des cendres a la teinte,
La chair passe et s'allume en la feuillée éteinte :
On dit même tout bas que la grande Vénus
Dessèche les torrents en allant les pieds nus,
Aux soirs ensanglantés par sa bouche de roses!
        (*Les mains jointes en l'air*)
100 Si!..
        (*Comme parant de ses mains disjointes une foudre imaginaire*)
Mais ne suis-je pas foudroyé?
                                        Non : ces closes
        (*Se laissant choir*)
Paupières et mon corps de plaisir alourdi
Succombent à la sieste antique de midi.

Dormons...
(Étendu)
        Dormons : je puis rêver à mon blasphème
Sans crime, dans la mousse aride, et comme j'aime
105 Ouvrir la bouche au grand soleil, père des vins.
(Avec un dernier geste)
Adieu, femmes : duo de vierges quand je vins.

[Fr. 1]   \<Scène II\>
FRAGMENT D'UNE SCÈNE ENTRE IANE ET IANTHÉ, LES DEUX
NYMPHES. LE FAUNE DORT.

IANE
(seule)
    Adieu.
         S'il entendait !
                     Je vins,
Et s'il ne m'entend pas, ô ciel, j'étais restée
Dans les feuilles touchant ma gorge détestée
Confuse de soupirs si jeunes que je meurs,
5 Pour deviner, parmi le méchant en rumeurs,
Si c'était expirer de charme ou de tristesse !
Mais je n'écoutai pas, trop inquiète, était-ce
D'une enfance qui s'enfuyait avec de longs
Fleuves et je tremblai, sans voile, dans les joncs ?
10 Oui, depuis cette main du faune, Ianthé, même
Ô soirs d'or, Ianthé que ma chevelure aime,
S'isole vers l'oubli désert du souvenir
Et, je m'étonnerais, si je voyais venir
Ses grands yeux reflétant les violettes, noire
15 Source où la nuit d'hier encore je fus boire !
    .   .   .   .

[Fr. 2]

IANE

               Je songe,
Ianthé

IANTHÉ

      Vers la lune adorable, qui plonge
Parmi l'aile et scintille au col des cygnes ?

IANE

                  Oui
Je me demandais si dans le parc enfoui,

211

<pre>
20   De musique et de nuit la cascade rêveuse
     N'était que les sanglots blancs de cette buveuse
     De l'encens endormi sur les tiges, ou si
     La lueur argentant le feuillage adouci
     Émanait à la fois du rossignol qui pleure!
                              (silence)
</pre>

IANTHÉ

.   .   .   .

[Fr. 3]
<pre>
25   (Faut-il donc être implacable?) Vois
     Cette flûte... A l'horreur ténébreuse les voix
     Seules des grands roseaux murmuraient sous la brise.
     L'homme, sa rêverie interdite te brise,
     Les coupa pour verser en eux ses chants sacrés.
30   Les femmes sont les sœurs des roseaux massacrés.
     Quand sa lèvre s'inspire à nos seins qu'il renie
     Enfant, l'amour est plus cruel que le génie!
</pre>

.   .   .   .

[Fr. 4]

IANE

<pre>
     Alors si cette flûte a le mal adoré
     Qui m'enivre, ce mal jaloux, je le saurai,
                              (elle ramasse la flûte)
35   Et pourquoi le ciel bleu de l'été me regarde!
                         (elle la met à sa lèvre, et joue)
     Pardon, à toi, pardon! —
</pre>

IANTHÉ

<pre>
                    Ô folle, viens! Ne tarde
     Plus! Ma sœur, l'ennemi s'éveille, et tu me suis
     Dans les glaïeuls vermeils.
</pre>

IANE

<pre>
                         Non, pars seule! je suis
     Celle qui dois errer sous l'épaisse ramure
40   Des forêts!
                    (elle s'en va du côté opposé)
</pre>

.   .   .   .

<Scène III>
Autre monologue d'un faune

Le réveil du faune

(avec ravissement)
Doux éclat par quoi cesse un murmure!
(doublant de ravissement)
Cypris ne visitant mon songe, ni ramiers,
L'eau parlait avec l'eau dans ses   premiers,
Quand une mélodie à sept notes roucoule.
(rêvant)
Mélodie ô ruisseau de jeunesse qui coule!
(rêvant plus)
45   Ma jeunesse coula par les flûtes, j'offrais
A la fleur entrouverte un solo que le frais
Vent de la nuit jetait en transparente pluie.
(rêvant plus)
Encore, à mon lever, quand notre être s'ennuie
De cheveux lacérés et de robes, je vais
50   Au lac, sans le savoir, briser des joncs mauvais
Que je délaisse après la rage et l'avanie,
Et le couchant obscur ramène ma manie.
(commençant à être charmé)
L'art, quand il désigna l'un des faunes élus,
             ne le déserte plus.
55   A des sons, dans le vice inutile, il recule.
Et, l'impuissant fuyant dans un vil crépuscule,
Le remords sur sa lèvre amènera, fatal
Les stériles lambeaux du poème natal.
Et la voix part des joncs unis, que nous n'osâmes
60   Briser, pour demander le reste de nos âmes.

Mais, pendant ce sommeil de brute, je sentis
Mes doigts, de volupté mornes, appesantis
Par une vase qui retient mon souffle inerte...
. . . .

. . . .
Vers un éveil nacré d'immortelle rosée.
65   Ô   , faunes, qui,   d
Par les sables, calmez avec des airs
Le doux hennissement des aurores marines
Élevant sur la vague humide les narines,
Si mon natif roseau parmi la Grèce plut,
70   Vous encore, tritons illuminés, salut
Des conques au quadrige effaré, de la brume
Vainqueur, et secouant les perles et l'écume,
Prélude ruisselant, plages, dauphins, lever,

213

Je veux, dans vos clartés limpides, innover
75   Une âme de cristal pur que jette la flûte,
Et, natif, je fuirai, vainqueur de cette lutte
Les femmes qui pour charme ont aussi de beaux pleurs.

N'est-ce pas moi qui veux seul, et sans tes douleurs
Amères, Idéal limpide?

          A la piscine
80   Des sources, à l'horreur lustrale qui fascine
L'azur, je vais déjà tremper l'être furtif
Qui de leur glace va renaître, primitif!

C'est en 1875 que le *Faune* réapparaît : laissant tomber les autres morceaux, Mallarmé reprend le seul *Monologue* qui, sous le titre nouveau d'*Improvisation d'un faune*, est envoyé en juin à l'éditeur Lemerre pour le troisième *Parnasse contemporain*. Voici le manuscrit, légèrement incomplet (ms 3) de cette nouvelle version :

IMPROVISATION D'UN FAUNE

Ces Nymphes, je les veux émerveiller!
                    Si clair,
Leur naïf incarnat qu'il flotte dans tout l'air
Encombré de sommeil touffu.

                Baisais-je un songe?
Mon doute, loin ici de finir, se prolonge
5   En de mornes rameaux; qui, demeurés ces vrais
Massifs noirs, font qu'hélas! tout à l'heure j'ouvrais
Les yeux à la pudeur ordinaire de roses.
Réfléchissons.

          Que si le couple dont tu gloses
Atteste le souhait de tes sens fabuleux...
10 Faune, l'illusion s'échappe des yeux bleus
Et froids, comme une source en pleurs, de la plus chaste :
Mais, l'autre au tiède aveu, dis-tu qu'elle contraste
Comme brise du jour vaine dans ta toison?
Oui-dà! Sous l'anxieuse et lasse pâmoison
15 Suffoquant de clarté le matin frais s'il lutte,
Ne vagabonde d'eau que ne verse la flûte
Au bosquet rafraîchi de chant : et le seul vent
Hors de mes tuyaux prompt à s'exhaler avant
Qu'il disperse la voix dans une pluie aride,
20 C'est, à l'horizon pas remué d'une ride,
L'invisible et serein souffle artificiel
De l'inspiration qui regagne le ciel.

214

Ô bords siciliens du sacré marécage
Qu'à l'égal de l'été ma déraison saccage,
25 Tacites avec des étincelles, contez
« Que je cassais en deux l'un des roseaux domptés
« Par le chanteur; quand, sur l'or glauque de lointaines
« Verdures dédiant leur vigne à des fontaines,
« Ondoie une blancheur animée au repos :
30 « Et que, dans le prélude où partent les pipeaux,
« Ce vol de cygnes, non! de naïades se sauve
« Et plonge... »

        Inerte, tout brûle dans le temps fauve
Sans faire un salut ni dire que s'envola
Tant d'hymen par mon art effarouché. Holà!
35 M'éveillerai-je donc de ma langueur première,
Droit et seul, sous un flot d'ironique lumière,
Lys; et parmi vous tous, beau d'ingénuité?

Autre que ce doux rien par leur moue ébruité
Si les femmes ici n'ont point de trace sûre,
40 A défaut du baiser j'invoque ma morsure
Mystérieuse, due à quelque auguste dent :
Mais non! car son angoisse élut pour confident
Le jonc vaste et jumeau dont vers l'azur on joue;
Qui, détournant à soi le trouble de la joue,
45 Rêve avec un duo que nous amusions
La splendeur d'alentour par des confusions
Fausses entre lui-même et notre amour crédule :
Ou de faire, aussi haut que l'écho se module,
Évanouir de bras dénoués et du flanc
50 Et de seins vagues sous mes regards clos s'enflant,
Une pure, suave et monotone ligne.

Tâche, noble instrument des fuites, ô maligne
Syrinx, de refleurir aux lacs où tu m'attends :
Moi, joyeux de mon bruit, je veux parler longtemps
55 Des perfides et, par d'idolâtres peintures,
A leur ombre enlever encore des ceintures;
Ainsi, quand des raisins j'ai sucé la clarté,
Pour tromper un regret par la feinte écarté,
Rieur, j'élève au ciel d'été la grappe vide
60 Et, soufflant dans ses peaux lumineuses, avide
D'ivresse, jusqu'au soir je regarde au travers.

Ô Nymphes! regonflons des souvenirs divers.

« Mes yeux, trouant les lys, dardaient chaque encolure
« Immortelle, qui noie en l'onde la brûlure,

65 « Avec un cri de rage au ciel de la forêt;
    « Et le splendide bain de cheveux disparaît
    « Dans les clartés et les frissons, ô pierreries!
    « J'y vais; quand à mes pieds s'entrejoignent, meurtries
    « De la langueur goûtée à ce mal d'être deux,
70 « Des dormeuses parmi le rayon hasardeux :
    « Je les ravis, sans les désenlacer, et vole
    « A ce torrent, haï par l'ombrage frivole,
    « De roses tarissant leur parfum au soleil,
    « Où notre amour à l'air consumé soit pareil!

75 « Je t'adore, courroux des vierges, ô délice
    « Farouche du sacré fardeau nu qui se glisse
    « Sous ma lèvre de feu buvant, comme un éclair
    « Tressaille! la fraîcheur profonde de la chair :
    « Des pieds de l'inhumaine au dos de la timide
80 « Que voile l'une et l'autre une peau pâle, humide
    « A la fois du rivage et des mêmes vapeurs.

    « Mon crime, c'est d'avoir, sans épuiser les peurs
    « Folâtres, séparé la touffe échevelée
    « De baisers que les dieux gardaient si bien mêlée;
85 « Car à peine j'allais cacher un rire ardent
    « Sous les replis heureux d'une seule, gardant
    « Par un doigt simple afin que sa candeur de plume
    « Se teignît à l'émoi de sa sœur qui s'allume,
    « La petite, paisible et ne rougissant pas,
90 « Que, de mes bras, défaits par de vagues trépas,
    « Cette proie, à jamais ingrate, se délivre,
    « Sans pitié du sanglot dont j'étais encore ivre. »

    Dédaignons-les! assez d'autres me capteront
    Par leur tresse passée aux cornes de mon front.
95 Tu sais, ma passion, que, pourpre et déjà mûre,
    Chaque grenade éclate et d'abeilles murmure;
    Et notre sang jaloux de qui le vient saisir
    Altère tout le vol ancien du désir.
    Par ce morne bois qui des cendres a la teinte
100 Les soirs s'exalteront dans la feuillée éteinte :
    Etna! c'est quand de toi que déserte Vénus,
    Sentant régner ta fête en ses flancs ingénus,
    Tonne la quiétude et soupire la flamme.

    Si je la...
              Suis-je pas châtié?

A nouveau, le poème est refusé par le comité du *Parnasse*, composé
de Banville, Coppée et Anatole France. Après une tentative d'accom-
modement, Mallarmé préféra finalement publier son poème, sous le

titre définitif de *L'Après-midi d'un faune*, en édition de luxe illustrée par Manet, en avril 1876. Le texte n'évoluera plus, à quelques détails de ponctuation près, sauf au v. 45 où « long solo » devient « solo long ».

Cette églogue, pour laquelle on a multiplié les sources, du mythe antique de Pan et de Syrinx jusqu'au *Second Faust* de Goethe, au *Satyre* de Hugo ou à la *Diane au bois* de Banville, et que devait populariser le *Prélude* de Debussy (1894), est sans doute l'œuvre où, jusqu'au *Coup de dés*, Mallarmé est allé le plus loin dans sa volonté de reprendre à la musique son bien : « J'y essayais [...], dira-t-il à Jules Huret en 1891, de mettre, à côté de l'alexandrin dans toute sa tenue, une sorte de jeu courant pianoté autour, comme qui dirait d'un accompagnement musical fait par le poète lui-même et ne permettant au vers officiel de sortir que dans les grandes occasions. » L'usage, même timide, des possibilités typographiques (romains, italiques, petites capitales) et surtout l'utilisation des blancs et des vers en escalier, qui donnent au poème son rythme, préfigurent déjà la partition du *Coup de dés*.

Trois personnages, en apparence au moins, dans cette églogue : le faune, et deux nymphes, l'une timide, l'autre ardente, et l'argument peut se lire ainsi : un faune se demande, à son réveil, si les nymphes dont il garde le souvenir ne sont qu'un rêve, né des roses environnantes, une illusion des sens (source froide pour l'une, brise chaude pour l'autre), ou encore, puisqu'il n'y a, en fait de source ou de brise, que celles de l'inspiration, une illusion née de sa flûte.

La flûte en tout cas, cette maligne Syrinx qui a fait fuir les nymphes, est « instrument des fuites ». Frustré par cet art perpétuel de la fugue, le faune idolâtre fait alors appel à la « feinte », à l'imagination créatrice, aux prestiges de l'illusion qui convoquent l'image d'une parodie d'élévation, celle de la grappe vide. Regonfler les souvenirs, ce n'est pas simplement prolonger le récit plus haut interrompu ; c'est, dans la logique même de l'image, celle du faune soufflant dans les peaux lumineuses de la grappe vide, faire acte de recréation ou de fiction, et L.J. Austin rappelle justement que Mallarmé a défini l'acte d'écrire comme le « devoir de tout recréer, avec des réminiscences » (*OC*, p. 481).

C'est dire que ce poème, dont le premier vers donne le ton d'un éros d'abord poétique, est, plus qu'une fête du désir, un art poétique. « Mon sujet est antique, et un symbole », écrivait le poète à Lefébure dès juin 1865. Le faune lascif amoureux des nymphes qu'évoquait déjà un poème de jeunesse (*Lœda*) n'est pas seulement l'envers estival d'une Hérodiade vouée aux hivers glacés ; il est, par sa flûte, la figure de l'artiste ou du poète (« L'art, quand il désigna l'un des faunes élus, [...] ne le déserte plus »). C'est en faune que Mallarmé, désormais, aimera se figurer, jusque dans une *Bucolique* bien nommée où le poète est celui « qui coupe, en imagination, une flûte où nouer sa joie » (*Div.* p. 310).

Un art poétique, ou un hymne à la fiction : alors que dans le *Monologue* originel les nymphes étaient posées par les didascalies comme des personnages réels, elles n'existent plus, dans l'églogue, qu'à travers le monologue du faune, monologue qui oscille perpétuellement entre l'effet de réel du récit (les italiques) et l'illusion lyrique du discours, sans que le faune, et par là même le lecteur, puissent faire la part du rêve et de la réalité. De même, le présent de l'énonciation (« midi », v. 106, ou l'après-midi du titre) est déréalisé par un va-et-vient constant entre le souvenir et le désir, entre le matin du v. 15 et l'évocation du couchant (v. 99). Par là, le monologue du faune crée ce que le poète appellera en 1886, à propos d'un autre soliloque (celui du *Pierrot assassin de sa femme* de Paul Margueritte), « un milieu, pur, de fiction » : « La scène n'illustre que l'idée, pas une action effective, dans un hymen (d'où procède le Rêve), vicieux mais sacré, entre le désir et l'accomplissement, la perpétration et son souvenir : ici devançant, là remémorant, au futur, au passé, *sous une apparence fausse de présent* » (*Div.* p. 203).

C'est dans cette logique que peuvent se comprendre le crime du faune, et son châtiment qui rappelle à J.-P. Richard celui du *Pitre châtié* et des *Fenêtres* : crime lié à la transgression, à « la traversée d'un intervalle défendu » : « l'entre-deux », cet « entre-deux » dont J. Derrida a fait l'emblème de la logique anti-platonicienne de Mallarmé; la disparition des nymphes est alors le châtiment de cette transgression réaliste de la fiction.

V. 9. L'adjectif *fabuleux* est à prendre au sens propre : les sens sont créateurs de fables, ou de mythes.

V. 35-37. Ce rêve d'ingénuité fasciné par les lys rapproche le faune d'Hérodiade, mais comporte aussi une connotation phallique notée par Huysmans dans *A rebours*.

V. 40. La morsure invoquée par le faune, morsure féminine dans le Monologue, devient ici, comme l'a noté E. Noulet, une morsure mystérieuse, celle de l'art.

V. 53. *Syrinx*, ou flûte de Pan, du nom d'une nymphe changée en roseau pour échapper aux ardeurs de Pan, qui en fit une flûte, est doublement l'instrument des fuites. Dans *Les Dieux antiques*, Mallarmé explique ainsi le mythe de Pan et de Syrinx : « Le nom de Pan est parent du mot sanscrit *le vent*, Pavana, et probablement du latin Pavonius. Syrinx, la nymphe aimée du dieu, nom de flûte, est elle-même le vent dans les roseaux » (*OC*, p. 1252). .

V. 59. Cette élévation parodique ou bachique préfigure la définition de la fiction dans *La Musique et les Lettres* : « je vénère comment, par une supercherie, on projette, à quelque élévation défendue et de foudre! le conscient manque chez nous de ce qui là-haut éclate » (*Div.* p. 356).

V. 101. Vulcain, dieu des volcans et mari de Vénus, habitait sous l'Etna. R.G. Cohn rapproche ce vers du premier tercet de la *Myrtho* de Nerval.

Page 40.　　　« LA CHEVELURE... »

L'Art et la mode (AM), 12 août 1887 (dans *La Déclaration foraine*).
Pages; Divagations.
Ms 1, Maquette.
Ms 2, coll. B. Loliée.
Ms 3, coll. Mme E. Alberman (*PBM*).

Le ms 1 corrige un tout premier état qui présente les variantes suivantes :
V. 5.　　sans or délivrer que cette ivresse nue
V. 9.　　Une volupté de héros
V. 10.　　ne mouvant un ongle ni le doigt (*corrigé une première fois en* bagues ni
　　　　　feux au doigt)
Autres variantes :
V. 2.　　déployer *AM*, *Pages*, *Divagations*
V. 10.　　bagues ms 2, 3

Ce sonnet « sur un mode de la Renaissance anglaise » (ms 2) faisait
à l'origine partie de *La Déclaration foraine*, publiée dans *L'Art et la
mode* en 1887. Si le poème fut ensuite repris pour le recueil de *Poésies*,
il importe de dire un mot de son contexte initial. *La Déclaration
foraine* est une parabole, où la femme est la « vivante allégorie » de
l'idée mallarméenne du divin, cette divinité qui « n'est que Soi ». C'est
cette divinité, dont la poésie est le support privilégié, que le poète rêve
d'exhiber aux regards de la foule comme la figure souveraine de
l'humanité en gloire, tout en ayant conscience que cette exhibition est
encore prématurée.

Tout le poème repose en tout cas sur la métaphore de la femme-
torche. La femme est torche par sa chevelure qui mime dans la
première strophe la trajectoire circulaire du soleil pour se replier en
couronne sur le front qui est, au sens propre, son orient ou son
« ancien foyer ». Or cet or de la chevelure, cette « vive nue » n'émane
pas du ciel extérieur, mais de « L'ignition du feu toujours intérieur »,
si bien que le vrai bijou de la femme n'est pas la bague au doigt mais
le joyau de l'œil. Les bijoux traditionnellement liés au « *mundus
muliebris* » baudelairien ne sont pas ici les nécessaires parures de la
femme-idole, mais, comme pour Hérodiade, les signes d'une lumière
essentielle : ce sont les rubis qu'illumine à la fin cette torche humaine.

Dans la logique de *La Déclaration foraine*, cette gloire féminine est
ainsi l'allégorie de la poésie, une poésie lampadophore qui assure le
passage d'une lumière extérieure, celle qui s'éteint dans les feux du
couchant et qui symbolise la conception traditionnelle du divin, à une
lumière intérieure seule capable, parce qu'elle est la source de notre
divinité, d'illuminer la nuit du doute humain « ainsi qu'une joyeuse et
tutélaire torche ».

V. 5. Il faut comprendre, comme l'a proposé A. Adam (*Mélanges
Mornet*, Nizet, 1951) : *sans soupirer [d'autre] or que cette vive nue...*
Sur l'image de la nue de cheveux, cf. « *Quelle soie aux baumes de
temps...* » (« la torse et native nue »). Cette « vive nue » trouve son
antonyme exact dans la « défunte nue » du sonnet en -yx.

V. 9. Le *héros tendre* est le poète, dont le rêve est mis à nu par cette exhibition prématurée, et cette nudité est redoublée par l'impuissance de sa parole qui reste en deçà de l'événement. Le double sens étymologique du verbe *diffamer* dit l'ambiguïté d'un poème qui diffame, en même temps qu'il le divulgue, son rêve.

V. 11. *Simplifier* : la simplicité est toujours chez Mallarmé image de l'origine.

Page 41. SAINTE

« Les Poètes maudits », *Lutèce*, 24-30 novembre1883.
PM; Poésies 1887; AVP.
Ms 1, Doucet, MNR Ms 1190 1/2.
Ms 2, Ensemble 1887.
Ms 3, Doucet, MNR Fol 29.

La version initiale (ms 1) du poème, au titre plus explicite, présente un état assez différent :

SAINTE CÉCILE JOUANT SUR L'AILE D'UN CHÉRUBIN
(chanson et image anciennes)

A la fenêtre recelant
Le santal vieux qui se dédore
De la Viole étincelant
Jadis parmi flûte et mandore,

Est une Sainte, recelant
Le livre vieux qui se déplie
Du Magnificat ruisselant
Jadis à vêprée et complie,

Sainte à vitrage d'ostensoir
Pour clore la harpe par l'ange
Offerte avec son vol du soir
A la délicate phalange

Du doigt que, sans le vieux santal
Ni le vieux livre, elle balance
Sur le plumage instrumental,
Musicienne du silence!

Il fut envoyé en décembre 1865 à Mme Brunet (prénommée Cécile), marraine de Geneviève, et dont le mari, félibre avignonnais, était maître-verrier. Mallarmé le présente dans une lettre à Aubanel comme « un petit poème mélodique et fait surtout en vue de la musique ».

Constitué d'une seule phrase, ce poème repose sur un jeu de symétries : symétrie entre le premier et le deuxième quatrains, symétrie, mais décalée, entre les huit premiers vers et les huit derniers. La première symétrie souligne, à travers la figure de la sainte, la corrélation de la musique et de la liturgie catholique (désignées métonymiquement par le *santal* et le *livre*), sous le signe de la désuétude par rapport à un *jadis* glorieux. La deuxième symétrie (*A la fenêtre/A ce vitrage*) constitue le poème en diptyque : à l'image de la sainte liturgique, figure d'un art d'abord religieux, se substitue, grâce à l'effacement conjoint du santal et du livre, et à l'apparition de l'ange, l'image d'une sainte idéale (ce qui justifie la disparition de son nom dans la version définitive) jouant sur l'aile de l'ange. Et cet ange, comme le suggère la métaphore « vol du soir », n'est pas un messager divin mais la lumière du couchant qui transforme le vitrail en ostensoir d'un art nouveau : d'une image à l'autre, la sainte cesse de patronner la musique qui chante la gloire de Dieu pour patronner une musique nouvelle, la poésie, musicienne du silence.

En ce sens, ce poème publié tardivement dépasse les circonstances de sa naissance pour devenir, comme le montre sa place dans le recueil, l'emblème d'une ambition nouvelle, post-hérodiadéenne, de la poésie : celle de reprendre à la musique (et au catholicisme) son bien.

V.1. *La fenêtre* désigne évidemment un vitrail. Le verbe *receler* peut signifier *cacher*, ou plus simplement *contenir*.

V. 9. *A ce vitrage d'ostensoir* : le démonstratif anaphorique indique que ce vitrage désigne la fenêtre du v. 1, simplement transformée par la lumière du couchant.

V. 10. Sur cet angélisme musical, cf. *Apparition*, *Don du poème*, et le poème en prose *Le Démon de l'analogie*.

Page 42.   TOAST FUNÈBRE

Le Tombeau de Théophile Gautier, Lemerre, 1873 (*TTG*).
Poésies 1887.
Ms 1, coll. L. Clayeux.
Ms 2, Ensemble de 1887.

Titre : *Toast* ms 1; *Toast funèbre* *TTG*, *1887*

Principales variantes :
V. 13.	Jusqu'à l'heure dernière et vile de la cendre *TTG*
V. 20-21.	Mais le blason funèbre épars sur de vains murs / J'ai prolongé l'horreur lucide d'une larme ms 1 (le blason *surcharge* l'écusson*)
V. 24.	Roideur de son linceul vague ms 1
V. 29.	« Spectacle et paradis, qu'est-ce, ô toi, que la terre? ms 1
V. 37.	Ô vous tous! bannissez ms 1
V. 40-42.	le devoir / Ancien que nous font les jardins de cet astre, / Survivre pour l'honneur et le parfait désastre ms 1
V. 50.	l'interdire au temps, ennemi ms 1
V. 52.	la mort haïssable est ms 1
V. 55.	Le durable sépulcre ms 1

A la suite de la mort de Théophile Gautier, l'idée avait été lancée d'un hommage collectif. Cet hommage, comme Mendès, gendre de Gautier, en fit la proposition aux autres contributeurs, devait être à l'origine un poème unique : « Après un prologue (déjà fait par moi), où il est dit qu'un certain nombre de poètes sont réunis autour d'un repas funèbre en l'honneur de Théophile Gautier, tous, l'un après l'autre, se lèvent et célèbrent chacun l'un des côtés du talent de leur maître mort. — Ils s'adressent à une image de Gautier. Donc la forme "tu" est recommandée au moins dans la première strophe. [...] La pièce doit avoir environ soixante vers en strophes; commencées par une rime féminine, terminées par une rime masculine (afin de se raccorder avec l'ensemble). »

Mallarmé respecta presque à la lettre de telles instructions, ainsi qu'il ressort d'une lettre répondant sans doute aux vœux de Mendès : « ... il est difficile de parler de ces choses dans un repas funèbre éclairé par des brûle-parfums ou même par la splendeur d'une apothéose. Commençant par : Ô toi qui... et finissant par un vers masculin, je veux chanter, en rimes plates probablement, une des qualités glorieuses de Gautier :

le don mystérieux de voir avec les yeux.

(Ôtez : mystérieux.) Je chanterai le *voyant* qui, placé dans ce monde, l'a regardé, ce que l'on ne fait pas » (*Corr.* XI, p. 25). Ainsi s'expliquent, bien que l'idée d'un poème unique eût finalement été abandonnée, la forme même du poème, le titre, et le thème.

A travers Gautier, aux poèmes duquel nombre de vers font écho (voir L.J. Austin, 1987), ce poème définit en fait la fonction (ou le devoir) du poète, fonction toujours liée au mystère de la mort. Les quinze premiers vers énoncent le constat qui justifie dans la suite du poème le devoir poétique : le poète est mort, et la mort est irrémédiable. A l'envers du rite catholique de l'Élévation qui manifeste la présence du Ressuscité, ce toast funèbre n'a pas la prétention illusoire de susciter magiquement l'apparition de Gautier; il ne peut être que l'oblation d'une « coupe vide » qui consacre « l'absence du poète ». La seule éternité concevable (encore est-elle soumise à l'échéance « commune et vile de la cendre ») est ce soleil des morts dont parlait Balzac, la gloire.

Les deux groupes de seize vers qui suivent opposent alors deux destins, et deux figures emblématiques : l'homme de la foule, simple passant de la vie, et le Maître. Aux vers 16-31, l'homme de la foule, fier, aveugle et muet, parce qu'il a, au nom d'une espérance vaine de l'éternité, joué le ciel contre la terre, le rêve religieux contre le devoir poétique, ne rencontre en guise de jugement dernier que le tribunal du Néant, un néant qui n'est que l'effet de son silence (comme l'éternité du poète sera l'effet de sa parole). A l'inverse, les seize vers qui suivent évoquent, conformément au vœu énoncé dans la lettre à Mendès, la puissance du regard visionnaire et du verbe poétique de Gautier, et définissent ainsi le devoir du poète, devoir idéal qui n'a d'autre horizon que la terre. Le seul paradis est celui que le poète crée par les mots, les seules fleurs immortelles ne sont pas la rose et le lys, mais leur transposition poétique : « pourpre ivre et grand calice clair ». Le devoir idéal, parce qu'il est inspiré par « les jardins de cet astre » (la terre) s'oppose donc au rêve, symbole de l'hydre religieuse qui détourne l'homme de sa vocation terrestre. C'est à ce prix que la tombe du poète, si elle l'enferme tout entier, n'enferme que le silence (de celui qui se tait) et la nuit (de celui qui ne voit plus) pour que rayonne, à l'égal du « pur soleil mortel », la parole idéale de l'œuvre.

Toast funèbre définit en somme l'idéalisme poétique qui n'a de sens que par un refus de toute illusion religieuse et une conscience lucide de la destinée mortelle de l'homme. S'il est vrai, comme le disait Mallarmé à René Ghil, qu'on ne saurait se passer d'Éden, le seul Éden, ce sont les « vrais bosquets » de notre séjour terrestre transfigurés par le regard lucide et idéal et la puissance du verbe poétique.

V. 1. Gautier offre l'emblème du seul bonheur accessible à l'homme, la gloire, et non l'immortalité religieuse, comme l'indique l'adjectif « fatal ».

V. 2. Apposition anticipée à « J'offre ma coupe vide ».

V. 3. Sur cette liaison du corridor et de l'apparition, cf. « *Tout Orgueil...* » et la scène intermédiaire des *Noces d'Hérodiade* (« Dût son ombre marcher le long du corridor »).

V. 4. On ne peut se contenter, comme Heredia, de voir dans ce *monstre d'or* un simple motif d'orfèvrerie sur la coupe. James Lawler (« Mallarmé and the "Monstre d'or" », *The Language of French Symbolism*, Princeton Univ. Press, 1969) y voit le symbole de la poésie et de son glorieux mensonge. Cette image d'agonie, comme le suggère J.-P. Richard, évoque plutôt l'agonie du rêve religieux, de ce que Mallarmé appelle la Chimère : cf. « *Quelle soie...* », la « chimère au rebut d'une illustre vaisselle » des *Noces d'Hérodiade*, et surtout *La Musique et les Lettres* : « Quelle agonie, aussi, qu'agite la Chimère versant par ses blessures d'or l'évidence de tout l'être pareil ».

V. 14. *Le carreau* : celui du tombeau, illuminé par le soleil couchant.

V. 19. Ces *spectres futurs* sont les corps glorieux que promet la résurrection des morts.

V. 25. L'homme de la foule devient le héros tragique d'une attente vaine de l'éternité.

V. 29. L'apostrophe désigne l'« homme aboli de jadis ».

V. 38. Ce vers répond aux vers 28-29 et justifie le refus du « magique espoir du corridor ».

V. 43. Cette « agitation solennelle par l'air de paroles » s'oppose à « l'irascible vent des mots qu'il [l'homme de la foule] n'a pas dits ».

V. 47. Cf. *Prose* pour des Esseintes.

V. 49. Le poète fait figure d'ange chassant le rêve religieux du paradis terrestre.

Page 44.   PROSE

La Revue indépendante, janvier 1885.
Poésies 1887; Vers et prose.
Ms 1, Doucet, MNR Ms 1175 (incomplet).
Ms 2, Ensemble 1887.

Publié en 1885, peu après la publicité faite à Mallarmé par *A rebours*, *Prose* remonterait en fait, selon C.P. Barbier, au début des années 1870, et ne devrait par conséquent rien, malgré la dédicace, au livre de Huysmans. Mais en l'absence d'argument décisif, comme le note L.J. Austin, la question de la datation reste ouverte.

Il existe du poème une première version sans titre (ms 1), dont il manque les deux derniers quatrains :

Indéfinissable, ô Mémoire,
Par ce midi, ne rêves-tu
L'Hyperbole, aujourd'hui grimoire
Dans un livre de fer vêtu?

Car j'installe par la Science
L'hymne des cœurs spirituels
En l'œuvre de ma patience,
Atlas, herbiers et rituels.

Nous promenions notre visage —
Nous fûmes deux! je le maintiens,
Sur maints charmes de paysage.
Aurais-je su dire : les tiens![1]

L'ère d'infinité se trouble
Lorsque, sans nul motif, on dit
De ce climat que notre double
Inconscience approfondit,

Que, sol des cent iris, son site,
Ils savent s'il a, certe, été,
Ne porte pas de nom que cite
Entre tous ses fastes, l'Été.

Oui, dans une île que l'air charge
De vue et non de visions,
Toute fleur s'étalait plus large
Sans que nous en devisions,

Telles, immenses, que chacune
Ordinairement se para
D'un lucide contour, lacune
Qui du jour pur la sépara.

Obsession! Désir, idées,
Tout en moi triomphait de voir
La famille des iridées
Connaître le nouveau devoir,

Mais cette sœur, sensée et tendre,
Ne porta ses regards plus loin
Que moi-même : et, tels, les lui rendre
Devenait mon unique soin.

---

1. C'est par erreur qu'Henri Mondor et *PBM* lisent : « Aurais-je su dire les siens! » La barre du t est simplement masquée par un infime repli du papier.

Oh! sache l'Esprit de litige,
A cette heure où nous nous taisons,
Que de multiples lis la tige
Grandissait trop pour nos raisons,

Et non, comme en pleure la rive! —
Car le jeu monotone ment
Pour qui l'ampleur de l'île arrive
Seul, en mon jeune étonnement

D'entendre le Ciel et la carte
Sans fin attestés sur nos pas
Par l'onde même qui s'écarte,
Que ce pays n'exista pas!

Le manuscrit est-il incomplet, ou les deux strophes « byzantines » finales ont-elles été rajoutées, avec le titre, après la publication d'*A rebours*? L'existence d'une copie faite par Luigi Gualdo (écrivain italien ami de Montesquiou et de Mallarmé), qui présente un texte complet très proche de celui de la version ancienne, confirmerait plutôt la première hypothèse. Pour ces deux strophes, la copie donne en tout cas le texte suivant :

Ce fut de la finale extase
Le sens, quand, grave & par chemin,
Elle dit ce terme : Anasthase! —
Gravé sur quelque parchemin,

Avant qu'un sépulchre ne rie
Sous aucun climat, son aïeul,
De porter ce nom : Pulchérie,
Caché par le trop grand glaïeul.

Prose est sans doute le poème le plus énigmatique de Mallarmé, et celui qui a suscité les interprétations les plus contradictoires dans le détail, sinon dans l'ensemble. La structure du poème (voir Austin, 1987) est en tout cas claire : les deux premières strophes (séparées du reste du poème par un tiret dans *RI*) et les deux dernières, entre lesquelles peuvent se lire des correspondances (Hyperbole / Anastase, grimoire / parchemins, livre de fer vêtu / sépulcre de Pulchérie), encadrent les dix strophes centrales, dont le caractère narratif est à peu près unique dans les *Poésies*.

Ce récit, appelé par la convocation de la mémoire dans la première strophe, culmine dans l'évocation d'une révélation, celle de fleurs merveilleusement agrandies. Or ce qui se révèle à travers ces trop grandes fleurs, pour suggérer un nouveau devoir du poète, ce n'est pas le « ciel antérieur où fleurit la Beauté » des *Fenêtres*, mais la nature elle-même; cette révélation n'est pas religieuse ou surnaturelle, mais naturelle, à tous les sens du mot : la nature ne révèle qu'elle-même, parce que la nature telle que la découvre le poète est elle-même sa propre idée; elle est, comme le dira *Bucolique* qui évoque justement la

225

ferveur naturaliste du jeune Mallarmé, « Idée tangible pour intimer quelque réalité aux sens frustes » (*Div.* p. 307). Les fleurs sont à la fois réelles (*Prose* insiste sur la réalité du site) et idéales, telles que les isole le « lucide contour » de leur forme pure (comme « ces fleurs dont nulle ne se fane » que le regard poétique, dans *Toast funèbre*, « Isole parmi l'heure et le rayon du jour »). C'est dire que les jardins ici évoqués sont encore « les jardins de cet astre », et tout le propos du poème est de maintenir que cette île n'est pas un monde idéal, une illusion de poète; elle est cette terre, simplement offerte à qui sait voir, l'opposition entre vue et visions reprenant celle, dans *Toast funèbre*, du regard et du rêve.

Cette révélation naturaliste[1] implique donc pour le poète un « nouveau devoir », qui se formule dans les deux strophes ultimes : ce devoir est la « *divine transposition* » qui « *va du fait à l'idéal* » (*Div.*, p. 156), et fait ainsi de la poésie le lieu d'une efflorescence idéale (« Je dis : une fleur! et, hors de l'oubli où ma voix relègue aucun contour, en tant que quelque chose d'autre que les calices sus, musicalement se lève, idée même et suave, l'absente de tous bouquets », *Div.*, p. 251).

Mais cet idéalisme-là, purement littéraire, n'a rien d'un idéalisme philosophique, et le tombeau, fût-il celui de la Beauté, surgit à la fin pour rappeler que le trop grand glaïeul de l'art, cette hyperbole poétique, n'est jamais qu'un glorieux mensonge.

Alors que *Toast funèbre* évoque, à travers Gautier, le devoir idéal du poète, *Prose* offre en somme, sous forme de récit mythique, la genèse de cette vocation poétique.

Titre : la prose est une hymne latine, généralement chantée entre l'épître et l'évangile. On sait le goût de des Esseintes pour cette littérature.

V. 5. Une des grandes découvertes mallarméennes de la fin des années soixante est que la poésie, parce qu'elle est réflexion du langage, ne peut se séparer d'une construction intellectuelle qui soit son « fondement scientifique ». Voir aussi la note du v. 50.

V. 8. L'opposition entre l'hyperbole et l'œuvre de patience renvoie à la fois à l'opposition traditionnelle inspiration / travail, et à l'opposition historique (saint-simonienne) entre époques organiques et époques scientifiques ou critiques. L'œuvre de patience ou le grimoire sont à l'hyperbole ce que l'atlas est à l'île, l'herbier aux trop grandes fleurs et le rituel à l'hymne des cœurs spirituels.

---

1. Cette idée d'un nouveau devoir poétique, conjuguant l'hyperbole et l'œuvre de patience et lié à une révélation naturelle, rappelle la révélation du printemps 1866 dont se fait l'écho la fameuse lettre à Cazalis d'avril 1866 : « Oui, *je le sais*, nous ne sommes que de vaines formes de la matière... » On sait que cet aveu suit immédiatement un « voyage enchanté » à Cannes avec Lefébure, dont Mallarmé dit dans la même lettre : « Lefébure m'a levé le rideau qui me voilait à jamais le décor de Nice et je me suis follement enivré de la Méditerranée. Ah! mon ami, que ce ciel terrestre est divin! », et peut-être l'île du poème doit-elle quelque chose au souvenir des îles de Lérins.

V. 12. Cette sœur est bien moins Maria, la jeune sœur morte à treize ans, du poète, que son double qui joue ici les Béatrice de l'idéal poétique.

V. 13. *L'ère d'autorité* : l'âge d'or de la troisième strophe pour G. Poulet, l'époque organique de la foi en l'idéal pour P. Bénichou (*Saggi e ricerche di letteratura francese*, XXVII, 1988); mais l'expression semble plutôt négative : l'époque contemporaine, pour Mallarmé, appartient encore à l'ère des certitudes dogmatiques qui débordent de loin le domaine de la religion. Le nouveau devoir du poète sera de dépasser cette ère d'autorité pour accéder à la modernité d'une ère de fiction.

V. 18. *Ils* peut renvoyer à *on*, ou plus justement aux *iris*.

V. 26. *Ordinairement* : en signalant le caractère ordinaire de cette efflorescence, Mallarmé insiste encore sur le réalisme de l' évocation.

V. 36. Cet *antique soin* diffère momentanément le *nouveau devoir* auquel il s'oppose.

V. 38. *Taisons* : le présent est inattendu. Présent de narration? de l'énonciation? de la lecture (L.J. Austin)?

V. 41-48. Construire : *Et non... que ce pays n'exista pas. La rive* : ceux qui restent sur la rive, par opposition aux enfants de l'île.

V. 50. De la double inconscience initiale au savoir de cette *docte* enfant, tel est l'effet de la révélation, au terme de l'extase, ce qui justifie la *science* du vers 5 et l'expression *par chemins*, qui traduit exactement *méthode*, s'opposant au « pur délice sans chemin » d'*Autre éventail*.

V. 51. Les deux noms propres, *Anastase* et *Pulchérie*, font ici sonner leur étymologie : *résurrection* et *beauté*.

Page 47. ÉVENTAIL de Madame Mallarmé

La Conque, 1ᵉʳ juin 1891 (*LC*).
Ms 1, éventail original, Doucet, n° 104.
Ms 2 (FS : HD, 26 novembre 1987).
Ms 3, Maquette.

V. 9-12. pas de parenthèse ms 2, *LC*

Cet *Éventail* dédié par le poète à sa femme et daté du 1ᵉʳ janvier 1891 pose d'abord un problème de syntaxe, qui a donné lieu à quelques constructions acrobatiques. *Aile tout bas la courrière* est une apposition (à valeur attributive) à *Cet éventail* : l'éventail est une aile messagère (du vers), messagère confidentielle (*tout bas*). *Tel* dans l'avant-dernier vers reprend le v. 5, comme *il* reprend *Cet éventail* : *Que toujours cet éventail apparaisse tel* (= comme une aile tout bas la courrière) *entre tes mains sans paresse.*

L'éventail de Mᵐᵉ Mallarmé appelle deux métaphores entre lesquelles il fait le lien : celle, traditionnelle, de l'aile qui fait de l'éventail non seulement le support mais l'emblème de la poésie sous le signe du langage, du rythme et de l'envol fictif; celle, plus directement liée à la fonction de la dédicataire, du chiffon ménager.

Cet éventail proprement conjugal assure donc, symboliquement, le lien entre deux mondes séparés : le rêve poétique de Mallarmé et l'activité ménagère de sa femme, activité ménagère qui se trouve ainsi sublimée : le geste ménager trouve une dignité quasi poétique à pourchasser non pas la visible poussière du ménage mais l'invisible cendre qui chagrine le seul poète, pour qu'à l'égal du miroir domestique, reluise aussi le pur miroir des mots.

V. 4. *Logis* : la main qui tient l'éventail. Cette métaphore s'inscrit dans la symbolique domestique du poème (R.G. Cohn).

Page 48. AUTRE ÉVENTAIL de Mademoiselle Mallarmé

La Revue critique, 6 avril 1884 (*RC*).
Poésies 1887; APF.
Ms 1, éventail original, Musée Mallarmé.
Ms 2, Ensemble de 1887.
Copie de Valère Gille (FS : *Le Manuscrit autographe*, n° 42-43, 1933).

V. 4.   dans la main ms 1
V. 9.   Chaste jeu! voici ms 1
           Vaste jeu! voici *RC*
V. 11.   Qui, de n'être éclos pour ms 1
           Qui, fier de n'être pour *RC*
V. 12.   Ne sait jaillir ni s'apaiser. *RC*
V. 18.   sur le soir d'or! ce ms 1
           sur l'or des soirs, ce *APF*

Écrit en 1884, cet *Éventail* qui présente, comme le note L.J. Austin, de curieuses analogies de forme et de vocabulaire avec *Prose* pour des Esseintes, développe à la première personne — c'est l'éventail qui parle — la métaphore de l'aile sous le signe de la fiction. Car le vol de l'éventail est un vol *prisonnier* de la main, un simulacre ou un mensonge, et le vertige qu'il suscite est d'abord, comme l'indique une variante plus ancienne, un *Vaste jeu*. Ce vol prisonnier qui recule l'horizon est ainsi l'antithèse heureuse d'un autre vol prisonnier, celui du cygne qui, pour « n'avoir pas chanté la région où vivre », se condamne à nier désespérément l'espace avant de se figer dans un enfer glacé. Au contraire, dans cet espace imaginaire qu'il crée par son simulacre de vol, l'éventail devient le lieu d'un paradis — paradis fictif, paradis pour rire, puisque ce paradis est le rire même de la dédicataire chaste ou farouche dont la bouche devient ainsi le centre de cet espace-baiser. Au terme de ce vol imaginaire sur fond de crépuscule, l'éventail refermé devient le sceptre magique ou poétique capable de recréer la féerie céleste tandis que la lumière extérieure se recueille dans le feu d'un bracelet. Le sceptre, le bracelet, tout renvoie à la main, maîtresse de ce jeu fictif.

« Tout éventail, écrit justement J.-P. Richard, illustre [...] naturellement un art poétique. » Ce simulacre de l'éventail évoque alors un autre simulacre, ce jeu un autre jeu — le « jeu littéraire par excellence », qui est « le seul devoir du poète » (*Div.*, p. 374) —, ce « subtil mensonge » de l'éventail le « glorieux mensonge » de la poésie. Et la main maîtresse de ce jeu, main royale au sceptre fictif, la main qui écrit[1].

Page 49.   FEUILLET D'ALBUM

La Wallonie, septembre-décembre 1892.

Feuillet d'album, par le titre et la première strophe, dit sa genèse même, puisqu'il fut écrit en 1890 à la demande de Thérèse Roumanille comme l'explique la bibliographie : « "*Tout à coup et comme par jeu*" est recopié indiscrètement à l'album de la fille du poëte provençal Roumanille, mon vieux camarade : je l'avais admirée, enfant et elle voulut s'en souvenir pour me prier, demoiselle, de quelques vers. »

Après le rire de Mlle Mallarmé, c'est un autre rire d'enfant qui charme l'air dans ce feuillet où le poète joue les faunes sur le retour, les faunes aux doigt perclus : le vain souffle de son art est incapable d'imiter ce rire d'enfant dont le charme (*carmen*) exalte, contre les artifices de l'art, une poésie naturelle.

On notera l'opposition entre le paysage et le visage, qui rappelle la troisième strophe de *Prose*.

Page 50.   REMÉMORATION D'AMIS BELGES

Excelsior! 1883-1893, Bruges, Popp, 1893 (*E*).
Ms 1, Maquette.

Ce n'est que sur la maquette que le titre initial : *Sonnet / A ceux de l'Excelsior* est corrigé d'abord en *Remémoration / à des Amis belges* puis en *Remémoration / d'Amis belges*.
V. 6.   baume utile *E*
V. 7.   (Nous immémoriaux quelques-uns si contents) *E*

Écrit en hommage aux poètes belges du cercle Excelsior de Bruges,

---

1. Cette rêverie sur l'éventail, avec sa dialectique du vol et du reploiement, n'est pas sans rappeler la rêverie du livre. Cf. ces lignes d' « Étalages » où Mallarmé évoque la mode nouvelle du livre de plage : « Le lançage ou la diffusion annuels de la lecture, jadis l'hiver, avance maintenant jusqu'au seuil d'été : comme la vitre qui mettait, sur l'acquisition, un froid, a cessé; et l'édition en plein air crève ses ballots vers la main pour le lointain gantée; et l'acheteuse prompte à choisir une brochure, afin de la placer entre ses yeux et la mer.
Interception, notez —
Ce que pour l'extrême-orient, l'Espagne et de délicieux illettrés, l'éventail à la différence près que cette autre aile de papier plus vive : infiniment et sommaire en son déploiement, cache le site pour rapporter contre les lèvres une muette fleur peinte comme le mot intact et nul de la songerie par les battements approché.
Aussi je crois, poète, à mon dommage, qu'y inscrire un distique est de trop.
Cet isolateur, avec pour vertu, mobile, de renouveler l'inconscience du délice sans cause » (*Div.*, pp. 260-261).

où Mallarmé avait prononcé sa conférence sur Villiers en février 1890, ce poème de l'amitié est aussi un hommage à la ville de Bruges dont Georges Rodenbach venait de faire l'héroïne de son roman, *Bruges-la-Morte* (1892).

Les quatrains convoquent deux images, celle de la brume qui se lève et celle de l'encens, pour rendre visible la vétusté de la cité. Cette brume de temps[1] dont la ville émerge comme une veuve écartant ses voiles de deuil, semble, parce qu'elle reste en suspension, donner une caution d'éternité à une amitié neuve.

Cette image d'une renaissance se prolonge dans les tercets où l'aube, multipliée par les cygnes, est elle-même un oiseau blanc surgissant du canal noir. Surtout, ce vol en suggère un autre — entendons : un vol d'une tout autre nature — qui prend la forme d'une élection spirituelle : la poésie.

V. 1. *L'émeuve* : *l'* = la vétusté; *émeuve* : sens étymologique.

V. 3-4. Ces deux vers forment une subordonnée de temps introduite par *comme; elle* renvoie à *vétusté*. Construire : *Comme je sens que la pierre veuve se dévêt de cette vétusté.*

Furtive et *visible* se rapportent à *elle* plutôt qu'à *pierre*.

V. 7. Ce vers est à lire comme une parenthèse, ce qu'il était à l'origine.

V. 10. Sur l'identité métaphorique de l'aube, ou de l'aurore, et du cygne, cf. l'Ouverture ancienne d'*Hérodiade*.

V. 14. Construire : *... désigne pour irradier l'esprit ainsi qu'une aile prompte.*

Page 51.   CHANSONS BAS

Les Types de Paris, Éd. du *Figaro*, Plon, Nourrit & Cie, 1889 (*TP*).
Épreuves des *TP*, Doucet, MNR Ms 1196 (*E*).

Titre :   I :   *Le Carreleur de souliers E, TP*
              II : *La Petite Marchande d'herbes aromatiques E : La petite
Marchande de Lavandes TP*

I,   V. 13-14.   Il recréerait nos souliers, *E, TP*
                  Ô pieds! si vous le vouliez. *E*

II,   V. 5-8.   En décore la faïence
                  Où chacun jamais complet
                  Tapi dans sa défaillance
                  Au bleu sentiment se plaît : *E, TP*

_____

1. Cette image d'une brume de temps trouve peut-être son origine dans ces lignes de *Bruges-la-Morte* : « C'est comme si la brume fréquente, la lumière voilée des ciels du Nord, le granit des quais, les pluies incessantes, le passage des cloches eussent influencé, par leur alliage, la couleur de l'air — et aussi, en cette ville âgée, la cendre morte du temps, la poussière du sablier des années accumulant, sur tout, son œuvre silencieuse. »

Commande du peintre Jean-François Raffaëlli pour ses *Types de Paris* auxquels collaborèrent entre autres E. de Goncourt, Daudet, Zola, Maupassant, Bourget, Huysmans ou Mirbeau, ces « Types de la rue », écrits à la demande du commanditaire dans le style des quatrains-adresses, étaient au nombre de sept. Pour l'édition Deman, Mallarmé ne conserva que les deux sonnets. On trouvera les cinq quatrains qui les accompagnaient, plus *Le Vitrier* (qui figure sur les épreuves, mais ne parut pas dans *TP*), p. 161.

I,   v. 5-12. Le ressemeleur désespère le besoin faunesque de talons nus, et tend à clouer sur place le poète épris d'ailleurs.

II,   v. 6. Ces *absolus lieux* sont les lieux d'aisance.

v. 7-8. *Pour le ventre... renaître* : anglicisme comme le note P. Citron : *pour que le ventre renaisse*.

Page 53.   BILLET

The Whirlwind, 15 novembre 1890.
Ms 1, coll. part.

Paru d'abord sous le titre même de la revue : *The Whirlwind*, le poème, sur la maquette, prit le titre de *Cul de lampe*, puis de *Billet*.

Répondant à la demande de Whistler qui souhaitait un sonnet, ou « deux mots de sympathie ou d'approbation » pour la revue anglaise *The Whirlwind* (« A lively and eccentric newspaper », selon le sous-titre même), Mallarmé, le 25 octobre 1890, annonçait le poème en ces termes : « Oui, le *Whirlwind* est parfait et m'intéresse, à travers vous, et aussi par lui-même. Je vais, au premier jour, vous adresser, pour lui, un rien, combinant vos deux suggestions, de la lettre et des vers. Un petit sonnet de congratulation, avec votre nom à la rime, Ah! Ah! Ah! »

A travers une syntaxe elle-même tourbillonnante, le poème qui associe le nom de la revue (Tourbillon) et celui de Whistler, n'est pas seulement une plaisante variation sur l'image du tourbillon, mais se propose bien, ainsi qu'y invitait Whistler, comme une approbation de la revue et une définition métaphorique du seul journalisme qui vaille aux yeux de Mallarmé : ce « journal qui n'est pas de journalistes », selon la formule de Whistler, n'évoque pas, par son titre, les vaines rafales de l'actualité assaillant la badauderie des rues, mais le tourbillon plus essentiel de l'art, ici personnifié dans la figure d'une danseuse. C'est en tant que figure de l'art que la danseuse est « Celle même dont nous vécûmes », par opposition à la vaine agitation de la rue au vers 2. Les deux derniers vers, enfin, font de ce *Billet*, comme par un clin d'œil à une autre série, l'*Éventail* de Whistler.

V. 1-3. Pour l'image du vent de l'actualité, cf. cette évocation du répertoire quotidien des journaux . « Jaunes effondrements de banques aux squames de pus et le candide camelot apportant à la rue une réforme qui lui éclate en la main, ce répertoire — à défaut, le piétinement de Chambres où le vent-coulis se distrait à des crises ministérielles — compose, hors de leur drame propre à quoi les humains sont aveugles, le spectacle quotidien » (*Div.*, p. 324).

V. 9. *Hormis lui* : *lui* renvoie au *tutu*.

V. 10-11. Il y a, dans cette image de la danseuse « spirituelle, ivre, immobile » qui foudroie tout, une hiérophanie souriante. Cf. sur ce point les articles sur la danse dans *Crayonné au théâtre* (*Divagations*).

Page 54.   PETIT AIR I

L'Épreuve, novembre 1894 (FS de ms 1).
Ms 1, coll. part.
Ms 2, Doucet, Ms 47.165.
Ms 3, Maquette.

V. 7.   maint soir se ms 2

Destiné à l'origine à paraître dans un recueil, *Les Cantiques d'amour*, en regard d'un dessin de Maurice Neumont (1868-1930) intitulé *Les Baisers*, ce poème, auquel Mallarmé avait d'abord donné le titre de *Bain*, fut refusé comme ne correspondant pas au dessin. Dans un brouillon de lettre au commanditaire, Mallarmé se justifiait ainsi de la discordance des titres : « Je me rappelle avoir jeté les yeux sur l'image que vous me remîtes, où le jeune calicot qui apparaît, devant un étang, me semble, tout autant qu'à lui prodiguer des baisers, inviter sa collègue de rayon à risquer un bain. » Mallarmé reprit son poème qui parut finalement en fac-similé, illustré d'une lithographie de Maurice Denis représentant une femme qui vient d'ôter son vêtement pour se baigner.

Si le motif du poème est aisément identifiable (dans un paysage désert, sans cygne ni quai, par référence probable à *Remémoration d'amis belges*, il suffit que la femme, ôtant son vêtement, plonge dans l'onde pour créer l'illusion d'un cygne (« Tel fugace oiseau ») et du quai qu'il longe langoureusement), ce *Petit air* pose d'abord un problème de syntaxe autour du verbe *longer* : quel est son sujet : *solitude* (Mauron)? *fugace oiseau* (Noulet, Fowlie, Richard, Davies, Favre)? et son COD : *fugace oiseau* (Mauron, Citron)? le quai sous-entendu (Noulet, Fowlie)? le *blanc linge ôté* (Davies)? faut-il voir dans *longer* un verbe intransitif emprunté à la langue de la vénerie (Favre)? un impératif (Citron)?

Si l'on répugne à faire de longer un verbe intransitif, la solution de G. Davies semble la meilleure, à moins qu'on ne fasse de *jubilation nue* le sujet commun de *longe* et de *plonge* : *Ta jubilation nue longe langoureusement le fugace oiseau de ton blanc linge ôté si elle plonge dans l'onde devenue toi.*

Dans ce poème qui marque, selon J.-P. Richard, « la méfiance des éclats célestes et le retour à l'humilité terrestre, ou plutôt ici aqua-

232

tique », le *Mais* central articule en tout cas une opposition entre une rêverie cosmique et une exultation intime, entre la solitude qui se mire et la jubilation qui plonge, entre la dualité du miroir et l'unité du bain (« Dans l'onde toi devenue »). Surtout, si le paysage négatif (« Sans le cygne ni le quai ») du premier quatrain trouve sa plénitude heureuse dans les six derniers vers, cette réalisation reste une pure fiction (« Si plonge... ») : le poème n'est pas la description d'une scène vue, mais une construction imaginaire qui fait du bain de cette femme-cygne une inversion heureuse de l'effroi d'Hérodiade au miroir ou de l'exil glacé du cygne.

V. 5-8. Sur la gloire du couchant évoquant un sacre, cf. le poème en prose intitulé *La Gloire* (*Divagations*). Ici, la gloire n'est que gloriole et appelle, en fait de sacre, une abdication du regard.

Page 55.   P E T I T   A I R   II

Ms 1, Doucet, MNR Ms 1198.
Ms 2, Maquette.

V. 11.   sein, pas du sien, ms 1
V. 12.   pire. ms 1
V. 14.   Tomber sur ms 1

C'est encore le cygne qu'évoque ce petit air de 1893, publié pour la première fois dans les *Poésies* de 1899, si l'on admet avec G. Davies que « L'oiseau qu'on n'ouït jamais/ Une autre fois en la vie » rappelle la légende du cygne qui chante avant de mourir, la conjonction du chant et de la mort se réalisant ici dans le verbe *éclater*. Cette évocation du chant tragique du cygne fait en tout cas de lui l'*alter ego* du poète et la figure de son destin. Rapprochant l'exaltation de ce « musicien hagard » d'un autre « bond hagard », celui de la tête de saint Jean, J.-P. Richard voit dans le destin de l'oiseau « l'aventure d'une conscience absolue » : « L'échec est [...] chez lui le fruit de la démesure. » Mais si l'oiseau est déchiré dans son être, il reste aussi « entier » sur un sentier qui rappelle l'allée de *Toast funèbre*, ou « l'éternelle allée » de l'Ouverture ancienne : « Tel qu'en Lui-même enfin l'éternité le change ».

V. 5. Cette *Voix étrangère au bosquet* définit l'idéalisme poétique. Cf. les « vrais bosquets » de *Toast funèbre*. On notera la pauvreté de la rime.
V. 9. *Le hagard musicien* : exclamation ou prolepse, sans fonction réelle (comme dans « Le nez de Cléopâtre... »), à moins qu'on en fasse le sujet de *va-t-il* (P. Bénichou, *Mélanges Pichois*, Neuchâtel, La Baconnière, 1985), mais le ms 1 avait un point à la fin du vers 12. P. Citron propose d'en faire le sujet de *expire*, mais y aurait-il alors une virgule au v. 9?

233

« Les Poètes maudits », *Lutèce*, 24-30 novembre 1883.
PM; Poésies 1887; AVP; APF.
Ms 1, Ensemble de 1887.

Titre : *Cette nuit* PM

V. 11.   Pour les siècles *PM*

« Poème de mort et de résurrection » (L.J. Austin), de l'ombre et de
la lumière, ce sonnet qui évoque, sous une forme éminemment
personnelle, la mort du « vieux Rêve » (rêve religieux, rêve
baudelairien d'un au-delà idéal) et la naissance du génie humain,
résume la crise mallarméenne des années soixante qui consacre le
passage d'un idéalisme métaphysique à un idéalisme purement
poétique : témoin la lettre à Cazalis d'avril 1866 : « Oui, *je le sais*, nous
ne sommes que de vaines formes de la matière, — mais bien sublimes
pour avoir inventé Dieu et notre âme. » Témoin, encore, cette lettre de
1869 invoquée par L.J. Austin : « Mon cerveau, envahi par le Rêve [...],
allait périr dans son insomnie permanente; j'ai imploré la grande
Nuit, qui m'a exaucé et a étendu ses ténèbres. La première phase de
ma vie a été finie. La conscience, excédée d'ombres, se réveille,
lentement formant un homme nouveau, et doit retrouver mon Rêve
après la création de ce dernier. »
Poème nocturne donc, comme l'indique le titre ancien, car la *fatale
loi* dont l'ombre est l'initiatrice n'est autre que la nuit, la nuit
éternelle, le néant ou le *nevermore*, et le rêve toujours ailé est en
l'homme ce désir d'infini qui nie cette fatalité mortelle. Mais à la
différence de la plupart des commentateurs, pour qui les guirlandes
célèbres sont les étoiles, G. Davies voit dans ce sonnet une évocation
du drame solaire [la tombée du soir (quatrain I); la mort du soleil
(quatrain II); la nuit étoilée (tercets)], et dans les guirlandes les
nuages illuminés du couchant. A l'appui de l'interprétation stellaire, A.
Fongaro a rappelé (*Synthèses*, décembre 1967-janvier 1968) cette
possible source hugolienne (*Les Feuilles d'automne*, XXI) du deuxième
quatrain :

> Que j'étais, moi, vaine ombre obscure et taciturne,
> Le roi mystérieux de la pompe nocturne;
> Que le ciel pour moi seul s'était illuminé!

La deuxième strophe donne à cette mort du Rêve une orchestration
cosmique en évoquant pour G. Davies la pompe funèbre du couchant,
pour les autres la chapelle ardente de la nuit. Étoiles ou nuées, ce
triomphe ultime de lumière, démenti par les ténèbres, n'est qu'une
illusion. Le v. 8 énonce ainsi le passage du vieux Rêve vaincu par la
nuit à une lumière intime et à une foi nouvelle. Cette foi ne se formule
pas en un « je crois », mais en un « je sais »; elle n'invoque plus la reli-
gion, mais la science, comme dans la lettre plus haut citée d'avril
1866. Lefébure n'écrivait-il pas à Mallarmé en juin 1867 : « ... la
science a marqué les limites de l'homme. On sait maintenant que
notre espoir secret de vivre entièrement et éternellement le Rêve n'est

pas réalisable [...]. Ainsi Mme Valmore touche au mystère à cause de l'amour, vous, vous touchez à l'amour à cause du mystère, cela tient à ce qu'elle, *croit*, et à ce que vous, *savez* »?

Ce renversement de croyance prend alors, dans les tercets, la forme d'une révolution copernicienne à rebours, ou d'un contre-champ cosmique : à l'élan idéaliste vers le ciel, le poème substitue une vision lointaine de la terre. Dans « cette nuit » de la mort de Dieu, c'est la terre qui brille d'un éclat mystérieux, celui du génie humain qui prend le relais des dieux morts. Les étoiles, elles, ne sont plus l'écriture divine, mais renvoient, comme le septuor du sonnet en -yx, au seul génie poétique, créateur des dieux.

V. 4. L'aile du Rêve rappelle la métaphore du « vieux et méchant plumage » de Dieu (lettre à Cazalis, 14 mai 1867).

V. 6. La torsion, comme le note J.-P. Richard, est une figure privilégiée de la mort des illusions, chimères ou sirènes : cf. *Salut* et la « torsion de sirène » du *Coup de dés*.

V. 7. Sur l'association de l'orgueil et du couchant, cf. « *Tout Orgueil fume-t-il du soir...* »

V. 10. Cet *insolite mystère* qui fait le génie humain est ce que Mallarmé appellera « Le Mystère dans les Lettres ».

V. 11. *Les siècles hideux* sont rapprochés par L.J. Austin des « Hideux siècles de foi » de Leconte de Lisle (*Les Siècles maudits*, *Les Poèmes tragiques*).

V. 12. Ce vers énonce la vérité tautologique de l'univers qui est un leitmotiv de Mallarmé : « Rien n'aura eu lieu que le lieu » (*Un coup de dés*), « n'est que ce qui est » (*Div.*, p. 356), « l'évidence de tout l'être pareil » (*ibid.*, p. 357); *qu'il s'accroisse ou se nie* donne une valeur dynamique à l'opposition traditionnelle de l'être et du néant.

Page 57. « LE VIERGE, LE VIVACE... »

La Revue indépendante, mars 1885 (*RI*).
Poésies 1887; *AVP*; *APF*; *Vers et prose*.
Ms 1, Fondation Martin Bodmer, Genève.
Ms 2, Ensemble de 1887.

V. 1.   aujourd'hui, ms 1, *RI*
V. 5.   lui, ms 1, *RI*

Poème blanc, « symphonie en i majeur » (Guy Michaud), ce sonnet sans titre et de date inconnue n'est pas sans évoquer le chant d'un autre cygne dont il est peut-être contemporain, celui d'Hérodiade elle aussi glacée d'horreur (voir la Scène, v. 44-51).

Comme dans *Hérodiade*, un cygne prisonnier de la glace; comme dans *Hérodiade* aussi, cette glace est métaphorique, elle est celle de l'impuissance (« Le transparent glacier des vols qui n'ont pas fui »), impuissance du vol, et impuissance du chant qui fait ainsi du cygne le symbole du poète : c'est que l'hiver est d'abord un hiver mental, celui de la stérilité (« Quand du stérile hiver a resplendi l'ennui »). De même, les trois mots qui renvoient à l'image du glacier (*blanche*, *sol* et *froid*) évoquent encore un glacier mental : « blanche *agonie* », « *l'horreur* du sol », « songe froid de *mépris* ». A la différence du Gautier de *Fantaisies d'hiver*, Mallarmé ne décrit pas une scène vue, sur laquelle il plaquerait un symbolisme convenu. Le cygne lui-même, qui n'apparaît qu'au v. 5, n'est, dans le premier quatrain, lisible qu'en creux, dans la logique de la double métaphore qui, symboliquement, l'engendre : celle de l'aile du vierge, vivace et bel aujourd'hui, celle du glacier des vols qui n'ont pas fui.

Toute la logique du poème repose ainsi sur un jeu d'oppositions : opposition entre *aujourd'hui* et *autrefois*, entre *oublié* et *se souvient*, entre *la région où vivre* et *ce lieu* où le cygne n'est plus que le fantôme de lui-même.

Dans la première strophe, le vierge, le vivace et le bel aujourd'hui est la figure du cygne sans mémoire dans l'ivresse du matin neuf, avant qu'il redevienne dans la deuxième, par le retour du souvenir, le cygne d'autrefois définitivement prisonnier. La région où vivre qu'il n'a pas chantée, opposée à l'horreur du sol, c'est le pays idéal de *Prose*, et c'est l'œuvre elle-même : selon la légende, chanter, pour le cygne, c'est mourir pour ne plus vivre que dans son chant. A défaut de cette mort symbolique du chant, l'oiseau se condamne à un simulacre de mort dans cet hiver stérile.

Mais ce poème blanc, ce tombeau du cygne (à l'image du « pâle mausolée » d'Hérodiade), n'est pas seulement le poème de la stérilité. Car si blanc que soit ce poème qui semble dire l'absence du poème, par ce « suprême paradoxe de l'art » invoqué par L.J. Austin, il est encore poème. Par-delà l'échec du cygne, reste la réussite du poème, ce cygne de mots.

Faut-il alors reconnaître dans la majuscule du dernier mot, selon une logique qui serait celle du *Coup de dés* (« Rien n'aura eu lieu que le lieu excepté à l'altitude peut-être une constellation froide d'oubli et de désuétude ») ou du sonnet en -yx, la métamorphose du cygne en constellation (Lawler, *AUMLA*, novembre 1958), ou encore en Signe (Fowlie), — signe textuel, signe stellaire ou les deux à la fois? A. Fongaro (*Studi Francesi*, janvier-avril 1979) et L.J. Austin invoquent par exemple *Les Derniers Vers* de Ronsard : « Il faut, écrit Ronsard,

> [...] chanter son obsèque en la façon du Cygne,
> Qui chante son trépas sur les bors Maeandrins.
> C'est fait, j'ay dévidé le cours de mes destins,
> J'ay vescu, j'ay rendu mon nom assez insigne,
> Ma plume vole au ciel pour estre quelque signe... »

Mais la légende de Cycnus, comme celle de Callisto dans le sonnet en -yx, n'est au mieux qu'un support imaginaire : Mallarmé n'a pas dissous les mythes pour en refaire, comme il le reproche à Wagner; la seule constellation du poème, comme dans le *Coup de dés* ou le sonnet en -yx, c'est le poème lui-même, constellation de mots, et le Cygne final est moins la métamorphose stellaire du cygne que le titre manquant du poème qui se donne à lire enfin comme un cygne de mots.

236

V. 6. *Se délivre* : valeur conative du présent, *sans espoir* marquant la vanité de cette tentative. J. Lawler (*AUMLA*, novembre 1958) fait de ce vers une lecture contraire : c'est en refusant toute évasion que le cygne fait son salut (*se délivre*) et devient ainsi une constellation.

V. 7. *La région où vivre* est parfois interprétée comme l'existence quotidienne, opposée à l'ambition inhumaine d'Hérodiade qui condamne le poète au silence.

Page 58.   « V I C T O R I E U S E M E N T   F U I... »

Les Hommes d'aujourd'hui, Vanier, n° 296 [février 1887] (première version).
Poésies 1887 (version définitive).
AVP; Vers et prose.
Ms 1, coll. Mlle Ch. Lebey (d'après *OC*, p. 1487).
Ms 2, coll. part. (FS : *Empreintes*, novembre-décembre 1948).
Ms 3, coll. A. Rodocanachi.
Ms 4, Ensemble de 1887.

Ce sonnet, promis à Verlaine dans la fameuse lettre autobiographique du 16 novembre 1885, remonte sans doute à la fin de 1885 ou au début de 1886. Le texte publié dans *Les Hommes d'aujourd'hui* diffère sensiblement de la version définitive, de peu postérieure, qui apparaît dans l'édition photolithographiée des *Poésies* en 1887. Voici la première version, donnée par les ms 2 et 3, et semblable, à trois virgules près, à celle du texte imprimé :

> Toujours plus souriant au désastre plus beau,
> Soupirs de sang, or meurtrier, pâmoison, fête!
> Une millième fois avec ardeur s'apprête
> Mon solitaire amour à vaincre le tombeau.
>
> Quoi! de tout ce coucher pas même un cher lambeau
> Ne reste, il est minuit, dans la main du poète
> Excepté qu'un trésor trop folâtre de tête
> Y verse sa lueur diffuse sans flambeau!
>
> La tienne, si toujours frivole! c'est la tienne,
> Seul gage qui des soirs évanouis retienne
> Un peu de désolé combat en s'en coiffant
>
> Avec grâce, quand sur des coussins tu la poses
> Comme un casque guerrier d'impératrice enfant
> Dont pour te figurer il tomberait des roses.

Le ms 1, peut-être antérieur (voir *OC*, p. 1487), présente les variantes suivantes :

V. 2.   meurtrier, extase, fête
V. 3.   fois sur l'horizon s'apprête
V. 9.   toujours petite!
V. 10.   qui des cieux évanouis

Cette évocation d'une transition lumineuse entre l'incendie cosmique du couchant et l'intimité de la fête amoureuse doit quelque chose à l'imagerie d'*Hérodiade* : le dernier tercet, le seul qui n'ait pratiquement pas changé d'une version à l'autre, reprend en effet presque textuellement deux vers d'un brouillon de l'Ouverture ancienne :

> La dame d'un doux nom rehaussant son visage
> <Ainsi qu'un casque> ombr   d'impératrice enfant
> D'où, pour la figurer, il tomberait des roses,

> La dame au nom trop fier ombrageant son visage
> <Comme un casque câlin d'impératrice enfant>
> Inconnu   triomphant
> Comme un casque léger d'impératrice enfant
> D'où, pour feindre sa joue il tomberait des roses,

Le premier quatrain n'est pas seulement une évocation du couchant (cf. le premier état de l'Ouverture ancienne : « Pourpre! bûcher! aurore ancienne! supplice! / Rougeur! tisons! »); c'est d'abord un cri de victoire : le suicide du soleil ne convoque pas ici l'angoisse accoutumée, mais la dérision d'un simulacre de deuil.

Les dix vers suivants évoquent alors non pas l'ombre fatale aux rêves, mais l'ombre propice à la fête amoureuse, illuminée par le trésor d'une chevelure « lampadophore » qui vient relayer le soleil disparu et prolonger par l'image du casque de cheveux la métaphore guerrière du premier vers : la victoire sur la mort est aussi un triomphe amoureux, et le dernier tercet, faisant écho au premier quatrain, évoque en mineur un autre coucher de soleil, celui de la chevelure posée sur les coussins dans une prodigalité de roses rappelant les nuées roses du couchant. Le poème apparaît ainsi comme une inversion heureuse du mythe d'Hérodiade où la chevelure est bien le casque guerrier d'une virginité farouche (voir les vers 35-41 de la Scène).

Alors que l'Hérodiade de la *Scène* effeuille les « pâles lys » qui sont en elle, la pluie de roses du dernier vers fait de cette Hérodiade aimable, comme au dernier vers d'*Apparition*, la bonne fée de l'amour.

V. 1. On notera l'alliance de mots : cette victoire est une fuite.

V. 2. Cf. cette autre évocation du couchant avec les mêmes images de naufrage et d'incendie : « ... alors, les somptuosités pareilles au vaisseau qui enfonce, ne se rend et fête ciel et eau de son incendie » (*Div.*, p. 295).

V. 7. Sur ce trésor de tête, cf. « *Ô si chère de loin...* ».

V. 11. *Puéril triomphe*, *impératrice enfant* renvoient au personnage d'Hérodiade, mais donnent aussi une connotation ludique ou ironique à la métaphore guerrière.

V. 13. Sur l'image du casque de cheveux, cf. les vers de circonstance « *Avec ce mutin casque blond* » (*OC*, p. 116), « *Comme elle casqué de lumière...* » (*OC*, p. 125).

Page 59. « SES PURS ONGLES TRÈS HAUT... »

Poésies 1887.
Vers et prose.

Ms 1, coll. B. Malle.
Ms 2, Ensemble de 1887.

La première version (ms 1) de ce sonnet, intitulée *Sonnet allégorique de lui-même*, fut envoyée à Cazalis en juillet 1868 pour figurer dans un recueil de poèmes illustrés d'eaux-fortes (le recueil parut en 1869, sans le sonnet) :

SONNET

allégorique de lui-même

La Nuit approbatrice allume les onyx
De ses ongles au pur Crime, lampadophore,
Du Soir aboli par le vespéral Phœnix
De qui la cendre n'a de cinéraire amphore

Sur des consoles, en le noir Salon : nul ptyx,
Insolite vaisseau d'inanité sonore,
Car le Maître est allé puiser de l'eau du Styx
Avec tous ses objets dont le Rêve s'honore.

Et selon la croisée au Nord vacante, un or
Néfaste incite pour son beau cadre une rixe
Faite d'un dieu que croit emporter une nixe

En l'obscurcissement de la glace, décor
De l'absence, sinon que sur la glace encor
De scintillations le septuor se fixe.

Dans son envoi, Mallarmé présentait le poème en ces termes :

« J'extrais ce sonnet, auquel j'avais une fois songé cet été, d'une étude projetée sur la Parole : il est inverse, je veux dire que le sens, s'il en a un (mais je me consolerais du contraire grâce à la dose de poésie qu'il renferme, ce me semble) est évoqué par un mirage interne des mots mêmes. En se laissant aller à le murmurer plusieurs fois on éprouve une sensation assez cabalistique.

C'est confesser qu'il est peu "plastique", comme tu me le demandes, mais au moins est-il aussi "blanc et noir" que possible, et il me semble se prêter à une eau-forte pleine de Rêve et de Vide.

— Par exemple, une fenêtre nocturne ouverte, les deux volets attachés; une chambre avec personne dedans, malgré l'air stable que présentent les volets attachés, et dans une nuit faite d'absence et d'interrogation, sans meubles, sinon l'ébauche plausible de vagues consoles, un cadre, belliqueux et agonisant, de miroir appendu au fond, avec sa réflexion, stellaire et incompréhensible, de la grande Ourse, qui relie au ciel seul ce logis abandonné du monde.

— J'ai pris ce sujet d'un sonnet nul et se réfléchissant de toutes les façons, parce que mon œuvre est si bien préparé et hiérarchisé, représentant comme il le peut l'Univers, que je n'aurais su, sans endommager quelqu'une de mes impressions étagées, rien en enlever, — et aucun sonnet ne s'y rencontre. »

Ce sonnet construit sur deux seules rimes alternativement masculines et féminines, et dont la difficulté est redoublée par l'énigme du ptyx, est devenu pour la postérité, grâce au titre même de sa version initiale, l'emblème de la poésie mallarméenne et le lieu privilégié de sa mise en abyme (voir C. Abastado, *Littérature*, n° 6, mai 1972).

Dans un décor familier, celui d'*Igitur* ou des nuits de Tournon avec son ameublement symbolique (la lampe, les crédences ou les consoles, la fenêtre ouverte sur le ciel, le cadre d'un miroir), un drame se joue. Si le premier quatrain de la version primitive évoque le passage du soir à la nuit étoilée, la version définitive, qui fait de l'angoisse et du rêve les protagonistes du drame, double ce drame cosmique d'un drame métaphysique et d'un drame humain, celui de la création.

Ce que le poète lit désormais dans le drame du couchant, c'est la mort des rêves anciens, rêves religieux, rêves d'absolu qui nourrissaient naguère l'idéalisme poétique; ces rêves-là sont consumés par le phénix solaire comme dans *La Gloire* où les « torches consument, dans une haute garde, tous rêves antérieurs à leur éclat » (*Div.*, p. 100). Même si l'angoisse « lampadophore » porte encore ces rêves comme pour perpétuer dans la nuit la lumière disparue, il n'y a plus de transcendance possible comme l'indique l'élévation fictive du premier vers : si cette élévation semble se prolonger idéalement dans une transcendance stellaire, le mot même qui suggère l'éclat des étoiles ne fait, par un jeu de mots étymologique (onyx = ongle), que renvoyer aux ongles leur image. Par ce jeu de miroir initial, qui évoque la réduction étymologique des dieux de la mythologie, le poète opère ce « démontage impie de la fiction et conséquemment du mécanisme littéraire, pour étaler la pièce principale ou rien » (*Div.*, p. 356). Le poème n'est plus une voie d'accès à l'absolu, mais le lieu d'un vide ou d'une absence, un « sonnet nul et se réfléchissant de toutes les façons ».

Ce vide du poème est creusé par une logique négative : il n'y a pas de « cinéraire amphore » pour recueillir les cendres de ces rêves consumés ou du phénix solaire, pas de ptyx, pas de maître même. On connaît l'anecdote à propos du ptyx : quelques semaines avant l'envoi du sonnet, Mallarmé écrivait à Lefébure (3 mai 1868) : « ... comme il se pourrait [...] que [...] je fisse un sonnet, et que je n'ai que trois rimes en ix, concertez-vous pour m'envoyer le sens réel du mot ptyx : on m'assure qu'il n'existe dans aucune langue, ce que je préférerais de beaucoup à fin de me donner le charme de le créer par la magie de la rime. » Boutade ou non, trop de commentateurs se sont échinés à trouver un référent au mot, alors que ce mot qui n'existe pas, ce mot créé par la magie de la rime, comme l'ont bien vu M.-J. Lefebve (*Synthèses*, décembre 1967-janvier 1968) et R. Dragonetti (*Lingua e stile*, 4, 1969), est la figure même de ce sonnet nul, allégorique de lui-même, ainsi mis en abyme dans un mot qui est son propre référent. Ce sonnet nul est bien un « bibelot d'inanité sonore » qui s'abolit lui-même, il est « ce seul objet dont le Néant s'honore ». Sonnet doublement nul, parce qu'il est absent et parce qu'il est vide, voué au néant.

240

Absence du poème, absence du poète (le Maître) qui, comme dans *Igitur*, a quitté la chambre : cette logique négative fait de la poésie une descente aux enfers, une mort spirituelle, et l'instrument de ce nouvel orphisme, le ptyx, le poème même, n'est plus le lieu du Rêve (première version), mais le lieu du néant.

Malgré la conjonction initiale, la logique négative se poursuit dans les tercets : la croisée ouverte au nord est *vacante* : le vide n'est pas seulement celui du salon, mais celui du ciel, et la mort du soleil se répète en miniature dans l'agonie d'une lumière dernière, l'or du cadre (représentant le combat des licornes et d'une nixe) d'un miroir. La licorne ruant du feu rappelle en effet, comme l'a noté J.-P. Richard, un autre animal igné, la chimère du couchant. Le combat des licornes et d'une nixe, cette *défunte nue*, répète alors la scène primitive ou le sujet unique de la mythologie, le combat du soleil contre les nuées du ciel. L'agonie dorée des licornes (dont la corne porte les dés d'Igitur), c'est l'agonie du rêve d'Igitur et du rêve d'Orphée : la nixe, nouvelle Eurydice, reste prisonnière de la glace d'un miroir qui n'est plus, à l'image du poème même, que le décor de l'absence ou le cadre de l'oubli.

Or c'est dans ce vide absolu du poème-miroir qu'apparaît, comme la constellation du *Coup de dés*, le septuor de scintillations. Par là, le poète ne retrouve pas au dernier vers la transcendance stellaire désavouée par le premier : car ce septuor n'est pas la Grande Ourse, mais son simulacre poétique : il est la réflexion du poème lui-même avec ses sept paires de rimes. Comme la Grande Ourse issue de la métamorphose stellaire de la nymphe Callisto, le septuor procède aussi de la métamorphose d'une nymphe ou d'une nixe, cette *défunte nue*, mais cette métamorphose est purement poétique puisque le septuor n'est qu'une constellation de mots : s'il apparaît au dernier vers, ce n'est pas par la fenêtre ouverte sur l'espace, mais dans le miroir d'un poème qui se réfléchit de toutes les façons et consacre ainsi le passage de la transcendance céleste à l'immanence poétique du sens.

Un « sonnet nul et se réfléchissant de toutes les façons » : c'est parce que le sonnet est nul, parce qu'il s'annule lui-même par une logique négative qui fait de lui le décor de l'absence, qu'il peut se réfléchir lui-même au lieu de renvoyer à tous les au-delà des mots (Dieu, les étoiles ou plus simplement l'univers référentiel). Entre le premier et le dernier vers, entre l'aveu d'impuissance et la parousie triomphale du septuor, il y a le retournement ou la conversion positive du néant : s'il est d'abord au cœur d'un drame métaphysique, il devient à la fin la « pièce principale » d'un « mécanisme littéraire », ou le principe même de la fiction poétique : « Mais, je vénère comment, par une supercherie, on projette, à quelque élévation défendue et de foudre! le conscient manque chez nous de ce qui là-haut éclate » (*Div.*, p. 356). Tel est le glorieux mensonge de la poésie qui illumine le ciel vide de ses élévations fictives.

V. 1. On peut trouver dans les quatrains qui disent la mort du rêve religieux un symbolisme liturgique : la dédicace initiale est une sorte d'élévation négative qui, à rebours du rite catholique, consacre l'absence. Cf. *Salut* et *Toast funèbre*. De même les *crédences* désignent d'abord un mobilier liturgique (tables de desserte d'autel), et ces crédences désaffectées sont peut-être aussi, étymologiquement, des croyances vides.

V. 2. *Lampadophore* : littéralement, *porte-lampe*.

V. 3. Cf. « les vêpres magnifiques du Rêve » (lettre du 20 avril 1868).

V. 4. A propos de cette *cinéraire amphore*, J.-P. Richard rappelle, dans *Les Dieux antiques*, la légende selon laquelle « le soleil passait pour descendre, le soir, dans une coupe ou un vase d'or, qui le portait au cours du fleuve Océan, dans la demeure noire de la Nuit » (*OC*, p. 1259).

V. 5. *Ptyx* n'existe pas en français; mais le radical de ce mot (non attesté au nominatif) signifie *pli* en grec.

V. 10. *Agonise* : l'or agonise doublement, parce qu'il s'éteint, et parce qu'il représente une lutte (*agonizein* = lutter).

V. 11. P. Citron et R. Dragonetti suggèrent que la licorne du poème procède peut-être d'une autre licorne, l'*oryx*, qui conjoint dans son nom même les deux rimes du sonnet.

V. 13-14. R.G. Cohn lit ingénieusement dans ces deux vers une progression numérique : ...*cadre* se fixe/ De *scin*tillations *si*tôt le *sept*uor.

Page 60.   LE TOMBEAU D'EDGAR POE

E. Allan Poe. A Memorial Volume, Baltimore, 1877.
PM; Poésies 1887; PEP 1888 et 1889; Vers et prose.
Ms 1, Alderman Library, Univ. de Virginie (FS : *Two Mementoes from the Poe-Ingram Collection. An Anniversary Keepsake*, Bibliographical Society of the Univ. of Virginia, Charlottesville, 1971).
Ms 2, coll. héritiers Miss Rice (*PBM*).
Ms 3 (FS : catalogue *Cinquantenaire du symbolisme*, BN, 1936, n° 184).
Ms 4, Ensemble de 1887.
Ms 5, coll. part. (FS : *Empreintes* n° 10-11, septembre-octobre 1952).
Ms 6 (pour l'éd. Deman des *Poèmes d'Edgar Poe*), coll. part.

Titre : *Au Tombeau d'Edgar Poe* ms 1 : *Le Tombeau d'Edgar Poe* autres versions

A la suite de l'inauguration d'un monument sur la tombe de Poe, Mallarmé fut sollicité, par l'entremise de Swinburne et de J. Ingram, de contribuer à un volume d'hommage : « Pieusement, répondit-il à la présidente du comité, j'accomplirai votre désir pour mon humble part, en vous envoyant pour l'époque que vous voudrez bien me fixer, quelques vers écrits, Madame, en votre honneur : je veux dire commémoratifs de la grande cérémonie de l'automne dernier » (à Miss Rice, 4 avril 1876). Le volume parut en décembre 1876.

Voici le tout premier état manuscrit du poème (ms 1) :

AU TOMBEAU D'EDGAR POE

Tel qu'en lui-même enfin l'éternité le change,
Le poëte suscite avec un hymne nu
Son siècle épouvanté de n'avoir pas connu
Que la mort s'exaltait dans cette voix étrange :

Mais, comme un vil tressaut d'hydre, oyant jadis l'ange
Donner un sens plus pur aux mots de la tribu,
Tous pensèrent entre eux le sortilège bu
Chez le flot sans honneur de quelque noir mélange.

Du sol et de l'éther ô le double grief!
Si mon idée avec ne sculpte un bas-relief
Dont la tombe de Poe éblouissante s'orne,

Sombre bloc à jamais chu d'un désastre obscur,
Que ce granit du moins montre ici-bas sa borne
Aux vieux vols de blasphème épars dans le futur.

Outre le titre, une seule variante apparaît dans le ms 2 qui servit de base à l'impression du volume, entachée de plusieurs coquilles :
V. 9.   Du sol et de l'éther hostiles ô grief!

De cette version initiale, Mallarmé envoya en juillet 1877 à Sarah Helen Whitman, poétesse américaine, « une traduction probablement barbare que j'ai faite mot à mot », assortie de quelques notes d'explication (Ch. Chassé, *Les Clefs de Mallarmé*, pp. 103-104) :

Such as into himself at last Eternity changes him,
The Poet arouses with a naked (1) hymn
His century overawed not to have known
That death extolled itself in this (2) strange voice :

But, in a vile writhing of an hydra, (they) once hearing the Angel (3)
To give (4) too pure a meaning to the words of the tribe,
They (between themselves) thought (by him) the spell drunk
In the honourless flood of some dark mixture (5).

Of the soil and the ether (which are) enemies, o struggle!
If with it my idea does not carve a bas-relief
Of which Poe's dazzling (6) tomb be adorned,

(A) stern block here fallen from a mysterious disaster,
Let this granite at least show forever their bound
To the old flights of Blasphemy (still) spread in the future (7).

(1)   naked hymn means when the words take in death their absolute value.
(2)   this means his own.
(3)   the Angel means the above said Poet.
(4)   to give means giving.
(5)   means in plain prose : charged him with always being drunk.
(6)   dazzling means with the idea of such a bas-relief.
(7)   Blasphemy means against Poets, such as the charge of Poe being drunk.

Si l'on néglige les variantes de ponctuation et de majuscules, le poème trouve sa forme définitive en 1887. Le ms 3, qui offre un état intermédiaire, présente ces ultimes variantes :
V. 6.   sens trop pur
V. 7.   proclamèrent tout haut ce sortilège

Cette représentation du poète en gloire retrouve l'imagerie biblique des poèmes de jeunesse. La liaison ange-glaive-parole-mort rappelle en effet, comme le note J. Morel (*RHLF*, mai-juin 1983), l'ange de l'Apocalypse, qui est le Verbe de Dieu : « De sa bouche sort un glaive acéré, pour qu'il en frappe les nations. » De même, l'hydre évoque non seulement l'hydre de Lerne, mais la Bête de l'Apocalypse « pleine de noms blasphématoires », ou le Dragon vaincu par l'archange saint Michel. *Le Tombeau d'Edgar Poe* apparaît ainsi comme une apocalypse du Verbe poétique, et donne en tout cas au conflit traditionnel du poète et de la foule la dimension d'un conflit archétypal, celui de l'ange et de l'hydre, de l'éternité et du siècle.

Ce conflit archétypal, ce « grief » immémorial du sol et de la nue, est à la fois le motif idéal du tombeau de Poe, et le motif réel d'un tombeau idéal, *Le Tombeau d'Edgar Poe*; le dernier tercet retrouve ainsi, en l'inversant, l'opposition du sol et de la nue dans celle du granit et des vols du blasphème.

V. 1. *Lui-même* : il s'agit moins de Poe que de la figure archétypale du Poète (qui contient d'ailleurs symboliquement le nom de Poe).

V. 2. Cf. les vers 13-14 du *Guignon*, et *Contre un poète parisien* :

> Souvent la vision du Poète me frappe :
> Ange à cuirasse fauve — il a pour volupté
> L'éclair du glaive...

V. 6. Ce vers peut définir l'idéalisme poétique de Mallarmé.

V. 12. Cette image d'un aérolithe reviendra pour évoquer cette fois le génie de Poe, sous la plume de Mallarmé, qui aime à se représenter « le pur entre les Esprits, plutôt et de préférence à quelqu'un, comme un aérolithe; stellaire, de foudre, projeté des desseins finis humains, très loin de nous contemporainement à qui il éclata en pierreries d'une couronne pour personne, dans maint siècle d'ici. Il est cette exception, en effet, et le cas littéraire absolu » (*Div.*, p. 158).

Page 61. LE TOMBEAU DE CHARLES BAUDELAIRE

La Plume, 1ᵉʳ janvier 1895 (*Pl*).
Le Tombeau de Charles Baudelaire, Bibl. artistique et littéraire, 1896 (*TCB*).
Ms 1, Doucet MNR Ms 1200.

Titre : *Hommage* ms 1, *Pl.*, *TCB*
V. 7.   Elle allume ms 1
V. 10.   Triste pourra ms 1
V. 11.   marbre simplement de ms 1

Destiné à un hommage collectif qui parut en 1896, le poème fut écrit entre mars et avril 1894.

Comme l'écrit L.J. Austin, il est « généralement admis que les quatrains évoquent les deux thèmes centraux de la poésie de Baudelaire aux yeux de Mallarmé : ceux de la Mort et de la Prostitution, et que les tercets évoquent l'Ombre de Baudelaire reposant sur son monument comme la fleur la mieux appropriée à placer sur sa tombe ».

A travers l'image confondue d'un temple égyptien, d'un égout et d'un tombeau, le premier quatrain, par un redoublement buccal (la bouche du temple-égout divulgue une autre bouche, le museau aboyant d'Anubis, dieu des morts), rend sa voix, *post mortem*, à la poésie baudelairienne, à cette inspiration mêlant boue et rubis, les idoles antiques et la modernité urbaine la plus triviale.

Le deuxième quatrain, par une liaison toute baudelairienne entre la débauche et la mort, ces deux bonnes sœurs, évoque le Baudelaire des « Tableaux parisiens », en développant ce distique souvent cité de *Crépuscule du soir* qui fait figure de matrice (au sens que M. Riffaterre donne à ce mot) du quatrain :

> A travers les lueurs que tourmente le vent
> La Prostitution s'allume dans les rues

et cela, grâce au relais métaphorique de la chevelure. Si la chevelure est en effet traditionnellement le métonyme emphatique de la femme-torche dans l'imaginaire mallarméen, cette autre femme-feu que réalise la conjonction (ou confusion) de la prostituée et de la flamme des réverbères appelle une variante péjorative (*mèche louche*, évoquant ici la flamme tordue) ou sexuelle (*pubis*, qui signifie étymologiquement poil[1]).

De cette image de la prostituée, les deux tercets glissent insensiblement à l'évocation de l'ombre du poète, une ombre qui n'est que le signe de son absence : *elle*, qui rappelle en effet la prostituée suggérée par le deuxième quatrain, anticipe aussi *son Ombre*, et réalise ainsi la métamorphose de l'une en l'autre. Et cette prostituée se confond avec l'ombre de Baudelaire parce qu'elle est par excellence la fleur du mal, « Toujours à respirer si nous en périssons ».

V. 1-2. L'expression prosaïque *bouche d'égout* est ici relevée par l'adjectif intercalaire (J. Pommier) et disloquée par l'enjambement (L.J. Austin).

V. 2. *Bavant boue et rubis* : cf. Baudelaire :

> Tu m'as donné ta boue et j'en ai fait de l'or

V. 4. *Aboi* : peut-être un souvenir de l'épithète virgilienne « Latrator

---

1. Sur la liaison chevelure-pubis, R.G. Cohn rappelle ces vers de Baudelaire (*Les Promesses d'un visage*) :

> Et sous un ventre uni, doux comme du velours,
> ...
> Une riche toison qui, vraiment, est la sœur
> De cette énorme chevelure...

Et L.J. Austin, paraphrasant « *La chevelure...* », commente ainsi ce pubis : « Rien qu'à simplifier avec honte la femme ».

Anubis ». Cf. la même liaison entre *aboi* et *divulguer* dans *La Gloire* (*Div.*, p. 99). P. Citron voit dans cet aboi une allusion aux derniers instants de Baudelaire, incapable d'articuler d'autre mot que « crénom », dieu réduit à l'état animal, et cela par l'effet de la syphilis contractée auprès de prostituées. La liaison de la débauche et de la mort aurait dans cette perspective une dimension plus personnelle encore.

V. 5. *Le gaz récent* : allusion à la modernité de l'éclairage au gaz. Mais on peut aussi comprendre : le gaz qu'on vient d'allumer.

V. 6. *Essuyeuse* : *qui efface*, plutôt que *qui subit* (qui ferait pléonasme avec *subis*). On peut lire dans ce vers une allusion au thème baudelairien de la chevelure.

V. 7. *Immortel* : allusion au plus vieux métier du monde, mais L.J. Austin y lit aussi un écho du « spectacle ennuyeux de l'immortel péché » (*Le Voyage*). Sur l'image, cf. ces lignes rappelées par R.G. Cohn : « ... ses becs de gaz [...] illuminant, dans des attitudes générales de l'adultère ou du vol... » (*Div.*, p. 208).

V. 9. *Les cités sans soir* : plutôt que les cimetières (E. Noulet, J. Pommier), les grandes cités où l'éclairage a aboli le soir (G. Davies, L.J. Austin, R.G. Cohn).

V. 9-11. Syntaxe très elliptique : construire : *quel feuillage pourra bénir [le marbre] comme elle [pourra] se rasseoir contre le marbre*, c'est-à-dire : *quel feuillage pourra bénir le marbre comme elle pourra le bénir en s'y rasseyant* (G. Davies).

V. 13-14. Cf. ces lignes du procureur Pinard rappelées par L.J. Austin : « Croit-on que certaines Fleurs, au parfum vertigineux, soient bonnes à respirer? Le poison qu'elles apportent n'éloigne pas d'elle; il monte à la tête, il grise les nerfs, il donne le trouble, le vertige, et il peut tuer aussi. »

Cf. aussi *Le Flacon* :

> Je serai ton cercueil, aimable pestilence!
> Le témoin de ta force et de ta virulence,
> Cher poison préparé par les anges! liqueur
> Qui me ronge, ô la vie et la mort de mon cœur!

Page 62. TOMBEAU

La Revue blanche, 1ᵉʳ janvier 1897.
Ms 1, coll. L. Clayeux.
Ms 2, Doucet, MNR Ms 1202.
Ms 3, Doucet, MNR Ms 1201.

Variantes des ms 1 et 2 :

V. 1.   courroucé *corrige* angoissé ms 1
V. 2.   Ne s'apaisera pas sous (s'apaisera *corrige* s'aplanira ms 1).
V. 3.   Tâtant la ressemblance
V. 7.   l'astre levé des
V. 9.   cherche parcourant
V. 11.   Verlaine? il est caché parmi l'herbe Verlaine (caché *corrige* voilé ms 1)
V. 12.   que dans le vacant accord (vacant *corrige* complice ms 1)

V. 14.   la Mort.

Comme *Le Tombeau d'Edgar Poe*, ce *Tombeau* — écrit peu après la mort de Verlaine (8 janvier 1896) mais publié à l'occasion du premier anniversaire de cette mort — est un poème du malentendu entre le poète et la foule : les deux quatrains opposent ainsi deux deuils, le deuil trop matériel et suspect de ceux qui cherchent dans le tombeau de Verlaine une leçon de morale, et le deuil immatériel du chant d'un ramier. Ce deuil céleste voile simplement la gloire prochaine de Verlaine, ce soleil des morts. Les tercets offrent enfin une vision dédramatisée de la mort du poète, caché parmi l'herbe où, pour reprendre les termes mêmes du discours de Mallarmé sur sa tombe, il se « dissimule pour ne pas offusquer, d'une présence, sa gloire ».

Quelques jours plus tard, Mallarmé devait faire ce nouvel éloge du disparu :

« Nous savons Verlaine souriant de partager l'immortalité des grands poètes de la France, par exemple, entre La Fontaine et Lamartine. La montée lumineuse n'a pas duré un an. L'outrage, même, ne manqua, il importe à un plus rapide dépouillement du malheur inhérent au génie; ayons un regret, seulement, pour ceux qui s'attribuent cette fonction.

Avant que la chère Ombre se sépare d'ici pour un jardin moins sévère, écoutons, tendrement, des paroles amies tout à l'heure l'entretenir comme d'hier; ainsi s'effarouchera-t-elle peu, elle-même, de nous suivre vers sa gloire. »

V. 6-7. Ces plis d'un deuil immatériel sont nubiles parce qu'ils sont gros de l'astre à naître, mais le mot est peut-être, comme l'a suggéré Ch. Chassé, contaminé par une fausse étymologie (*nubes* = nuée), ces plis étant les nuées qui masquent encore le soleil de la gloire.

V. 8. C'est, en mineur, l'apocalypse du *Tombeau d'Edgar Poe*.

V. 9. *Le solitaire bond tantôt extérieur* : cf. le discours prononcé par Mallarmé sur la tombe de Verlaine : « Apprenons, Messieurs, au passant, à quiconque, absent certes ici, par incompétence et vaine vision, se trompa sur le sens extérieur de notre ami, que cette tenue, au contraire, fut, entre toutes, correcte. »

V. 11. R.G. Cohn voit dans le nom de Verlaine la matrice symbolique du poème qui conjoint un vert tendre et une blancheur laineuse comme celle d'un nuage vagabond.

V. 13-14. Cf., dans le même discours : « Oui, les *Fêtes Galantes*, la *Bonne Chanson*, *Sagesse*, *Jadis et Naguère*, *Amour*, *Parallèlement* ne verseraient-ils pas, de génération en génération, quand s'ouvrent, pour une heure, les juvéniles lèvres, un ruisseau mélodieux qui les désaltérera d'onde suave, éternelle et française... »

Page 63.   HOMMAGE

La Revue wagnérienne, 8 janvier 1886.
Poésies 1887.
Ms 1, Ensemble de 1887.

Après avoir publié la « Rêverie d'un poëte français » en août 1885, Édouard Dujardin, directeur de *La Revue wagnérienne*, sollicitait de Mallarmé « un poème extérieurement wagnérien, — et entièrement, complètement, absolument tel que vous le voudrez ». Mallarmé répondait début septembre : « ... je ne vois pas du tout l'épilogue même banal que je pourrais ajouter à tant de choses suggestives écrites sur Wagner, chez vous : non, je suis le seul, à qui cette tâche n'incombe pas exactement. » Malgré ces réticences, cet *Hommage* à Wagner parut le 8 janvier 1886 dans la revue, avec sept autres sonnets dont le célèbre *Parsifal* de Verlaine.

Mallarmé lui-même a défini le thème et l'esprit de ce sonnet dans une lettre à son oncle : « L'hommage est un peu boudeur; c'est, comme tu le verras, la mélancolie plutôt d'un poëte qui voit s'effondrer le vieil affrontement poétique, et le luxe des mots pâlir, devant le lever de soleil de la Musique contemporaine dont Wagner est le dernier dieu » (17 février 1886). Les quatrains proposent ainsi l'oraison funèbre du « vieil affrontement poétique » (« Notre si vieil ébat triomphal du grimoire »), et les tercets l'apothéose de Wagner, sorti du cadre livresque de la partition pour investir l'espace d'une célébration collective. A un art de chambre ou de salon (d'où la métaphore du mobilier et de l'armoire) s'oppose un art de temple, au frisson familier du lecteur d'hiéroglyphes poétiques s'oppose le sacre d'un dieu nouveau, et à l'armoire où s'enfouit le livre désuet, le parvis de la célébration musicale.

Peut-être peut-on lire avec L.J. Austin (*RHLF*, avril-juin 1951), dans l'évocation du deuil poétique du premier quatrain, l'allusion à un autre deuil, celui de V. Hugo, mort le 22 mai 1885, le jour anniversaire de la naissance de Wagner. Cette coïncidence de dates fut soulignée par *La Revue wagnérienne* qui y vit un signe, celui du passage de l'art moderne, né au XVIIᵉ siècle avec le classicisme, de l'antithèse hugolienne à la synthèse wagnérienne. La mort de Hugo (ce « principal pilier ») serait ainsi, comme dans *Crise de vers*, la figure même de la mort (supposée) de la poésie.

Mais si ce sonnet est un hommage à Wagner, Mallarmé n'a rien d'un apostat, reniant le livre pour se convertir aux pompes wagnériennes, et cet hommage boudeur n'est pas dépourvu d'ironie. Le triomphe évoqué est moins celui de l'art que celui de l'artiste, douteusement divinisé, et si le livre semble s'effacer devant le triomphe wagnérien, c'est bien au regard du livre que ce triomphe est jugé au dernier vers : à ce sacre « mal tu » s'oppose ainsi implicitement un sacre bien tu, celui de la poésie, musicienne elle aussi, mais musicienne du silence, et qui n'exalte pas d'autre dieu que la divinité — fictive — de l'homme.

V. 9-10. Construire : *le dieu R.W. a jailli du souriant fracas originel haï par les clartés maîtresses* (G. Davies) plutôt que : *le dieu R. W., haï par le souriant fracas originel, a jailli des clartés maîtresses* (L.J. Austin, P. Citron).

L'opposition du fracas originel et des clartés maîtresses (exprimée par *haï*) évoque à la fois le contraste du noir et du blanc sur la partition, comme l'a noté G. Davies, et l'alternance d'ombre et de lumière qui définit pour Mallarmé la forme même de la musique. Mais pour L.J. Austin, E. Noulet, W. Fowlie, P. Citron, le fracas originel évoque la musique française.

Pour l'image du jaillissement, cf. la « Rêverie d'un poëte français » : « ... ses chefs-d'œuvre, hélas! gisant aux feuillets pieux du livre, sans l'espoir, pour aucun, d'en jaillir à nos solennités » (*Div.*, p. 170).

Page 64.   HOMMAGE

La Plume, 15 janvier 1895.
Ms 1 (FS : catalogue Berès n° 50).
Ms 2, Doucet, MNR Ms 1203.

Le ms 1 corrige en trois points un état antérieur :
V. 6.   Et le bâton
V. 8.   Tant qu'ici la source sourde
V. 9.   Par avance tel tu

Paru dans un numéro de *La Plume* tout entier consacré à Puvis de Chavannes, ce sonnet d'hommage en vers heptasyllabiques évoque, sur le mode allégorique qui convient à un peintre d'allégories, le lever de soleil de sa gloire.

Aux quatrains qui présentent, sur le fond d'une aurore personnifiée en héraut (un peu engourdi) de l'azur, la figure d'un berger-prophète qui, tel Moïse, fait jaillir des sources, répondent les tercets qui expliquent l'allégorie en faisant de Puvis, prophète et messie d'une apocalypse en mineur, le découvreur d'une source nouvelle. Mais cette source future, comme le suggère la synecdoque de la nymphe sans linceul, est aussi la source éternelle; car cette nymphe n'évoque pas seulement celles qui hantent les tableaux ou les fresques de Puvis, mais rappelle aussi toutes les nymphes, nixes, naïades ou sirènes de la poésie mallarméenne, nymphes sans autre linceul que l'âme de l'artiste, comme l'Ophélie jamais noyée du rêve d'Hamlet.

V. 1. *Toute Aurore* : l'adjectif indéfini marque le caractère emblématique, ou allégorique de cette aurore.

V. 2. *A crisper...* : complément de l'adjectif gourde.

V. 4. *Cette sourde* : l'Aurore.

V. 5. *A* : verbe avoir, ayant pour sujet *Toute Aurore* et pour COD *le pâtre*.

Page 65. « AU SEUL SOUCI DE VOYAGER... »

Album commémoratif A Vasco da Gama, Paris/Lisbonne, 1898 (*AC*).
Ms 1, Doucet, MNR Ms 1204.

Ms 2 (FS : *AC*, et *Résonance*, n° 144, novembre 1966).
Ms 3, Doucet, MNR Ms 1172.

V. 3   — Ce salut va, le messager   ms 2, *AC*
          — Ce salut va le messager   ms 3
V. 8.   Un oiseau d'ivresse nouvelle   ms 2, 3, *AC*

Ce sonnet sans titre, sans doute le dernier poème de Mallarmé, fut écrit sur la sollicitation de Juliette Adam pour un album commémorant, l'année du quatrième centenaire de l'événement, la découverte de la route maritime des Indes par Vasco de Gama.

Cet hommage, qui établit un parallèle entre le voyage spatial de Vasco et le voyage temporel de sa gloire posthume, entre l'oiseau de vigie et le poème anniversaire, est moins un hommage au navigateur portugais, dont le nom au dernier vers éclaire le prétexte du poème, qu'un hommage « Au seul souci de voyager Outre une Inde splendide et trouble », hommage qui rappelle celui de *Salut* au « blanc souci de notre toile » et qui fait de la navigation la métaphore de l'aventure poétique. Cette aventure tient en trois mots :

Nuit, désespoir et pierrerie

qui rappellent ceux de *Salut* :

Solitude, récif, étoile

V. 5. La comparaison porte sur « Ce salut soit le messager ».
V. 8. Cet *oiseau d'annonce nouvelle*, comme le poème même, n'annonce pas la terre, mais l'*inutile gisement* d'une destination imaginaire. *Gisement*, comme l'a rappelé A. Gill (*Modern Language Review*, 4, 1955), est un terme de marine désignant la situation des côtes.

Page 66.   [T R I P T Y Q U E]

La Revue indépendante, janvier 1887.
Poésies 1887; Vers et prose.
Ms, Ensemble de 1887.

Seul le dernier sonnet présente une infime variante :
V. 9.   Mais chez qui ms 1, *Poésies 1887, VP* II.

Publiés pour la première fois en janvier 1887 dans *La Revue indépendante*, ces trois poèmes sur la genèse desquels la correspondance est muette sont-ils les « trois courts poèmes, mais qui seront inouïs, tous trois à la glorification de la Beauté » évoqués en mai 1866 dans une lettre à Cazalis? Sont-ils une réécriture tardive d'un premier triptyque remontant aux années soixante? Ou leur composition précède-t-elle de peu leur publication? Toujours est-il que ce triptyque de l'absence, qui évoque le décor familier des nuits de crise et retrouve des symboles de *Sainte*, *Don du poème*, *Hérodiade*, a été très diversement commenté. J.-P. Richard y voit les trois étapes d'une métamorphose spirituelle (de la mort à la renaissance) dans la logique d'*Igitur*; Ch. Mauron, l'évocation d'un drame en quatre temps : la chambre du temps (I), la descente vers la mort (II), le tombeau entrouvert (III, quatrains), le tombeau ouvert (III, tercets); G. Michaud, le passage du néant à la découverte de la beauté; A. Vial, développant une suggestion de J.-P. Richard, le drame d'Anatole, l'héritier disparu; P. Bénichou (*Mélanges Alquié*, PUF, 1983), la négation de l'âme immortelle, de la communion avec le prochain, du lien de l'enfant à ses parents. On peut y reconnaître surtout avec G. Davies le drame de la création sur le fond du drame solaire.

I. « TOUT ORGUEIL... »

Le premier sonnet évoque, sur le fond du couchant, l'agonie du rêve religieux ou de la chimère, ce rêve d'immortalité réduit ici à une bouffée d'orgueil. Cette agonie du rêve rappelle l'Ouverture ancienne avec la même image de la torche qui s'éteint (« l'automne éteignant en elle son brandon ») et surtout *La Gloire*, qui associe les « orgueils surhumains » et les torches consumant les rêves (*Div.*, p. 100).

Cette mort du rêve transforme la chambre ancienne (chambre d'*Igitur* ou du sonnet en -yx) en une chambre froide et une chambre vide, chambre mortuaire où le sépulcre désavoue la chimère à l'agonie d'une « fulgurante console ».

Reste l'hoir : cet héritier, qui a rappelé à certains la figure de Villiers, à d'autres celle d'Anatole, rappelle surtout l'héritier d'*Igitur*, c'est-à-dire le poète lui-même, héritier d'un rêve immémorial qui n'est plus ici que ce « riche mais chu trophée ».

Mort du rêve, mort symbolique du poète, comme dans *Igitur* ou le sonnet en -yx (mais le sonnet en -yx sans le septuor), et le retour évoqué au vers 8 comme celui d'un revenant rappelle le « magique espoir du corridor » de *Toast funèbre*. Cette chambre froide, désertée par le rêve, n'est plus le lieu de la création poétique.

V. 9-14. Le mobilier familier du sonnet en -yx devient un mobilier funèbre : le marbre de la console est ici le sépulcre du passé de chimères dans les derniers feux de l'agonie.

Page 67. II. « SURGI DE LA CROUPE... »

Après le drame du soir, la « veillée amère » dans des ténèbres que rien ne vient illuminer.

Au lieu de donner naissance à la fleur, symbole de la beauté, la forme maternelle d'un vase n'est que le lieu d'un « inexhaustible veuvage », et cette naissance avortée trouve son symbole dans le sylphe immatériel prisonnier de cette chambre froide. La fleur absente devient un sylphe latent, et le vase vide la coupe d'une communion manquée. Cette liaison symbolique du sylphe, de la rose et du baiser rappelle négativement le Rondel « Si tu veux nous nous aimerons » évoquant, lui, la fusion heureuse de l'amour :

> Si tu veux nous nous aimerons
> Avec tes lèvres sans le dire

251

> Cette rose ne l'interromps
> Qu'à verser un silence pire
>
> ...
>
> Muet muet entre les ronds
> Sylphe dans la pourpre d'empire
> Un baiser flambant se déchire
> Jusqu'aux pointes des ailerons

« La rencontre de deux bouches amoureuses crée ici un parfait embrasement charnel à partir duquel éclate et s'élance le vol aigu d'un baiser-sylphe... Mais dans notre poème ce baiser n'a pas été donné, et le sylphe n'est donc pas né » (J.-P. Richard).

Peut-être faut-il lire dans le deuxième quatrain l'écho d'un drame intime, celui qu'évoque *Le Tombeau d'Anatole*, celui d'un père et d'une mère « comme les deux extrêmes — mal associés en lui et qui se sont séparés — d'où sa mort — annulant ce petit "soi" d'enfant » (f. 1).

S'il est vrai que le symbole mallarméen de la coupe ou du vase lie l'agonie de la chimère (« J'offre ma coupe vide où souffre un monstre d'or »), la découverte du néant (la fiole d'*Igitur* ou le ptyx du sonnet en -yx) et la création d'une beauté nouvelle, ce sonnet évoque en tout cas une agonie indéfinie et le rêve d'une renaissance impossible.

V. 1-3. Le vase est femme, et la fleur est lumière.

V. 9. Sur la liaison de la coupe vide et de la chimère, cf. *Toast funèbre*, *Igitur*, le sonnet en -yx.

V. 12. Naïf est à prendre ici au sens étymologique (*nativus*) : le baiser est une naissance.

Page 68. III. « UNE DENTELLE S'ABOLIT... »

Le troisième volet du triptyque évoque, dans la blancheur de l'aube, une « absence éternelle de lit » à laquelle s'oppose, dans les tercets, l'instrument d'une naissance idéale : la mandore au « creux néant musicien ».

Cette opposition de la procréation et de la création poétique, déjà lisible dans *Don du poème*, retrouve l'imagerie d'un brouillon très incomplet de l'Ouverture ancienne évoquant à la fois la naissance du jour par la fenêtre et l'absence d'Hérodiade :

> Pas mieux que le jour vain qui ne sera jamais
> La princesse — qui devrait être là —
> L'ornement   du vitrail
> Non! nul jour — de la belle fenêtre
> Elle n'a pas aimé, cette princesse, naître
> Et cette mandoline au ventre   dit
> Pourquoi sur le drap maternel du vieux lit [...]

Cette mandore qui vient relayer le vase maternel du second sonnet reste cependant l'instrument d'une naissance virtuelle; le creux néant musicien reste ici l'aboli bibelot d'inanité sonore.

V. 2. Ce *doute du Jeu suprême* peut désigner la transition de la nuit au jour, mais rappelle surtout le jeu suprême par excellence, la poésie, ce qui permet de lire dans cette strophe une autre signification : la logique blasphématoire de la poésie, blasphématoire vis-à-vis de tous les réalismes, est d'évoquer l'absence du réel comme le seul lieu (lit) de naissance du poème.

V. 9. Si la périphrase désigne le poète, elle a été diversement interprétée. On peut comprendre en effet : chez celui qui se dore du rêve, ou [chez celui] chez qui du rêve se dore (P. Bénichou). Ce mot rêve est encore interprété différemment selon qu'on lui donne une connotation positive (le rêve poétique) ou négative (le rêve religieux de *Toast funèbre*).

V. 11. Cf. cette lettre de mai 1867 à Lefébure : « Je crois que pour être bien l'homme, la nature se pensant, il faut penser de tout son corps, ce qui donne une pensée pleine et à l'unisson comme ces cordes de violon vibrant immédiatement avec sa boîte de bois creux. Les pensées partant du seul cerveau [...] me font maintenant l'effet d'airs joués sur la partie aiguë de la chanterelle dont le son ne réconforte pas dans la boîte, — qui passent et s'en vont sans se *créer*, sans laisser de traces d'elles. »

V. 12. Cf. le brouillon déjà cité des *Noces d'Hérodiade* et *Les Fenêtres* : « ... j'aime / — Que la vitre soit l'art, soit la mysticité — / A renaître... ». Comme le note R.G. Cohn, la fenêtre est chez Mallarmé un ventre potentiel, le site d'un possible renouveau.

Page 69.   « QUELLE SOIE... »

La Revue indépendante, mars 1885.
Poésies 1887; Vers et prose.
Ms 1, Doucet MNR Ms 1206 (*Alternative*).
Ms 2, Maquette.
Ms 3, coll. A. Rodocanachi.
Ms 4, fondation Martin Bodmer, Genève.
Ms 5, Ensemble de 1887.

Il existe de ce poème deux états antérieurs très différents. Le premier fut révélé par Eileen Souffrin (*Fontaine*, novembre 1946, avec inversion des vers 7 et 8) :

De l'orient passé des Temps
Nulle étoffe jadis venue
Ne vaut la chevelure nue
Que loin des bijoux tu détends.

Moi, qui vis parmi les tentures
Pour ne pas voir le Néant seul,
Mes yeux, las de ces sépultures,
Aimeraient ce divin linceul.

Mais tandis que les rideaux vagues
Cachent des ténèbres les vagues
Mortes, hélas! ces beaux cheveux

Lumineux en l'esprit font naître
D'atroces étincelles d'Être,

253

Mon horreur et mes désaveux.

Le deuxième fut publié par H. Mondor en 1954 (ms 1) :

ALTERNATIVE

De l'oubli magique venue,
Nulle étoffe, musique et temps,
Ne vaut la chevelure nue
Que, loin des bijoux, tu détends.

En mon rêve, antique avenue
De tentures, seul, si j'entends
Le Néant, cette chère nue
Enfouira mes yeux contents!

Non. Comme par les rideaux vagues
Se heurtent du vide les vagues,
Pour un fantôme les cheveux

Font luxueusement renaître
La lueur parjure de l'Être,
— Son horreur et ses désaveux.

Si on néglige les différences de ponctuation et de majuscule, seul le ms 3
présente des variantes de l'état définitif :
V. 3.   la native et torse nue
V. 6.   S'agitent dans une avenue :
V. 8.   Des yeux contents!
V. 10.   à la morsure,
V. 11.   Que s'il fait,

Alors que les deux premières versions, qui datent de la fin des an-
nées soixante, rappellent la crise d'*Igitur* et l'alternative métaphysique
de l'Être et du Néant, c'est d'une autre alternative qu'il s'agit dans la
version définitive, celle de la gloire et de l'amour. Reprenant, comme
Le Château de l'espérance, l'image baudelairienne de la chevelure-
drapeau, les quatrains opposent ainsi les drapeaux et la chevelure, le
rêve de gloire et le plaisir amoureux, l'exaltation et l'enfouissement,
l'exténuation de la chimère et la native nue.

Le *Non* ne marque pas un désaveu des quatrains mais, anticipant la
négation restrictive, prolonge le même mouvement jusqu'au diamant
final qui est ici le cœur de cette logique centripète de la rêverie
amoureuse où expire le rêve de gloire.

Mais si ce poème peut être lu, par sa destinataire, comme un
triomphe amoureux, il appelle une autre lecture dans la logique
mallarméenne de l'amour : la femme que sa chevelure érige en contre-
ciel (vive ou native nue) peut être, comme dans *La Déclaration foraine*,
une allégorie de la divinité mallarméenne. L'exténuation est ici une
autre forme de l'agonie de la chimère, et si l'on veut bien reconnaître
dans cette chimère liée au passé l'idéalisme ancien, on peut lire aussi
dans ce poème une autre logique, celle qui oppose l'agonie du rêve

ancien au rêve poétique nouveau, non plus chimère céleste mais diamant intime, centre précieux de l'être, « ignition du feu toujours intérieur » (« *La chevelure...* »).

V. 5. *Les trous de drapeaux s'exaltent* ou *Les trous s'exaltent de drapeaux* (voir R. Condat, *Littératures*, 6, 1982).

V. 13. R.G. Cohn souligne l'ambiguïté du verbe *expirer* : à la fois exhaler et mourir.

Page 70.   « M'INTRODUIRE DANS TON HISTOIRE... »

La Vogue, 13-20 juin 1886.
Poésies 1887; Vers et prose.
Ms, Ensemble de 1887.

Ce premier poème non ponctué de Mallarmé parut en juin 1886 dans *La Vogue* qui publiait alors les *Illuminations* de Rimbaud.

La plupart des commentateurs y lisent l'écho des relations intimes avec Méry Laurent (un interdit sexuel compensé par un triomphe imaginaire). Mais le prétexte importe peu : l'essentiel est que, dans ce discours héroïco-galant, l'histoire évoquée tient en trois moments privilégiés dont les connotations évidemment érotiques se doublent d'une métaphore héroïque et d'un symbolisme solaire : l'ingénuité d'un héros effarouché (soleil levant); le rire de victoire (soleil zénithal); le triomphe (soleil couchant).

Ce chant d'un saint Jean heureux, sinon faunesque, inverse ici, comme dans l'éventail de Méry où une « frigidité se fond / En du rire de fleurir ivre », l'imagerie glaciaire d'Hérodiade, symbole d'une frigidité spirituelle :

> Là-haut où la froidure
> Éternelle n'endure
> Que vous le surpassiez
> Tous ô glaciers

Dans un ciel d'apothéose, les tercets convoquent l'image du char du soleil pour faire du couchant le cérémonial d'un triomphe solaire ou apollinien du poète par excellence des fastes du soir.

V. 3. Sur l'image du *talon nu*, figure d'ingénuité (à laquelle fait écho le « naïf péché »), voir la note du v. 7 des *Fleurs*.

V. 5. *Attentatoire* : apposition à péché.

V. 14. G. Davies rapproche ce poème d'un passage des *Contes indiens* (*OC*, pp. 628-629) où la roue du char convoque à la fois un symbolisme solaire et l'image du paon.

Page 71.   « A LA NUE... »

Obole littéraire, 15 mai 1894.
Ms 1, Doucet MNR Ms 1207.
Ms 2, coll. A. Rodocanachi.
Ms 3, Maquette.

Variantes du ms 1 :
V. 5.   Quel néant ô naufrage
V. 7.   La suprême entre les
V. 11.   Tout le courroux vain

Ce sonnet qui évoque en miniature le drame du *Coup de dés*, sans la constellation finale, et qui fait écho au *Salut* initial, tient en une seule phrase interrogative, et en deux hypothèses : l'écume est-elle le signe d'un naufrage, ou trahit-elle la noyade d'une sirène?

Ce double drame reste donc purement virtuel; comme dans le *Coup de dés*, « tout se passe, par raccourci, en hypothèse ». La double reconstruction imaginaire du poème procède d'un rien initial qui, comme dans le sonnet liminaire du recueil (« Rien, cette écume ») est un peu d'écume sur la mer échevelée.

On a voulu lire dans cet épilogue avant la lettre un aveu d'échec. Mais s'il est vrai que la navigation est la métaphore privilégiée de l'aventure poétique, le poème ici vaut moins comme drame que comme fiction, une fiction née de l'écume à l'image de la sirène supposée qui procède tout entière de ce rien qu'elle contient anagrammatiquement, ou de cette écume de mots : « le si blanc cheveu qui traîne ».

Tel est le statut de la poésie, Vénus née de l'écume, qui retourne, comme la plume du *Coup de dés*, « s'ensevelir aux écumes originelles ». Rien n'aura eu lieu que le lieu.

V. 1. Apposition à naufrage.

V. 2. *Basse* est pour J.-P. Richard un adjectif qualifiant *nue*; pour G. Michaud, L.J. Austin, P. Citron un nom (basse musicale); pour Ch. Chassé, suivi par E. Noulet et Y.-A. Favre, un haut-fond rocheux. On peut préférer ce dernier sens qui suggère l'image d'un tombeau sousmarin.

V. 3. *A même* : locution prépositive pour E. Noulet, A. Vial, L.J. Austin, R.G. Cohn; inversion de *même à* pour Chassé, S. Bernard *(Le Poème en prose de Baudelaire jusqu'à nos jours*, Nizet, 1959), H.P. Lund.

V. 4. Complément d'agent du participe *tu*.

V. 7. Apposition à *mât*.

V. 9. *Cela* : démonstratif pour L.J. Austin et R.G. Cohn; passé simple de *celer* pour L. de Nardis.

V. 10. Sur l'image de la sirène noyée, sœur marine de la chimère à l'agonie comme le note J.-P. Richard, cf. *Salut* et le *Coup de dés*, ainsi que la nixe du sonnet en -yx.

Page 72.   « MES BOUQUINS REFERMÉS... »

La Revue indépendante, janvier 1887 (*RI*).
Poésies 1887; AVP; Vers et prose.
Ms, Ensemble de 1887.

très pur ébat *RI*
très blanc ébat ms 1, *1887*
très vierge ébat *AVP, VP* I

Inauguré par le mot *Rien*, ce recueil s'achève symboliquement sur des bouquins fermés. Cette rêverie sur le nom de Paphos, qui oppose à la réalité hivernale la lumière estivale d'un paysage imaginaire, et au sein de chair le sein brûlé d'une amazone, définit en somme le site de la poésie : l'écriture, qui laisse l'initiative aux mots.

V. 1. Bien des référents ont été proposés pour ces bouquins, notamment *Les Fleurs du mal* (*Lesbos* et *Un voyage à Cythère*). P.S. Hambly (*RHLF*, n° 6, novembre-décembre 1985) voit la source du poème dans Banville, particulièrement *La Malédiction de Cypris* qui réunit Paphos et l'amazone, tandis que Colette Roubaud (*Mélanges Décaudin*, Minard, 1986) propose un autre bouquin, d'archéologie celui-là, évoquant les fouilles de Paphos, publié en anglais en 1877.

V. 3. *Par mille écumes bénie* : Paphos est la cité d'Aphrodite Anadyomène. Cette ruine imaginaire est ainsi doublement née de l'écume.

V. 6. *Nénie* : d'ordinaire au pluriel, chant funèbre dans l'Antiquité.

V. 12. *Guivre* : terme de blason désignant un serpent. La liaison du serpent et du fruit évoque Adam et Ève, et on peut lire dans ce vers la victoire du poète sur la tentation de l'amour charnel

V. 14. De l'amour qui tisonne au sein brûlé, J.-P. Richard note une même rêverie ignée : « Esprit et chair se satisfont peut-être ici d'un même incendie imaginaire. »

Page 75.   HÉRODIADE
                 (OUVERTURE ANCIENNE
              LES NOCES D'HÉRODIADE)

Ms , coll. part. (FS : coll. Gardner Davies).

Peu après avoir écrit *Les Fleurs* (où Hérodiade est nommée pour la première fois), et quelques jours à peine avant la naissance de Geneviève, Mallarmé commence *Hérodiade* (octobre 1864) et inaugure une poétique nouvelle, héritée de Poe : « Pour moi, me voici résolument à l'œuvre. J'ai enfin commencé mon *Hérodiade*. Avec terreur, car j'invente une langue qui doit nécessairement jaillir d'une poétique très nouvelle, que je pourrais définir en ces deux mots : *Peindre, non la chose, mais l'effet qu'elle produit* » (à Cazalis, octobre 1864). Mais en raison de la naissance de Geneviève, ce n'est qu'au début de 1865 qu'il se met véritablement au travail, annonçant à Cazalis qu'il veut « commencer une scène importante d'*Hérodiade* ». A cette époque, le poète espère la donner au Théâtre-Français, avant que Banville et Coquelin ne lui ôtent toute illusion. Mais l'œuvre commencée réveille bientôt le démon de l'impuissance et de la stérilité, que le poète cherchera à exorciser à partir du mois de juin

grâce au dérivatif estival du *Faune*. En octobre, après le refus de
Banville et de Coquelin, Mallarmé se remet à *Hérodiade*, mais le
théâtre cède la place à la poésie, la tragédie au poème.

A la fin de la même année, Mallarmé commence une « ouverture
musicale » de son poème. Cette ouverture ancienne, qui sera reprise
puis abandonnée, ne présente pas un texte achevé. Le texte que nous
publions est l'état le plus évolué. Sous les corrections du manuscrit se
lit l'état premier suivant :

> Abolie, et les trous de l'aile sur les larmes
> Du bassin, étalés, qui mire des alarmes,
> De l'or nu harcelant un oubli cramoisi,
> Une Aurore a, plumage héraldique, choisi
> La cinéraire tour et sacrificatrice,
> Seigneurial écrin du nénuphar, caprice
> Inutile d'Aurore et de plumage noir...
> Ah! des pays déchus et tristes le manoir!
> Pas de feuillage! l'eau fatale se résigne,
> Que ne visite plus la plume ni le cygne
> Inoubliable! L'eau reflète l'abandon
> De l'automne éteignant en elle son brandon,
> Quand du cygne parmi le pâle mausolée
> Et la plume, plongea la tête, désolée
> Par ses rêves, avec un chant d'étoile, mais
> Antérieure, qui ne scintilla jamais.
>
> Pourpre! bûcher! Aurore ancienne! supplice!
> Rougeur! tisons! Étang de la rougeur complice!
> Et sur les incarnats, grand ouvert, ce vitrail.
>
> La chambre, singulière en un cadre, attirail
> De siècles belliqueux, orfèvrerie éteinte,
> A le pâle jadis pour ancienne teinte,
> Et la tapisserie, antique neige, plis
> Inutiles avec les yeux ensevelis
> De sibylles, un soir, offerte par les Mages.
> Une qui marche, avec un passé de ramages
> Sur sa robe blanchie à l'ivoire fermé
> Au ciel d'oiseaux parmi l'argent noir parsemé,
> Semble, de vols partis costumée et fantôme,
> Un arôme qui porte, ô roses! un arôme,
> Loin du lit vide qu'un cierge obscurci cachait,
> Un arôme d'os froids rôdant sur le sachet,
> Un arôme de fleurs parjures à la lune,
> A la cire expirée, encor! s'effeuille l'une,
> De qui le long regret et les tiges de qui
> Trempent en un seul verre à l'éclat alangui...
> Et l'Aurore traînait ses ailes dans les larmes!

Ombre magicienne aux symboliques charmes!
Une voix, du passé longue évocation,
Est-ce la sienne prête à l'incantation?
Encore dans les plis jaunes de la pensée
Jetée, antique, avec une toile encensée,
Sur un splendide amas d'ostensoirs refroidis,
Par les oublis * à jour, séniles et roidis
Disjoints selon les trous et les dentelles pures
Du retable laissant par ses belles guipures
Désespéré monter le vieil éclat voilé,
S'élève, (ô quel lointain en ces appels celé!)
Le vieil éclat voilé du vermeil insolite,
De la voix languissant, nulle, sans acolyte,
Qui jettera son or par dernières splendeurs,
Elle, encore, une antienne aux versets demandeurs
A l'heure d'agonie et de luttes funèbres!
Et, force du silence et des noires ténèbres,
Tout rentre également en l'immortel passé,
Fatidique, vaincu, monotone, effacé
Comme l'eau des bassins anciens se résigne.

Elle disait, parfois incohérente, signe
Lamentable!
           le lit aux pages de vélin,
Tel, inutile et si claustral, n'est pas le lin!
Qui des rêves par plis n'a plus le cher grimoire,
Ni le dais sépulcral à la déserte moire,
Le parfum des cheveux endormis. L'avait-il?
Froide enfant, de garder en son plaisir subtil,
Au matin grelottant de fleurs, ses promenades,
Et quand le soir méchant entr'ouvre ses grenades!
Le croissant, non des soirs, mais au cadran de fer
De l'horloge, pour poids suspendant Lucifer,
Toujours blesse, toujours une nouvelle année,
Par la clepsydre à la goutte obscure damnée,
Que, délaissée, elle erre, et, sur son ombre, pas
Un ange accompagnant son indicible pas!
Il ne sait pas cela, le roi qui salarie
Depuis vingt ans la gorge ancienne et tarie!
Son père ne sait pas cela, ni le glacier
Farouche reflétant de ses armes l'acier,
Tandis que sur un tas* de cadavres, sans coffre
Odorant de résine, énigmatique, il offre
Ses trompettes d'argent obscur aux vieux sapins!
Reviendra-t-il un jour des pays cisalpins!
Assez tôt? car tout est présage et mauvais rêve!
A l'ongle qui parmi le vitrage s'élève
Selon le souvenir des trompettes, le vieux
Ciel brûle, et fait le doigt en un cierge envieux.

Et bientôt sa rougeur de triste crépuscule
Pénétrera du corps la cire qui recule!
De crépuscule, non, mais de rouge lever,
Lever du jour dernier qui vient tout achever,
Si triste se débat, que l'on ne sait plus l'heure
La rougeur de ce temps prophétique qui pleure
Sur l'enfant, exilée en son cœur précieux
Comme un cygne cachant en sa plume ses yeux,
Comme pâle, les mit avant sa fuite antique
Le cygne légendaire et froid, mélancolique,
De l'automne fuyant les bassins désolés
D'une étoile, éteinte, et qui ne brillera plus!

Et....

L'incantation de la nourrice met en place le décor symbolique du drame : une atmosphère d'abandon et de fin qui fait du crépuscule auroral un couchant — mort du ciel ou crépuscule des dieux — (v. 1-19), et de la chambre vide de la vierge (v. 20-37) une église désaffectée où le passé se résume en une voix dernière, qui s'élève avant de retomber définitivement (v. 38-57). L'évocation d'Hérodiade (v. 58-96) est ainsi l'évocation d'une absente, vierge-cygne solitaire et repliée sur elle-même, qui est à elle-même son propre tombeau. Un ciel qui s'éteint, l'absence du père, la crise d'Hérodiade a naturellement une dimension religieuse, mais l'Ouverture nomme aussi, par la bouche effarée de la nourrice, l'idéal nouveau : « le lit aux pages de vélin ».

V. 26. La nourrice prophétique semble se confondre avec une sibylle de la tapisserie, figure de la religion morte. Sur cette liaison de la sibylle, de la nourrice et du doigt, cf. les vers 82, 84 et *Don du poème*.

V. 39. Cette voix, qui chante une antienne, préfigure le *Cantique de saint Jean*, dont elle a le mouvement d'élévation puis de retombée, à l'image de cette phrase unique de vingt vers qui culmine et pivote sur le verbe *s'élève*.

V. 58. *Elle* : sous *Elle a chanté* peut se lire, biffé : *Voix qui disait*. Si Hérodiade déserte son lit, c'est qu'elle rêve obscurément d'un autre lit, « le lit aux pages de vélin ».

V. 74. La nourrice se désigne ici elle-même.

Or ce travail sur l'Ouverture est l'occasion d'une découverte essentielle qui va déterminer une crise de plusieurs années : « ... en creusant le vers à ce point, j'ai rencontré deux abîmes, qui me désespèrent. L'un est le Néant, auquel je suis arrivé sans connaître le Bouddhisme et je suis encore trop désolé pour pouvoir croire même à ma poésie et me remettre au travail, que cette pensée écrasante m'a fait abandonner. Oui, *je le sais*, nous ne sommes que de vaines formes de la matière, — mais bien sublimes pour avoir inventé Dieu et notre âme. Si sublimes, mon ami! que je veux me donner ce spectacle de la matière, ayant conscience d'elle, et, cependant, s'élançant forcenément dans le Rêve qu'elle sait n'être pas, chantant l'Ame et toutes les divines impressions pareilles qui se sont amassées en nous depuis les premiers âges, et proclamant, devant le Rien qui est la vérité, ces glorieux mensonges! Tel est le plan de mon volume lyrique et tel sera peut-être son titre, La Gloire du mensonge, ou le Glorieux Mensonge. Je chanterai en désespéré! » (à Cazalis, avril 1866).

Cette révélation liée au travail sur le vers entraîne alors Mallarmé dans des spéculations théoriques qui remettent *Hérodiade* à plus tard. Ainsi écrit-il à Armand Renaud le 20 décembre 1866 : « J'ai infiniment travaillé cet été, à moi d'abord, en créant, par la plus belle synthèse, un monde dont je suis le Dieu, — et à un Œuvre qui en résultera, pur et magnifique, je l'espère. *Hérodiade*, que je n'abandonne pas, mais à l'exécution duquel j'accorde plus de temps, sera une des colonnes torses, splendides et salomoniques, de ce Temple. Je m'assigne vingt ans pour l'achever, et le reste de ma vie sera voué à une Esthétique de la Poésie. »

En réalité, les vingt ans seront largement dépassés : si la scène de 1864-1865 est envoyée en 1869 pour paraître, en 1871, dans le deuxième *Parnasse contemporain* (seul morceau publié du vivant du poète), ce n'est qu'en mai 1898, malgré d'épisodiques annonces d'achèvement prochain à l'occasion des reprises de la *Scène*, que Mallarmé entreprend de nouveau son *Hérodiade* sous ce titre nouveau : *Les Noces d'Hérodiade. Mystère*. Ce travail sera interrompu prématurément par la mort.

« *Hérodiade*, où je m'étais mis tout entier sans le savoir [...] et dont j'ai enfin trouvé le fin mot » (13 juillet 1866) : alors que la première *Hérodiade* (« le sujet de mon œuvre est la Beauté, et le sujet apparent n'est qu'un prétexte pour aller vers Elle », 31 décembre 1865) est le témoin privilégié de la crise mallarméenne des années soixante, le projet longtemps retardé d'achèvement des *Noces* devait faire de la vierge la figure même de la Beauté moderne, prenant conscience d'elle-même. Après avoir évoqué l'œuvre dont *Hérodiade* sera l'ouverture, Mallarmé écrit à Lefébure : « La *Vénus de Milo* [...], La *Joconde* du Vinci, me semblent, et *sont*, les deux grandes scintillations de la Beauté sur cette terre — et cet Œuvre, tel qu'il est rêvé, la troisième. La Beauté complète et inconsciente, unique et immuable, ou la *Vénus* de Phidias, la Beauté ayant été mordue au cœur depuis le christianisme par la Chimère, et douloureusement renaissant avec un sourire rempli de mystère, mais de mystère forcé et qu'elle *sent* être la condition de son être. La Beauté, enfin, ayant par la science de l'homme, retrouvé dans l'Univers entier ses *phases corrélatives*, ayant eu le suprême mot d'elle, s'étant rappelé l'horreur secrète qui la forçait à sourire — du temps du Vinci, et à sourire mystérieusement — souriant mystérieusement maintenant, mais de bonheur et avec la quiétude éternelle de la *Vénus de Milo* retrouvée ayant su l'idée du mystère dont La *Joconde* ne savait que la sensation fatale » (17 mai 1867).

Cette synthèse de la Beauté prendra la forme, si l'on néglige le personnage de la nourrice, d'un drame à deux personnages : Hérodiade et la tête du saint, dont le Mystère inachevé célèbre les noces fictives. L'Hérodiade de la Scène, qui attend à la fin « une chose inconnue », va trouver, grâce au regard aveugle du saint, « le suprême mot d'elle ».

Si le poème célèbre, comme le dit G. Davies, « le mariage du génie sans nom, porté à l'ultime degré de perfection, et de son rêve de beauté idéale », encore faut-il préciser avec S. Huot que ce mythe de la création poétique n'a de sens que dans la mesure où l'expérience poétique est conçue comme un dépassement de l'expérience religieuse : si saint Jean est une figure du génie créateur, il est surtout la figure du génie chrétien, porté vers l'au-delà par sa chimère, comme le Mallarmé d'avant la crise. Saint Jean est la figure de la mortification religieuse, qui sacrifie la vie à sa chimère, et qui n'attend la révélation du mystère que de la mort, alors qu'Hérodiade, qui représente la révolte de la vie, récupère dans ses noces fictives avec le saint une divinité de l'homme ou un mystère aliénés par tous les idéalismes pour évoquer « la beauté humaine de la vie qu'on ne dépasse » (*NH*, p. 112).

Autant qu'on peut le conjecturer d'après les notes restantes et quelques confidences de Mallarmé (notamment la note bibliographique de l'édition Deman), ce mystère devait se composer d'un prélude remplaçant l'Ouverture ancienne, de la Scène, d'une scène intermédiaire et d'un finale. Ainsi qu'il ressort des notes révélées par G. Davies, le *Cantique de saint Jean* ne devait pas apparaître à la place que lui assigne normalement la chronologie du drame, entre la scène intermédiaire et le finale, mais au milieu du prélude, comme une anticipation prophétique. C'est dire que de la tragédie originelle aux *Noces d'Hérodiade*, Mallarmé a réduit au minimum l'élément proprement dramatique au profit d'une logique déjà apparente dans le *Faune* et surtout, à la même époque, dans le *Coup de dés*, celle d'une pure fiction. Ce drame tout en ellipses escamote la réalité même du « fait divers archaïque » et tout effet indû de réalisme ou de pittoresque, comme la « grossièreté — de la tête sur le plat » (*NH*, p. 93) : les *Noces*, inaugurées par le mot par excellence de la fiction (« Si.. »), s'ouvrent et s'achèvent sur la même image d'un soleil couchant confondu avec la tête sanglante du saint, comme si, dans ce drame fictif, rien n'avait eu lieu que le lieu : « Rien de tout cela est-il arrivé » (*NH*, p. 139).

Page 82.   PRÉLUDE I

Le texte reproduit est l'état le plus évolué de ce morceau dont il existe deux brouillons antérieurs (voir l'annexe, p. 275).

Dans l'agonie solaire du couchant qui plonge la chambre dans l'obscurité, une lumière dernière se concentre sur une vaisselle mystérieuse et inquiétante, un plat : si ce plat n'est pas celui du repas nuptial, se demande la nourrice, que fait-il là?

V. 1. *Si.*. Ce Si initial, qui place les *Noces* sous le signe de la fiction, reste suspendu jusqu'au vers 14 où il introduit enfin une subordonnée hypothétique dont le verbe principal apparaît au vers 25 : « Alors, dis... ». Entre les deux *si*, les quatorze premiers vers installent le décor symbolique des *Noces*. Mais ce *Si* qui donne la tonalité des *Noces* évoque aussi la note, dont on sait l'étymologie : Sancte Ioannes, saint Jean.

V. 2. *Nimbe* : cette métaphore désignant le disque solaire évoque, en creux, la vision de la tête du saint (v. 3), mais appelle aussi, par la précision de « la langue roidie », l'image du plat qui portera la tête du décapité. La transition se fait donc tout naturellement du soleil au plat, et le destin du saint est déjà préfiguré dans ce Prélude prophétique.

V. 10. *Cette pièce héréditaire de dressoir* est le plat nommé au dernier vers.

V. 15. On reconnaît ici, annoncée par l'évocation des « monstres nuls », et associée à l'imagerie du couchant, l'agonie de la chimère, vaisselle, mobilier ou tenture.

V. 19. *Ni que... ne...* : Et si... ne... pas. Les vers 19-24 évoquent un repas nuptial plus métaphorique : celui de la consommation des noces.

V. 26. Le pronom *il* renvoie au plat du dernier vers.

V. 27. *Le richissime orbe* : le disque solaire, qui n'a pas besoin du plat pour parfaire son orbe.

Toute la symbolique des *Noces* est déjà contenue dans le glissement métaphorique du soleil couchant au nimbe du saint et du nimbe au plat qui portera sa tête.

Page 83.   PRÉLUDE II : CANTIQUE DE SAINT JEAN

Il existe du Cantique deux brouillons très raturés, et un manuscrit complet (notre texte) qui est la mise au net du deuxième brouillon (voir l'annexe, p. 281).

Ce cantique peu orthodoxe, chanté par la tête au moment de la décollation, correspond à l'évocation par la nourrice de « l'antienne aux versets demandeurs » de l'Ouverture ancienne. Le symbolisme solaire est encore ici essentiel puisque le mouvement de la tête coupée mime la courbe du soleil.

V. 1-2. Cette « halte surnaturelle » évoque le solstice d'été, fêté à la saint Jean, mais les variantes suggèrent plutôt un soleil couchant.

V. 5. Les six dernières strophes forment une seule phrase.

V. 17. *Qu'elle...* est à rattacher à *Plutôt* (vers 14); construire : *ma tête refoule... plutôt qu'elle s'opiniâtre à suivre...*

V. 21. La froidure éternelle évoque l'imaginaire glacé d'Hérodiade. Il y a ici opposition entre une glace idéale ou spirituelle, la froidure éternelle, et celle, réelle, des glaciers. Le regard est appelé à dépasser celle-ci pour parvenir à celle-là. Mais la tête ne suit pas.

V. 28. Le verbe *pencher* est ici construit transitivement. La tête du baptiseur retombe pour un autre baptême, celui du sang.

Page 84.   PRÉLUDE III

Le manuscrit de la troisième partie du prélude est une mise au net

263

presque complète. Mallarmé y a laissé des blancs, dont certains sont remplis, à titre provisoire, d'une écriture plus petite. Il existe en outre un brouillon très incomplet des premiers vers (voir l'annexe, p. 284).

De I à III, l'équivoque fait place à l'absence d'ambiguïté sur la destination du plat, grâce à la prémonition en II de la décollation.

V. 1. Ce « psaume de nul antique antiphonaire » est le *Cantique de saint Jean,* qui semble s'être élevé du cachot du saint jusqu'à la chambre, par la fenêtre ouverte.

V. 7. L'écho amplifié de ce psaume devient, comme dans l'Ouverture ancienne, un fantôme, dont le voile se confond avec les rideaux de la fenêtre.

V. 9. *Prophète* : ce psaume devenu voile est proprement prophétique, ou fatidique (vers 14).

V. 12-16. Cf. « *Une dentelle s'abolit...* ». Ici aussi, le mouvement du rideau révèle une absence de lit, du lit nuptial.

V. 19. Le plat d'or perd alors toute ambiguïté, comme fourbi par le mouvement même du voile qui fait du fantôme une « Ombre ménagère ».

V. 27. *Livide* : faute probable de copie. La rime exige plutôt *subtil.*

V. 28. L'image de l'ombre ménagère suscite l'apparition de la nourrice, comme surgie du décor à la façon des sorcières de *Macbeth.* Figure de l'agonie (« affres ») ou de l'abandon personnifiés, la nourrice n'est plus qu'une nourrice sèche, et le lait, associé comme dans la Scène au paradis ou à la soif d'infini (« l'infini vorace »), n'est plus le lait bénéfique de *Don du poème* rassasiant la faim d'azur, mais le lait maléfique d'une régression maternelle et religieuse.

Page 85.   SCÈNE

Voir p. 204.

SCÈNE INTERMÉDIAIRE

Il existe de cette courte scène trois brouillons très incomplets. Le texte reproduit est l'état le plus évolué du troisième. Quant aux deux premiers, ce sont plutôt des notes préparatoires (voir l'annexe, p. 285).

V. 1-2. *Qui* a pour antécédent *secret,* apostrophe désignant la nourrice. Celle-ci, congédiée à la fin de la Scène, ne s'est pas évanouie dans les tapisseries, mais s'attarde encore, comme si elle pressentait cette « chose inconnue » ou ce secret qui semble émaner d'elle comme l'arôme d'un sachet (cf. dans l'Ouverture ancienne : « Un arôme d'os froids rôdant sur le sachet »). Cette « chose inconnue » est enfin nommée : « Le message... de traits Du fiancé... ».

V. 12. Cf. le « magique espoir du corridor » de *Toast funèbre.*

FINALE

Le manuscrit du Finale est une mise au net incomplète qui a subi ensuite de très nombreuses corrections.

Comme l'indique la note bibliographique, ce monologue d'Hérodiade devant la tête du saint (apostrophée aux vers 4, 18, 24) donne le « pourquoi de la crise indiquée par le morceau ».

V. 1-2. Lire : *de la nuit future, violée* plutôt que *de la nuit, future violée*. Le symbolisme solaire de ces Noces fait du couchant un viol, viol de la nuit future par le soleil. Si saint Jean est une figure solaire, Hérodiade s'identifie à la nuit (voir la Scène).

V. 3-9. Cf. le *Cantique de saint Jean.* L'intérieure foudre de l'idéal se heurte à la réalité même, physique, de la mort qu'elle ne peut transcender.

V. 14. La métaphore des jardins neigeux et des fruits vient relayer celle, dans la Scène, des jardins d'améthyste et des fleurs.

V. 15. *Un [fruit],* plutôt que *Un [pressentiment].*

V. 21. Cet *hymen froid* désigne les noces fictives.

V. 29. *Tien* : se rapporte sans doute à baiser. L'« altier vertige » est celui de la tête décollée.

V. 36. Hérodiade tient le plat portant la tête à bout de bras.

V. 41. *Étrangère tuerie* : celle du soleil couchant.

V. 43. *Le ballet* : seule allusion à la danse d'Hérodiade (qui, selon la légende, précède la décollation).

V. 45. La face du saint se confond avec le soleil couchant, comme pour répondre au vers 3 du Prélude. La vierge en fleur de la Scène (rappelée par le lys du vers 32) est devenu fruit mûr.

Sur la thématique de ce viol oculaire, cf. cette définition contemporaine de la lecture : « Virginité qui solitairement, devant une transparence du regard adéquat, elle-même s'est comme divisée en ses fragments de candeur, l'un et l'autre, preuves nuptiales de l'Idée » (*Div.,* p. 280).

Le manuscrit des *Noces* comporte en outre trois morceaux très incomplets, dont il est difficile de savoir s'ils devaient constituer une deuxième partie du Finale, ou s'ils en sont des ébauches abandonnées. On les trouvera dans l'annexe, p. 291.

AUTRES POÈMES

Page 89.   « MA CHÈRE FANNY... »

Date inconnue. Voir P. Marois, *La Gazette des lettres,* 18 septembre 1948. Fanny Dubois Davesnes était une voisine de la famille Mallarmé au hameau de Boulainvilliers.

MON CHER PAPA

Ms, ex-coll. Bonniot
Poème de 1854?

Ms, ex-coll. Bonniot (*DSM III*).

Écrit en troisième (1856-1857) au lycée de Sens.

Page 90. CANTATE POUR LA PREMIÈRE COMMUNION

Ms, coll. part.

Sur le manuscrit, Mallarmé a ajouté sur le tard cette indication :
« Vers pour la Première Communion au lycée de Sens » (27 juin
1858).

Page 91. LA PRIÈRE D'UNE MÈRE

Ms 1, coll. part.
Ms 2, Collège S. Mallarmé, Sens.

Poème lu par Mallarmé devant l'archevêque de Sens le 7 juillet 1859
pour la cérémonie de Première Communion, et recopié sur le Cahier
d'honneur du lycée.

Le ms 1, dont le texte, à part le début du v. 11 (« Fis briller en ses yeux des
larmes... »), ne présente que des variantes de ponctuation, offre cependant à la
suite les variantes et notes suivantes :

(6e strophe. 1ere partie)
       S'il venait à flétrir l'auréole sacrée
       Dont tu paras son front, Jésus, tranche ses ans!
       Mais avant, qu'il s'asseye à la table espérée
       Où l'archange enviera le bonheur des enfants!

(1ere strophe. 2e partie)
   . . . .
       Qui lança le soleil en sa route embrasée
           Et créa tout d'une pensée!

(4e strophe. 3e partie)
   . . . .
       Comme le parfum que révèle
       Au matin l'aubépine en fleur!

(6e strophe. 3e partie)
       Souvenons-nous enfin quand nos aigles en deuil
          <S'en>Volent à de nouvelles gloires
       Que le Dieu de l'enfance est le Dieu des victoires!

       ... en deuil (des soldats et généraux morts).

       J'ai lu la pièce comme elle est d'abord

Page 95. ENTRE QUATRE MURS

Ms, Doucet, MNR Ms 1167.

Dans ce cahier de poèmes écrits au lycée de Sens entre 1859 et
1860, et publié pour la première fois en 1954 par H. Mondor *dans
Mallarmé lycéen*, Mallarmé fait, poétiquement, ses classes. On y
perçoit surtout l'influence de Hugo et de Musset.

Il manque dans ce cahier le texte de treize poèmes, soit que Mallarmé en ait arraché les feuillets, soit qu'il ne les ait pas copiés. Seules la numérotation et la table des matières (TM) attestent l'existence de ces poèmes. En outre, le début de *Billet du matin* a été rayé, ainsi que *Au bois de noisetiers*.

Sur le deuxième plat, sous le titre *Ma bibliothèque*, se lisent les dates suivantes :

             18 Juin 1854 — 1ère Communion
             31 Août 1857 — Maria's death.
               Avril 1859 — I passed a night with Emily
             5 Juillet 1860 The first time I was alone with JF —
             8 Novembre 1860   bachelier
             26 Décembre 1860 premier pas dans l'abrutissement

Suivent des ébauches du poème *Pénitence*.

On trouvera dans ces poèmes les noms ou les initiales de condisciples, ou anciens condisciples, de Mallarmé au lycée de Sens : Alfred Espinas, Émile Roquier, Adrien Jalouzet, Émile Peltier, Charles Germain, Olivier Lavollée, Albert Armand, Amédée Dadé, ainsi que de deux jeunes Anglaises, Harriet Smythe et Emma Sullivan, dont les familles fréquentaient les Desmolins à Passy.

I, 2. *Sourire* : le poème comporte de nombreuses corrections. Premier état :
    V. 26.   Cent tendres nids, joyeux dortoir
                  Au frais concert
    V. 29.   Le bleu se rit dans la verdure
                  Égayant les rameaux du houx
                  L'onde reprend son gai murmure
                  Parle, en coulant, aux frais cailloux
    V. 35.   Navigue sur l'herbe qui nage,
                  Et se mire au cristal de l'eau.
    V. 40.   D'une rose, et dit ses amours.
    V. 47.   Va sur le vert gazon folâtre!

I, 6. *Billet du soir* : page arrachée. Titre donné par TM.

I, 8. *Billet du matin* : début rayé après avoir subi de nombreuses corrections; le reste est arraché. Premier état :
    V. 2.   Leur fraîche rosée offre en tombant de leurs voiles
             A la fleur son parfum, de quoi boire à l'oiseau.
    V. 6.   On voit fuir dans l'azur la lune terne et blanche,
             Comme une vierge en l'eau
    V. 9.   — On voit fuir dans l'azur la lune terne et blanche,
             Un astre part,

I, 9. *Ma bibliothèque* : pages arrachées. Titre donné par TM.

I, 13. *Inde* : page arrachée. Titre donné par TM.

I, 15. *Au bois de noisetiers* : poème rayé après corrections. Premier état des vers 10-11 :
               Fera neiger les amandiers frileux!
                 Et, madame, sans qu'on permette,

II, 3. *Sa fosse est creusée!...* : autre ms, Doucet 7248-1, avec des variantes minimes.

II, 4. *Sa tombe est fermée* : autre ms, Doucet 7248-1, avec des variantes minimes.

III, 8. *Prière à la nature* : page arrachée. Titre donné par TM.

III, 9. *Que faire?* : page arrachée. Titre donné par TM.

IV, 4. *Réponse* : TM donne un autre titre: *Espoir*. Autre ms, Doucet, MNR Ms 1184, daté du 30 mars 1859 et envoyé à A. Espinas avec cette dédicace : « Ami, je te donne une heure, en attendant mieux. Rien qui m'ennuie plus que ces réponses, aussi pardonne-moi la faiblesse de celle-ci. Une autre fois je t'enverrai une pièce sur un sujet quelconque ayant queue et tête, ce qui manque à ces quatrains. / Tu sauras que Pepita est la courtisane, et Ismaël un vieux Juif qui meurt sous les coups de Fosco. / Le tout dans ma pièce de / Pepita. »

    V. 2.   Tu trouves fade
    V. 6.   mourait maudissant
    V. 8.   ses tresses d'or
    V. 13.   Et je te vois comme eux,
    V. 23.   Terrasse le tonnerre
    V. 24.   front, palme de l'Espérance!

IV, 6. *On donne ce qu'on a* : le poème est suivi du brouillon, rayé, d'une strophe supplémentaire :

> Moi je n'ai que ma lyre
> <Tu me dois un> Donne-moi quelqu[e] sourire
> Je te donne mes chants
> Ce q

IV, 10. *Les Trois Prières* : non copié. Titre donné par TM.

V, 7. *Sonnet* : non copié. TM donne un autre titre : *Avenir*.

VI, 3. *Mélancolie* : autre ms, Doucet, MNR Ms 1185, qui offre, outre des variantes minimes, une strophe de plus :

> Cet été, prend[s] l'« Arrosement —
> Public* », si tu veux être riche!
> Sur le macadam lentement
> Promène-toi comme un derviche
> Traînant ton triste régiment
> Qui pleurniche, pleurniche!

     * Société pour l'arrosement de Paris

VI, 4. *Réponse à une pièce de vers où il parlait de ses rêveries enfantines* : TM donne un autre titre: *A un rêveur en bourrelet*.

VI, 5. *A P**** : page arrachée. Titre donné par TM.

VI, 6. *L'Affreux Bonhomme* : page arrachée. Titre donné par TM.

VI, 7. *Billet doux d'un élève de sciences* : page arrachée. Titre donné par TM.

VI, 8. *L.....* : page arrachée. Titre donné par TM.

VI, 9. *A Lavollée* : page arrachée. Titre donné par TM.

VI, 10. *A Armand* : page arrachée. Titre donné par TM.

Page 143.   LA CHANSON DE DÉBORAH

Ms, coll. part.

Extrait de la « Narration — sur un sujet libre en "Seconde ou Troisième" du Lycée de Sens » intitulée : *Ce que disaient les trois cigognes.* Mais le manuscrit semble bien postérieur.

Page 144.   L'ENFANT A LA ROSE

Fragment de poème cité par Lefébure dans sa lettre du 9 avril 1862.

SIX PHYLLIS

Poème non retrouvé évoqué par Lefébure dans la lettre du 9 avril 1862.

GALANTERIE MACABRE

Ms, coll. part.

Page 145.　　　A UNE PETITE LAVEUSE BLONDE

Ms, coll. part.

Page 148.　　　A UN POÈTE IMMORAL

Ms, coll. part.

Le poète immoral est sans doute Emmanuel des Essarts.

Page 150.　　　L'ENFANT PRODIGUE

Ms, coll. part.

Page 151.　　LE CARREFOUR DES DEMOISELLES

Le Carrefour des Demoiselles, ou L'Absence du Lancier, ou Le Triomphe de la Prévoyance, Sens, Imp. Ph. Chapu (BN, Rés. p. Ye 2085).

Ce poème évoque la partie en forêt de Fontainebleau du 11 mai 1862 où Mallarmé rencontra Henri Cazalis, le peintre Henri Regnault (Piccolino, le coloriste), les sœurs Yapp (Ettie et Isabelle) et Nina Gaillard, la future Nina de Villard.

Page 154.　　　CONTRE UN POÈTE PARISIEN

Journal des Baigneurs [Dieppe], 6 juillet 1862.
Ms, coll. E. Arnaud d'Andilly (voir *OC*, pp. 1390-1391).

Le titre vise E. des Essarts, auteur des *Poésies parisiennes*.

SOLEIL D'HIVER

Journal des Baigneurs [Dieppe], 13 juillet 1862.
Coupure avec corr. aut., coll. part.

Le dédicataire, employé à la mairie de Dieppe, était un rimeur incontinent. Guritan est évidemment le personnage de *Ruy Blas*.

Page 155.　　　... MYSTICIS UMBRACULIS

Ms, coll. part.

HAINE DU PAUVRE

Ms, coll. part.

Première variation sur le thème qui sera celui d'*Aumône*.

Page 156. « PARCE QUE DE LA VIANDE... »

Ms, coll. part.

Page 157. LE CHATEAU DE L'ESPÉRANCE

Ms 1, Carnet de 1864 (Doucet, MNR Ms 38).
Ms 2, Envoi 1866 (*PC*), coll. part. inc.
Ms 3, Doucet, MNR Ms 1186.
Copie Verlaine *PM*.

Intitulé primitivement *L'Assaut*, ce poème fut envoyé de Londres à Cazalis le 3 juin 1863, avec *Les Fenêtres* : « D'une chevelure qui a fait naître en mon cerveau l'idée d'un drapeau, mon cœur, pris d'une ardeur militaire, s'élance à travers d'affreux paysages et va assiéger le Château fort de l'Espérance pour y planter cet étendard d'or fin. Mais, l'insensé, après ce court moment de folie, aperçoit l'Espérance qui n'est qu'une sorte de spectre voilé et stérile. »

« UNE NÉGRESSE PAR LE DÉMON... »

Le Nouveau Parnasse satyrique du dix-neuvième siècle, 1866, p. 146 (*NPS*).
Poésies 1887.
Ms 1, coll. part. (*OC*, p. 1418).
Ms 2, coll. part.
Ms 3, Doucet, MNR Ms 1187 bis.
Ms 4, Ensemble de 1887.
Ms 5, Yale University Library.

Titre : *Image grotesque* ms 1 : *Les Lèvres roses NPS*

Variantes de l'état initial (*NPS*) :
V. 2.   triste enfant aux fruits
V. 3-10.   Criminelle innocente en sa robe trouée,
           Et la goinfre s'apprête à rusés travaux.

           Sur son ventre elle allonge en bête ses tétines,
           Heureuse d'être nue, et s'acharne à saisir
           Ses deux pieds écartés en l'air dans ses bottines
           Dont l'indécente vue augmente son plaisir;

           Puis, près de la chair blanche aux maigreurs de gazelle,
           Qui tremble, sur le dos, comme un fol éléphant,
V. 13.   jambes quand
V. 15.   cette infâme bouche

Page 158. DANS LE JARDIN

Ms, ex-coll. W. Bonaparte-Wyse.

Écrit en 1871 sur l'album d'Ellen Linzee Prout, femme de William Charles Bonaparte-Wyse, félibre irlandais qui faillit mourir en 1868-1869. Mallarmé, en août 1871, fit un bref séjour dans leur propriété près de Bath.

« SUR LES BOIS OUBLIÉS... »

Ms, Doucet, MNR Ms 1199.

Ce poème de l'immortalité poétique par excellence, celle de l'âme qui n'est que le souffle d'un Nom, fut écrit à la mémoire d'Ettie Yapp, devenue la femme de l'égyptologue Gaston Maspero, morte à vingt-sept ans en septembre 1873. Sur ce poème, voir les études récentes de R. Pommier, *Explications littéraires*, SEDES, 1990, et de P.S. Hambly, *Studi francesi*, 101, mai-août 1990.

V. 4. Le sépulcre ne s'encombre pas d'un manque de fleurs, mais, comme l'a proposé A. Adam (*Mélanges Mornet*, Nizet, 1951), du manque attesté par la présence de fleurs.

Page 159. « RIEN, AU RÉVEIL, QUE VOUS N'AYEZ... »

La Coupe, juin 1896.
Ms 1, coll. A. Rodocanachi.
Ms 2, Doucet, MNR Ms 1194.
Ms 3, Doucet, MNR Ms 1193.

Premier état (ms 1), envoyé à Méry Laurent le 31 janvier 1885 :

RONDEL

Rien ici-bas que vous n'ayez
Envisagé de quelque moue
Ou du blanc rire qui secoue
Votre aile sur les oreillers.

Princesse au berceau, sommeillez!
Sans voir parmi tout ce qu'on loue
Rien ici-bas que vous n'ayez
Envisagé de quelque moue.

Nos vains souhaits émerveillés
De la beauté qui les déjoue
Ne connaissent, fleur sur la joue,
Dans l'œil diamants impayés
Rien ici-bas que vous n'ayez!

« Rien au réveil... » fut regroupé dans l'édition de 1913 avec « Si tu veux nous nous aimerons... », les deux poèmes étant publiés sous le titre de *Rondels* (I et II).

271

« Ô SI CHÈRE DE LOIN... »

Ms, coll. part. (*PBM*).
Date : vers 1886.

Page 160.   « DAME SANS TROP D'ARDEUR... »

Le Figaro, 10 février 1896.
Ms 1, Doucet MNR Ms 1192.
Ms 2, coll. part.
Ms 3, Doucet MNR Ms 1191.

Première version (ms 1) :

> Méry
>   Sans trop d'aurore à la fois enflammant
> La rose qui splendide et naturelle et lasse
> Même du voile lourd de parfums se délace
> Pour ouïr sous la chair pleurer le diamant,
>
> Oui, sans ces crises de rosée! et gentiment,
> Ni brise si le ciel avec orageux passe,
> Jalouse d'ajouter on ne sait quel espace
> Au simple jour le jour très vrai du sentiment,
>
> Ne te semble-t-il pas, Méry, que chaque année
> D'où sur ton front renaît la grâce spontanée
> Suffise selon tant de prodige et pour moi,
>
> Comme un éventail seul dont la chambre s'étonne,
> A rafraîchir du peu qu'il faut ici d'émoi
> Toute notre native amitié monotone.

1er Janvier 1888

Écrit pour Méry Laurent en 1887, remanié en 1896, ce poème fut paraphrasé ainsi par Mallarmé en réponse à un lecteur curieux : « pour moi, [...] le sonnet [...] rendrait "un besoin d'amitié calme sans crises de passion ni trop vivace flamme épuisant la fleur de sentiment, cette rose, etc." Vous voyez » (*French Studies*, 1986, p. 18).

« SI TU VEUX NOUS NOUS AIMERONS... »

La Plume, 15 mars 1896 (FS du ms 2).
Ms 1, voir *OC*, pp. 1479-1480.
Ms 2, Doucet, MNR Ms 1195.
Ms 3, cat. Berès 56, 1956, n° 374.

La première version (ms 1), intitulée *Chanson sur un vers composé par Méry*, présente les variantes suivantes aux vers 2-7 :

272

Avec la bouche sans le dire,
Cette rose ne l'interromps
En versant du silence pire

Aucuns traits émanés si prompts
Que de ton tacite sourire

D'après Montesquiou, cette première version fêtait le 1er janvier 1889.

Page 161.   CHANSONS BAS

Les Types de Paris, Éd. du Figaro, Plon Nourrit & Cie, 1889.
Épreuves, Doucet, MNR Ms 1196.
VII : Ms, coll. A. Rodocanachi.

Voir notice p. 230.

Page 162.   ÉVENTAIL DE MÉRY LAURENT

Daté de 1890, cet éventail fut publié pour la première fois dans *OC*, pp. 58-59.

Page 163.   PETIT AIR GUERRIER

La Revue blanche, 1er février 1895, p. 97 (en épigraphe à *L'Action*).

Le poète qui récuse dans sa chronique l'action directe au profit de « l'action restreinte » de la poésie, repousse l'amicale invasion de ceux qui voudraient l'embrigader.

Page 164.   « TOUTE L'AME RÉSUMÉE... »

Le Figaro, supplément littéraire, 3 août 1895.
Ms, Doucet, MNR Ms 1205.

Publié à la fin de l'interview du poète pour une enquête sur le vers libre, ce sonnet propose en somme un art poétique, qui définit la poésie comme une combustion idéale du réel.

Transcription des manuscrits des *Noces d'Hérodiade*.
[Les mots ou les lettres en italiques sont biffés.]

PRÉLUDE I

Ms 1 :   Si..   dernière
                        toujours
          Malédiction peut-être au candélabre

avare   ment
          Dont la magnificence à tarder se délabre

              Toute immobilisée en
          En *l'immobilité de* vains bras hasardeux
            la diversité   — vastes crocs
            la magnificence

loin   Au *loin* sans empêcher peut-être par un d'eux
                         brusquement

             étreignant   ancienne
          En soupesant la gloire[1] inutile[2] meurtrie
Cendre   — en des griffes
éclatants

          Notre ancestoriale et lourde orfèvrerie

                 au ciel
          Héréditaire sur aucun sur quelque absent dressoir
          Pièce à[3] pièce l'aiguière et le hanap de choir
             Étalée à jamais

          Pièce à pièce, l'aiguière et le hanap, de choir
          Dans l'évanouissement nocturne du dressoir

          Comme

---

1. Surcharge : le poids
2. Surcharge : de sa griffe
3. Surchargé par : Argent

Ms 2 :

                              vaine
                           toute en
          Si   *selon*
                            toute
              Génuflexion comme à l'éblouissant

                    là-bas
                 peut-être au cieux
louche   Nimbe vide *là-bas peut-être* arrondissant

           Dans le *vide* inquiet   de l'heure
           Parmi l'heure par une mort éparse   refroidie
           Malgré l'attente d'une

                              très vide
           Son   et vacant incendie

                 résumé
           Aussi peut-être
           Selon mon avis hors la fusion entre eux

              Ou le
           Dans un choc   pour tous malencontreux[1]

              mille   partis tous   guerre
           Des monstres   dont la *colère* délabre
                 familiers   abandon
                                  fuite

                                     ou
sépulcrale L'aiguière *au col béant* et le tors candélabre
                        bossuée

Autrement   A jamais   sacre sur le
Pour un   *Tristement* sans léguer de souvenir *au* soir

              Que cette   unique
           Autre que d'une pièce encore de dressoir
                      probable héréditaire

              Peut-être mais
           Faute que la splendeur   n'emprunte
                         avec

           A quelque face   *défunte*

              Un sceau de sainteté   *mal éclairci*
doute   On ne sait quel doute mal éclairci
                          masque âpre et   éclairci

---

1. Surcharge : malheureux

276

Désespérément et péremptoirement   *, que*
Quelque silence abrupt a vaticiné   si —

Toute
Cette gloire, au rancart d'une vide vaisselle

        soir fameux en fusion
Aujourd'hui *comme le précédent jour* est celle

  Très certainement   renferme
Très évidemment qui ne *rassasie*ra pas

  e délice attendu d'un du nuptial
La nuptiale faim selon le vieux repas
     cherché
   très creux

  Ou que   sur
Par faute *Faute peut-être aussi du principal con*vive

   A   de l'exilé convive
chez lui *Ou qu'à l'antique faim, prospère, ne survive*

  L'¹ Pour la vierge
A d'authentique chère et liqueurs à foison
  ux Comme

Parmi quelque   *pâmoison*

  La   les vautre
Un   *vautre*
  pour venaison pour pèche *pour crème*

    incestueux
Le mets *délicieux* qu'on goûte *l'un à l'autre*
   supérieur   *e l'*   *à soi-même*

       avec l'
     à votre âge
Alors, le fil rompu *s'achève ici*, pourquoi²
     arrête

  Secret   refluer   voiles ou
Stupeur à prolonger dans les transes *et* coi
      roides

---

1. Surcharge : mais
2. Au-dessus de ce vers, qui commence une nouvelle page, les mots suivants : trop rattaché dévidé renoué le rouet l'écheveau rompt gracilité* ici déjà rompu bientôt plutôt casse rompt

                    Comme sa révérence
                    Le spectre[1] *et que sa clairvoyance* comme défaille
                         témoin

plongeon   Le confident parmi la soie[2] et la faille

                         toi, fiancée absente fiancée au sens
révérence   Dis, *son enfant* , *dis* toi, *vierge au front* subtil
D'ordinaire   *sourire*   d'ordinaire   vœu
                    mon   vieux corps

               Là-bas   glorifie
               Hors se *existe-t-il* et *persiste*-t-il
                         magnifie   s'éternise
S'immobilise

               Avec peu de raison que le richissime orbe

               Inexhaustiblement
               Opiniâtrement pour se parfaire absorbe

                              en   dernier
               Jusqu'à*u* l'horizon mort *par* un *supr* éclat,

               Cette
               La vacuité *louche et muette* d'un plat?
                         funéraire

                              *

Ms 3 :   Si..
                              toute
                    Génuflexion comme à l'éblouissant

                              oui
                    là-bas *là-bas* très glorieux   gloire
                    Nimbe *vide peut-être peut-être* arrondissant

                    l'horreur
                    En le manque d'u*n* saint   langue   mendie
                    Malgré l'attente d'une   à la *face* *ref*roidie
                    Selon quelque figure invisible
                    Pour

                              magnifique
               Son   et *très vide* incendie
                                   vacant

               Aussi peut-être hors la fusion entre eux

               Aux Immobilisés par des *des* un chocs
               Ou le choc combattu pour tous malencontreux

_____

1. Surchargé par : Pour que
2. Surcharge : par la soie

278

                              la fuite
          divers   tous   la guerre
          Des *mille* monstres   dont *un abandon* délabre
                              nuls   l'———

          L'aiguière bossuée et le tors candélabre

              Aujourd'hui
              Cependant   souvenir au   de
              A jamais sans léguer de *sacre dans le* soir   race
              Toutefois   rejeton   dans le

                  Que   héréditaire
              Autre que cette pièce *encore* de dressoir

              Lourd métal usuel   impiété
massif   *Et par*   l'équivoque range pense
Brut   Comme à lumière où *comme   accorde*   évoque
              Métal et *pas* lumière
                      non

                  Selon   récompense
              Avec anxiété,   miséricorde
                  Avec   gloire étrange   équivoque

                  Je   humble   endurci
              On ne sait quel masque âpre et farouche éclairci
                  Aucun masque de saint   rude

              Triomphalement[1] et péremptoirement si
              Affirmativement

                                      vide
              La chimère au rebut[2] d'une illustre vaisselle
                                      vaine
                                        morne

                          creuse au
              Maintenant mal éteinte   est celle

                  Avec Sous ses avares feux abolis ne contiendra
              Dans ses flancs   qui *n'apportera* pas

              Les délices cherchés au nuptial repas
                  La suavité sue au

                  Ni   chez
Sans   *Mais* que pour notre reine enfant et le convive

                  Pour   vierge
bombances   *Chez notre reine enfant et son de l'absent* (ne) survive

---

1. Surcharge : Désespérément
2. Surcharge : rancart

<pre>
                  autre
Même   Comme une   d'autrefois   très
          Pour chère tout à coup   délicate à foison

          Comme ancienne   parfaite
          Même comme   faim muée en pâmoison
                quand l'âpre
                    étrange

     Ne   Les entrelace   puis
Faim   Où le ciel* bouche à bouche à bouche les vautre
Étrange   Quelque nouvelle faim

          Le mets supérieur¹ qu'on goûte l'un à l'autre:

                mystère
          Alors, dis ô futur taciturne, pourquoi
                sache mon front *

                          prélasse
            Là-bas demeure ou se pavane
          Ici se fixe-t-il   et s'éternise coi
                parade s'impose-t-il

            Pour très peu
          Selon peu de raison que le richissime orbe
            Malgré nulle
               Avec

            Triomphalement
          Opiniâtrement pour se parfaire absorbe
          Présomptueusement

                    tout   amer
          Jusqu'à l'horizon mort en un dernier éclat
                    ux

            Ce Le passé
          Cette vacuité louche et muette d'un plat?
            Le fantôme
               simulacre
                  inoccupé
</pre>

---

1. Surcharge : délicieux

PRÉLUDE II (Cantique de saint Jean)

Ms 1 :

<pre>
              L'astre épars
                 bas
    Le soleil que prolonge
       Tard   riche
    Mal un pompeux mensonge   royal

    Certes, *aujourd'hui*, choit   à l'instant
                                 au dehors
                              incandescent

              Sinistre et froid
                 Funeste
                    bientôt   descend

      ressens *des a*ux
    Je *le sens aux* vertèbres

    Éployer les ténèbres
              comme l'unisson
    Toutes *à* dans un frisson
            par
              A l'unisson

                      liturgie
    Et ma tête surgie

    Dans une léthargie
       Par les   vols
    Les noirs coups triomphaux
       Sous
               De cette faux

    Et ma tête surgie

    Sur les noirs triomphaux

              Coups de la faux

      rejette relègue   mâte
                 rompt
              abjure   ou   hâte
    Plutôt refoule et mâte

    Dans quelque sourde hâte
</pre>

281

          Les anciens désaccords

                Avec le corps

              n'osera
              s'en va
                    pourra voudra
          Qu'elle *ne saurait* suivre
              De
          Lourde ou de jeûnes ivre
              Ou de jeûnes
Aux   *Par quelques vols* hagards
              abîmes   seuls
          espaces Les *sûrs* regards
                  S   purs
          Les anciens désaccords

                Avec le corps

            Là haut   ne tolère   sûre
          Jusques où *leur très pure*
                  épuise
          Aile jamais n'endure
              Leur pur jeûne en colère
          Que vous les surpassiez
très hauts
Vous   Aucuns glaciers
                    Tous ô
                      Vous

                selon le
              par   votre
                  avec
          Mais, sous quelque baptême

          Illuminée au même
Arcane   l'
Secret   *Principe* qui *m'* élut

                  Penche un salut
                    Verse
                    Tait

                      *

Ms 2 :   Le soleil que sa halte

          Surnaturelle exalte
              Aussitôt
          A peine redescend

                Incandescent

                    282

                              ressens
                              devine
                              éprouve comme
                    Je le sens aux vertèbres
                              des en
dominer   S'éployer les *des ténèbres*
èxulter   Éployant ses *leurs*
                    M'ajouter des ténèbres
                              par comme
                              en *ce noir* frisson
                    Toutes *à l'unisson*
                              comme un
                         Sous les heurts triomphaux
                              A l'unisson
                              De ce frisson
                              De cette faux

                              vigie
                    Et ma tête surgie
                         Orgueilleuse vigie
                    Solitaire *léthargie*
                              surgie
                    Dans   vols
                    Sous les heurts triomphaux

                         De cette faux

                    Comme rupture
                    Qui dans   extase
                              foi
                         Selon une horreur franche
                    Au gré
                    Dans la scission franche
                         séparation franche
                         Plutôt Refoule *oublie et*
                    Plutôt refoule ou tranche
                              foi
                         Une rupture franche
                         horreur
                    Les anciens désaccords

                         Avec le corps

                    Qu'elle ne pourra suivre
                    Lourde ou de jeûnes ivres
                    Lourde ou de jeûnes ivre
                    En l'espace hagard
                    Les anciens désaccords
                    Avec le
                              Avec le corps

                    Qu'   cachots
                  Elle de jeûnes ivre
                    Toujours
                  Lourde ou de jeûnes ivre
                    S'intéresse du cachot ivre
S'opiniâtre   Qu'
Se propose   Se prédispose à
Loin de pou*   Qu'elle ne pourra suivre
                    Avec le
                    Même de jeûnes ivre
                      jeûne quelque bond
Dans des   En l'espace hagard
                  Sous   cachot
                  Dans   Le son seul
                        Son pur regard
                          Son seul
                            abstrait

                    Très
                    Très
                  Là-haut où la froidure
                  Éternelle n'endure
                  Éternelle n'endure
                    Fulgurante
                  Que vous le surpassiez
                        vains
                      Tous ô glaciers
                    purs

                        le
                    selon un
                    par quelque
                  Mais sous votre baptême

                  Illuminée au même

                  Principe qui m'élut

                      Penche un salut[1]
                        verse

PRÉLUDE III

                    avec son
                    le
Ms 1 :   A quel écho jailli, viril, dans un tonnerre

---

1. En marge de cette dernière strophe, les mots suivants : Fondement / Réservoir / Délice
Arcane Sourire / mystère Miracle / Feu / Dieu de feu Pic lustral / Pur sommet

284

                        déchirer ce *un*
    Comme pour s'appliquer au vain questionnaire

    Où s'attarde tandis que nous l'enveloppons

    La

    On dirait des tréfonds
                                                    basalte
    De

    Lieu du plus noir secret
                                                    crête
    Tout voile   se frange

    Sinistrement blanchit et s'illumine

Ms 2 : texte reproduit p. 84.

                    SCÈNE INTERMÉDIAIRE

Ms 1 :   Scène intermédiaire

                        — les froides pierreries

                    L'
        *Et tandis que l'*enfant yeux fixés — en soi
        à la longue distraite par
                        encore
        la nourrice attendant quelque ordre encore
                    comme
    *avant**
    quoi? — ... je sais peut-être   — d'amener mais
                                    tu veux qu'il vienne
    effrayée d'entendre   dialogue
                                            muet

                ces mots négligemment
                            dits
        Apporte   ou sourdement
        va me chercher le chef du saint   avec un
                                        mys
                                    ou méchamment
    nul ne saura jamais   ce peut être — ou —
            pas même elle évanouie
    mais a-t-elle entendu? — évanouie en   nul ne saura
            car furent-ils dits   jamais
                                    ni la vieille —

                    285

coup de rachat   Va me chercher le chef du saint sur un plat d'or
blesse* le silence   ces mots — rigides comme une épée
sombre*   ils le furent   — car effroi de la pauvre vision
    qui s'en fut
     non par une fente des tapisseries
  mais évanouie en sa trame usée
  dans un effroi de chimères — licornes
  alérions de fleurs ramagés comme
  si la pauvre compagne pas du tout
  entremetteuse qui n'avait jamais songé à de telles
  noces
    — retient en fin un sens — du début
                     rappel,

*

Ms 2 :   les
           ... *mes* froides pierreries.

                   fait
   A tout et même à toi n'ai-je pas dit adieu
              glissée ô doux sachet troué
  Restée et qui   d'os légers et de cendre
  Que restes-tu   si bien
      n'es pas évanouie en la tapisserie,
  Que partout ne se   partout   *et*   plumage
  Pâlissant de la disparition   s'effaçant
  Sans multiplient Les laines sont déteintes partout excepté les lèvres
          elle est passée
  Ce vieux baiser épars   *des lèvres*   le mensonge
bavardage   agité sous les plis comme un besoin de prononcer un nom
             rouges   épars
                  je le dis, mensonge
   Un ordre il te faut   *vieille ombre que de moi*
    vieux fantôme de la mort qui   *jamais je ne serai car*
        me hante   il n'existe pas
          et prouvant qu'il n'est pas
  humain
       le silencieux nom
       qui dévoile les traits

  mais plutôt que —   du fond
                       surtout
     où donc es-tu, quoi disparue   de quelque
                         corridor
  S'il est quelqu'un, si —
         ce   tranché
  Apporte-moi son chef *blêmi* sur un plat d'or —

*

286

Ms 3 :

                    convenablement
                    légitimement   quand
        Qui   ne s'est point comme il sied

Vil   Vain secret   ténébreux
plumage   *Vieux délice   et   remords* encore là sur pied
Notre   *mais terrible*   à jamais

                              ample   moire   peur
                Sans que dans l'humble soie et la moire et la faille

                        sénile
                La curiosité frivole ne défaille
                        rigide

dans l'hésit   Évanoui comme *un maléfique plumage*
                        sous   un séculaire plumage

                A
démone   Dans* le siècle¹   s'endommage
                parcourir

maléfice   s'agrippe
                Silencieusement mais demeure figé   *de son*

                Dans l'hésitation vaine à prendre congé
                        ordre inentendu longtemps, de son

                Tandis qu'autour de son sachet de vieille faille
                        issu   humain

                Rôde, tourne   et défaille

                Attentif   et ne comprenant guère

                Qu'une cime   ne trahit

                Le nom   apporté et baiser
vulgaires   Le message   de traits

                Du fiancé   que mal je connaîtrais
quelconques
                Va pour sa peine

Présentera   choir avec   choir au
                Dût son ombre marcher² le long du corridor

                M'apportera ce chef tranché dans un plat d'or
M'en   Me présenter   sur

tout   sachet exhalé   que j'
de suite   sur qui rôde le nom   agonise sous son

_____

1. Surcharge : Qu'use* le temps
2. Surcharge : aller

287

FINALE

Ô, désespérément sous l'aile échevelée

obscure   tout à coup   sitôt que

Toutefois   *A jamais* de la nuit   *future* violée

Comme   Toute que un ton dernier espoir   rejaillisse   qui   aigu

Quand *ton morne* penser ne monta pas plus haut,   chu de

si haut

Escarpé   Dur front pétrifié dont le captif sursaut   mortel

abrupt   A la suite

persuader   au prix de   après elle

de peur de le   *dissoudre*

Tout à l'heure n'aura   avant *sans* se dissoudre   également

devant que s' l'y

Suivi *l'élan la magnifique*

N'aura suivi les bonds d' l' intérieure foudre

dans ses

Sans

Heurtée à quelque choc *de ses rêves* déçus

Ni   l'

Sans s'établir *vivante et régner* par dessus

Cime

Comme une cime *au vol farouche* hostile

dans des ténèbres

Il est   péristyle

incarnadins jardins

Maints fruits   *espaliers*   *jardin*

Neigeux[1]   ambrés, incarnadins : *incarnadins*

Mais aucun   si

Mais   En voici partagé pour savoir que je l'aime   comme je l'

Quels *lesquels*   afin que je l'

Sinon l'espalier

Au jardin   secret opulent de moi-même

---

1. Surcharge : *illisible*

Autre qu'　de chers　　　　　　　　inouï
Un selon *mes beau* pressentiments　*éblouis*

Ne s'y　sera[1] *sans ciel* sans ciel
Se seront tout à coup sans aide épanouis　　sinon
　　　Peut-être
rigueur　　　　âpre

　　　cette profondeur　*peut-être de*
rigide　　*Que le*　　　　attirance　　　du désastre
　　　Peut-être que　　confus
　　　　cet

　　　　　　　　　pulpe
ambiguïté　Dis, *l'*hésitation entre la chair et l'astre　　scintil
　　　　　　　　　　　　　　　　　　　　　　　　gel

　　　Jusqu'au　arrêt juste
　　Sur la gorge nouvelle, où ta cécité poind
　　　　scintil

　　　　　glacé　que
　　De la gorge nouvelle arrêt[2] si ce n'est point
A cet arrêt surnaturel　　arrêt

　　　　　d'une *chair* enfance　l'affreux génie　　éteint
　　Hymen froid de *l'enfance* avec *une agonie*

　　L'arrière volupté *par* sise　*l'*
mourant　*Ce que d'elle détient*　en *son* l'éteinte agonie
　　　　　　　jusque　dans　close
　　　　　　　　fermé par

　　Du
　Le regard révulsé par quelqu'un au néant.

　　　bien
　Parle ou faut-il que　　l'arcane messéant

　A dire excepté par une bouche défunte

　　　　　　　emprunte

　Par un　　　　　　pire baiser

　L'horreur　　　　de préciser

　Tien et précipité de quelque altier vertige

　　　　couler　tout le　　ma
　Ensuite pour *descendre au long* de *cette* tige

---

1. Corrige : Ne s'y seront
2. Surcharge : Avec un arrêt cruel

289

Vers quelque ciel
Supportant mes portant mes destins avilis

L'inexplicable sang déshonorant le lys

A jamais renversé de l'une ou l'autre jambe

flambe

assassin

Le métal commandé précieux du bassin,

                                    le   trop inerte
                    enchâssât   très
Naguère où s'*accusât   Et un une   inutile   reste,
        reposât *illustrât*   gré
                illustrât

Peut *selon*[1] selon le suspens attardé par[2] mon geste
                                    encore

Changeant   en   nonchaloir ,   voudra

                            que
Verser son fardeau[3] ++++ avant de choir / choir

        Dans ce soir[4]
Comme à défaut du lustre   autre* tuerie
    Parmi le crépuscule étrange[5]
    Parmi j'ignore quelle étrangère *tuerie* mûrie

Soleil *un vent dérisoire*   *qui m'a mûrie*, tuerie

                    Soufflant le lustre absent
Remplaçant*   Loin du   repas pour le
                Comme à défaut du lustre *éclairant le* ballet
Comme   rutilant
                Comme entre de son bord dérisoire

Abstraite intrusion en ma vie   il fallait

            soudain   e la
La hantise *aujourd'hui* quelconque d'une face

Pour que je m'entrouvrisse et *que* reine triomphasse[6]

---

1. Surcharge : selon mon*
2. Surcharge : au plus loin de
3. Surcharge plusieurs mots illisibles
4. Surcharge : Soleil
5. Surcharge : Soleil
6. En dessous de ce vers les mots : Confin / estimasse / plus* lourd / amusé / L'abstraite intrusion quelconque / intruse / cette hantise ici

ÉBAUCHES DU FINALE

                           nubilité
                      enfance   bas
                 Toute *virginité* disjointe en la tunique
communique
dynamiques
                                    devant
                 Le *fut de tous les temps* selon l'approche unique
                      devint pour toujours

                 De quelqu'un n'étant pas qui passe le premier

                           aridité
                 Et sous *la pauvreté* poudreuse du palmier

                                 en les   *altière*
Elle   N'accorde comme dans la plus riche des couches
entière   avec   suprême

N'accorde   Au trivial époux que des prémices louches
au vain   déclaré   *enfant*
                                                   déjà

Bonne   criminel   *ne fend*
                                         étrange   lu
                                         de
                 Une   *plus*   *avant** l'heure a voulu
magicienne   *La plus très attentive* et criminelle enfant
                      enfant

                 Attentive au mystère éclairé   de son être
quand même   enchanté

                                              connaître

                 Quel   sur elle
                 Le   étincela

                                              celle-là

crépuscules   Sous les gouffres   pubère

                                              se libère
                                   refusée
                 Sa chair   de s'offrir en festin

        elle   Pour avoir reconnu le seigneur clandestin
convole   *Pour avoir* avisé
    noces   démasqué

                              *

291

Quand   hâte   rite
        Elle *hésite* s'arrête
        Elle hâtant   au seuil   solitaires noces

        Selon   de ses   précoces

        N'importe où

        A

                le tranchant
se   Tout à l'heure   si   *ordre*   lucide
souvient
  elle   sur son ordre   sa fulguration
  mal   Le glaive aida   dans   suicide

        L'âpre esprit
        La fulguration   *assis*

        Où l'être se plongeait
        Malgré son éveil long

                 de cette fiancée
        Et, révolte   *de la vie,*
                   élancée

        La fiancée   *de cette fiancée*
Toujours

                  mort

                  transport

            *

               sourire
        Jaillie   *savoir*
        Surgie avec l'éclair ordonné par son geste

        *monotone**
        La *fiancée* fiancée *ou que funeste*
             ivre   ici
                  après le
                  adorable et funeste

           et riche
        Le vaste a cet
        Jaillie *en tout*   son geste
Debout   *Cette* La *avec* l'éclair ordonné par *fiancée*
fulguré *Jaillie*   avec à tout   *élancée*
                    funeste

            versant nulle   *firmament*
            debout *triste* de firmament
        Dans sa gaine *d'horreur et de diamant*

          la minute   inoubliablement
ivre   A peine *l'heure*   indifféremment

éblouissamment Ici-bas
                    Toute coule   que la   crise
                    Vers le ciel

                    Goutte à goutte   thésaurise
                    Vers les cieux   se vaporise

                    Dresse   pour tribut   *dans la mort transport*
                    *Apporte*ra   sans regret   *et sans lui faire tort*

                    A l'intrus   puisque mort
                    Par l'effacement   *transport*

                                   chaque femme*
                                 fierté
                    A l'intrus que *la bou**   *sa crise*   dé nie
                             existant   *cette crise*
                                 cerveau

                    Une virginité   pour génie
royale*
l++++ comme
native*

            [Autres ébauches des trois morceaux]

                    Déjà
                    Et *l'interdit*   la
                    Par

                            par
endommage   Que veut voir   celle-là

                               pubère

                              se libère
                         délibère

                      sans s'offrir en festin
Celle-là   *de toute*   *future se libère*
et continuer
jusqu'à   *sans s'offrir en festin*
disparition   Pour avoir reconnu le seigneur clandestin
à la
troisième   *Garde*   marques
personne   *Comprend le sens*   *de ses*   *précoces*
ainsi
                    De toute   *se libère*

                    Et magnifiquement et lâchement pubère*

                            précoces

Ah! les
Célèbre   et célèbre ses noces
Sait

                         *

N'importe

Au   au   à minuit tout à l'heure

Avec ses

Que les mêlant

                         glaive lucide

ait aidé   au suicide

ou qui   qui sait

ta fulguration native suffisait

                         *

Le temps   A ce qu'en tout   brut

   Il fut   net
   Que dans le *même* éclair   apparut
Le temps   froid

   en tant que moi

   révolte —   *pas de la vie*

   glacée en quelque
Sitôt glacée   gaine aussitôt qu' *assouvie*
                 tout de suite comprimée   ment

A peine l'heure *juste* inexorablement

Avant
Juste de
   dans la gaine d'horreur et de diamant

                              figée

Juste   de s'éblouir

                 mûre
Une virginité *digne*   génie.

HÉRODIADE

AUTRES POÈMES

DOSSIER

Ce volume,
le deux cent soixante et unième de la collection Poésie,
a été achevé d'imprimer sur les presses
de l'imprimerie Bussière à Saint-Amand (Cher),
le 1er décembre 1998.
Dépôt légal : décembre 1998.
1er dépôt légal dans la collection : août 1992.
Numéro d'imprimeur : 2777.
ISBN 2-07-032716-7./Imprimé en France.

89414